서정의 미래와
비평의 윤리

서정의 미래와
비평의 윤리

|하상일 평론집|

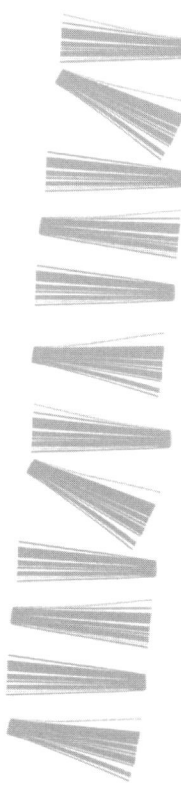

실천문학사

| 책머리에 |

　'서정의 미래'가 심각하게 위협받고 있다. '새로움'으로 호명된 알쏭달쏭한 외계어들이 시 혹은 시적인 것의 변화를 강력하게 촉구하고 나섰기 때문이다. 최근 우리 시단의 변화를 객관적으로 살펴볼 때, 젊은 시인들의 시세계에서 근원의 상처와 고통을 발견하기란 여간 어려운 일이 아니다. 그들 대부분은 역사적 현실을 고뇌하고 삶의 근원적 모순을 비판적으로 성찰하는 진지하고 무거운 세계의 표상을, 오히려 낡고 오래된 언어로 인식하고 있는 것이다. 그들은 장황한 요설과 추상적이고 상징적인 언술로 소통불가능의 언어 세계를 구축하며 하위문화적 상상력으로 포장된 유희적 세계를 전면화하는 데서 우리 시의 미래를 찾고자 한다. 물론 이러한 탈현실 혹은 탈미메시스적 경향과는 다른 지점에서 체험적 진실의 세계를 언어로 육화해내는 전통적 리얼리즘 경향을 지닌 시인들 역시 지금 우리 시단의 중요한 흐름을 형성하고 있다. 따라서 어느 한쪽의 경향을 확대 해석하여 그것을 우리 시단의 전체적 흐름인 것처럼 일방적으로 논의해서는 안 된

다. 다만 지금 우리 시가 미메시스적 현실을 넘어서는 새로운 리얼리티를 필요로 한다면, 이러한 전복과 갱신의 징후를 뒷받침하는 '탈(脫, post)' 논리를 더욱 체계적으로 담론화할 필요가 있다. 하지만 지금 우리 시단의 변화를 들여다보면 '새로움'이라는 허상을 좇아가기에 급급할 뿐이다. 다시 말해 새로움에 대한 강박과 탈주체적 담론의 무분별한 유포가 우리 시의 내면을 점점 표피적인 차원으로 변질시키고 있는 것이다.

'비평의 위기'라는 말도 공공연하게 유포되고 있다. '비평의 존재 의미가 사라진 문학'이라는 말도 심심찮게 들린다. 이러한 문학 지형 속에서 비평의 위상과 의미를 어떻게 규정할 수 있을까? 이런 때일수록 비평의 기능과 역할이 더욱 소중하다고 말하면 지나친 역설이 될까? 그럼에도 불구하고 지금 우리 비평은 문학 지형의 변화를 선도하고 작가와 독자 사이의 가교 역할을 해야 하는 비평의 본질을 심각하게 훼손하고 있어 문제가 아닐 수 없다. '비평가도 안 읽는 비평'이란 자조적인 논평이 나올 정도로 지금 우리 비평은 극심한 소외를 겪고 있고, 생경한 이론과 관념적인 용어들로 장식된 과잉 수사로 인해 독자들과의 단절을 스스로 조장하고 있는 것이다. 이러한 현실에서 비평을 읽고 쓴다는 것은 도대체 어떤 의미를 지니는 것일까? 지금 비평의 본질에 대한 근본적 문제의식이 절실하게 요구되는 이유는 바로 여기에 있다. 독자와의 적극적인 소통 방식을 고민하기보다는 관념적이고 추상적인 지식의 각축장을 그럴듯하게 연출해내는 비평의 현실을 비판적으로 성찰할 필요가 있는 것이다. 지금 우리 비평의 미래는 암담하고 참담하다. 박제화한 비평의 장을 바깥으로 끌고 나와 대중들의 말과 언어로 대화를 나눌 수 있을 때 진정한 의미에서 비평의 소통은 성취될 수 있다. 이를 위해서는 해석과 비판의 자유로움을 만끽하는 열린 비평 의식과 주체적 비평 태도를 확립해야 한다. 특정한 이론에 기대어 명명과 분류의 권위로 문학작품을 묶어두려는 위계화된 비평 의식을 과감히 청산해야 한다. 지금 우리 비평은 이러한 문제의식으로부터 다시, 새롭게, 시작될 필요가 있는 것이다.

네번째 평론집을 묶는다. '서정의 미래와 비평의 윤리'에 대해 깊이 고민하고 성찰한 흔적이 역력하다. '서정'에 대한 과도한 집착, '미래파'에 대한 과도한 비판이라는 극단적인 이분법이 선명하게 드러나 있기도 하다. 동어반복도 많고, 맹목적인 고집도 있고, 과잉된 수사도 넘쳐나는 듯하여 부끄럽기 짝이 없다. 하지만 지금 우리 비평이 나아가야 할 방향에 대한 필자 나름의 주체적 고민들을 솔직하게 담아낸 것이란 점에서 조금은 거칠더라도 당당하게 평단에 내놓고 싶다. 제1부에서는 2000년대 우리 시단의 가장 뜨거운 쟁점이었던 '미래파 논쟁'에 대한 필자의 입장을 정리하면서, 도대체 '시적인 것이란 무엇인가'에 대한 성찰을 담은 글들을 함께 묶었다. 변화를 두려워한다면 우리 시의 미래를 새롭게 열어갈 수 없음은 자명하지만, 그렇다고 해서 변하지 말아야 할 것조차 시대의 흐름에 묻혀 정체성을 잃어버리는 결과가 되어서는 결코 안 된다. 지금 시의 본질에 대한 근본적 성찰이 그 어느 때보다도 절실하게 요구되는 이유도 바로 여기에 있다. 따라서 필자는 서정 상실의 시대에 오히려 서정이 더욱 중요하다는 사실을 미래파적 시 쓰기 혹은 미래파를 옹호하는 비평에 대한 비판을 통해 지속적으로 쟁점화하였다. 제2부는 지금 '서정의 현실'이 어떻게 구축되고 있는가를 살펴본 글들을 묶었다. 주제론, 시인론, 서평 등을 통해 최근 우리 시의 현장을 구체적으로 논의한 글들이다. 이를 통해 탈서정의 시대에 서정의 현재적 위상과 의미를 이해하는 중요한 계기가 되었음을 밝혀둔다. 제3부는 비평의 소통과 미래에 대한 일관된 관점으로 우리 비평의 현장을 들여다본 메타비평을 한데 묶었다. 한 사람의 비평가로서 다른 비평가들의 글을 객관적으로 읽어보는 것은 참으로 힘겹고 어려운 작업이다. 비판의 칼날이 결국 내게로 돌아오는 뼈아픈 경험을 하지 않을 수 없기 때문이다. 이런 점에서 메타비평은 근본적으로 자기성찰적이라는 사실을 새삼 깨달을 수 있었다. 마지막으로 제4부는 2000년대 이후 우리 소설의 지형을 살펴본 글들을 묶었다. 밤하늘의 지도와 같은 역할을 했던 소설의 운명을 다시 한 번 진지하게 성찰함으로써 앞으로 우리 소설이 지향해야 할 방향성을 조금이나마 이해하는 계기가 되었다는 점에서 소중한 의미가 있었다.

어느새 비평가의 길로 들어선 지 만 10년이 되었다. 해석과 분석에 골몰하기보다는 비평가로서의 자의식을 확립하기 위한 과정이었음을 고백하지 않을 수 없다. 엉성하고 거칠기 짝이 없는 비평이지만, 그래도 주체적 비평의 목소리를 찾기 위해 노력해 왔다는 점에서 작은 위안을 삼는다. 아직은 설익어 선언적인 상태로만 남아 있는 비평이지만, 그래도 이러한 비평의 자세를 놓치지 않기 위해 앞으로 더욱 노력할 것을 다짐한다. 비평가로서 첫출발을 할 때부터 지금까지 든든한 버팀목이 되어준 남송우 선생님을 비롯한 『오늘의 문예비평』 동인들과, 지역을 뛰어넘어 민족문학과 동아시아적 연대를 향한 학문적 도전을 마련해준 김재용 선생님을 비롯한 '민족문학연구소' 식구들에게 특별한 고마움을 전한다. 이 비평집에 수록된 글을 쓰는 동안 가족들의 자리를 따뜻하게 보살피지 못해 항상 미안한 마음뿐이었다. 그럼에도 불구하고 힘찬 격려를 아끼지 않았던 가족들과 비평집 출간의 기쁨을 나누고 싶다. 가뜩이나 어려운 출판 여건에도 불구하고 선뜻 평론집 출판을 맡아주신 실천문학사에 진심으로 감사드린다. 겨울의 시작을 알리는 이즈음에서부터 우리 비평이 새봄을 준비하는 진통을 외면하지 말고 꿋꿋이 이겨내길 진심으로 기대한다.

> 2007년 한 해를 마무리하면서
> 하상일

차례

책머리에 · 5

제1부 '시적인 것'에 대한 성찰

'다른 서정'과 '다른 미래' · 15

'미래파'들의 '다른 서정' · 34
권혁웅, 이장욱의 시론에 대한 비판

황병승 현상과 미래파의 미래 · 58

서정의 본질과 미래 · 75
문태준, 손택수, 박성우의 시를 중심으로

시적인 것의 혼란과 윤리적 주체 · 100
맹문재의 『책이 무거운 이유』와 노혜경의 『캣츠아이』

시의 기술, 시의 소통 · 117
권혁웅, 김언의 시

제2부 서정의 현실

너무도 슬픈 너의 몸 · 129
채호기, 황병승의 시에 나타난 '성적 소수자'를 중심으로

시의 뿌리, 시의 근원 · 148
박진성, 『목숨』

동일성의 회복과 근원으로의 회귀 · 152
윤중호, 『고향 길』

집에서 떠나온 길 혹은 집으로 돌아가는 길 · 161
손택수의 시세계

풍경에 대한 응시와 존재에 대한 성찰 · 180
최영철의 『호루라기』와 유홍준의 『나는, 웃는다』

제3부 해석과 판단

비평의 소통과 미래 · 195

시의 미래를 사유하는 비평 · 213
구모룡, 「시의 옹호」

세대론의 권위와 탈정치성의 오류 · 221
이광호, 「이토록 사소한 정치성」

해석과 판단, 비평의 윤리 · 240
고봉준, 「반대자의 윤리」

시의 열정으로 충만한 죽음의 영원성 · 250
우대식, 「죽은 시인들의 사회」

콜로노스 숲으로 들어간 비평 · 256
강유정, 「오이디푸스의 숲」

제4부 소설의 진실

증언소설과 역사 바로 세우기 · 269
김원일, 「푸른 혼」

길이 시작되자 여행은 끝났다 · 276
박종관, 「길은 살아있다」

진실과 현실 사이의 서사적 기록 · 287
심윤경의 소설세계

고독한 일상의 우울한 욕망들 · 299
천운영, 윤성희, 김윤영

억압된 내면의 진정한 자아 찾기 · 313
한강, 이복구, 김연수의 소설

분단과 민족을 넘어 인간과 세계로 · 331
조정래 소설의 현재성

제1부
'시적인 것'에 대한 성찰

'다른 서정'과 '다른 미래'
미래파들의 '다른 서정'__권혁웅, 이장욱의 시론에 대한 비판
황병승 현상과 미래파의 미래
서정의 본질과 미래__문태준, 손택수, 박성우의 시를 중심으로
시적인 것의 혼란과 윤리적 주체__맹문재의 『책이 무거운 이유』와 노혜경의 『캣츠아이』
시의 기술, 시의 소통__권혁웅, 김언의 시

'다른 서정'과 '다른 미래'

1. 서정시를 가장한 괴물 혹은 유령

최근 우리 시단에 '서정시'를 가장한 괴물 혹은 유령이 출현했다. 외양을 요모조모 따져보고 내면 깊숙이 들여다보아도 전혀 '서정시'를 닮지 않았는데도 여기저기에서 그들을 일컬어 '서정시'라고 주장한다. 자신들도 이러한 명명은 다소 궁색하다고 여기는지 은근슬쩍 '다른 서정'이니 '불행한 서정'이니 하는 말로 쏟아지는 비판과 의심을 피해가려 한다. 하지만 그들의 정체성 역시 '서정'에 있다는 본질을 벗어나거나 회피하려고 하지는 않는다. 그런데 이들의 돌출 행동과 발언을 무심코 받아넘기던 우리 시단이 요즘 몹시 분주해졌다. 괴물 혹은 유령들이 '미래파'라는 깃발 아래 똘똘 뭉치고 있는 데다, 젊은 시인들 가운데 상당수가 이들의 의식과 기법에 절대적으로 동조하고 있어서, 자칫 우리 시단이 괴물들의 외계어로 전면화될지도 모른다는 위기의식이 감돌고 있기 때문이다. 곳곳에서 우리 서정시의 지형도를 다시 논의하기 시작하고, 이들에 맞서는 '다른 미래'를 점검하기도 하면서, 서정시를 가장한 괴물 혹은 유령의 출현에 바짝 긴장하고 있는 것이다.

이 때문에 자아와 세계의 동일성이라는 주체 중심의 시학적 전통을 고수해온 서정시의 위상이 심각하게 흔들리고 있다. 물론 동일성의 시학에 대한 비판과 회의는 어제오늘의 일이 아니라는 점에서 전혀 새로운 문제제기로까지 받아들여지지는 않는다. 이미 우리 시는 탈중심으로의 세계사적 변화 속에서 견고했던 중심의 논리를 해체하고 일탈과 전복의 세계관으로 무장한 반동일성 혹은 비동일성의 시학을 새롭게 열어나갔기 때문이다. 그럼에도 불구하고 서정시의 자리는 이러한 탈중심의 시대를 성찰하는 내적 진정성과 문명적 사유를 반성하는 근원적 바탕으로 새로운 시학의 지평을 보여주었다는 점에서 여전히 중요한 시사적 의미를 지니고 있다. 이념의 시대를 지나 탈이념의 시대로 넘어가는 과정에서 상당수의 민중 시인들이 생명의 자리를 보듬어 안았다는 사실과, 일탈과 전복의 해체시를 지향했던 모더니즘 시인들이 선(禪)적 사유의 길로 들어섰던 변화의 과정을 주목할 필요가 있다. 이러한 변화와 실천의 중심에는 언제나 '서정시'가 있었다. 참으로 역설적이게도 '미래'를 사유하는 세계관과 이에 대한 구체적 실천의 한가운데에는 '전통'을 돌아보는 시선이 깊숙이 내재되어 있었던 것이다. 과거와 미래를 유기적으로 통합하는 현재의 지평에서 진정한 미래를 기획할 수 있다고 생각한 것이다. 그렇다면 지금 우리 시단의 급격한 변화는 전통과의 단절을 더욱 심화하는 반미래적 태도를 드러내는 것이 아닐까?

'서정은 진화(進化/鎭火)한다'고 말한다. 즉 최근 젊은 시인들에게서 보이는 다양한 시차(視差/時差/詩差)는 지금까지 '서정적인 것'이라고 믿어왔던 서정의 자리를 현재적으로 진화(鎭火)하면서 끊임없이 진화(進化)하는 것으로, 서정은 진화(進化)와 진화(鎭火)의 반복을 통해 늘 '그 자리'에 있다는 것이다.[1] 최근 출현한 서정시를 가장한 괴물 혹은 유령의 형상에 대해, 기존 서정이 진화(進化)하는 동시에 진화(鎭火)하는 양가적인 관점에서 이해하려는 이러한 시각에는 미래를 사유하는 서정시의 당위성과 실재성 사이의 혼란이 내재되어 있는 듯하다. 당위론적 입장에서 시의 미래가 세계의 변화 과정을 담아내야 한다는 진화(進化)의 관점은 너무도 당연한 것이지만, 그 방법에 있어서 기존 서정에 대한 과잉된 회의와 거부를 통해 이를 무조건 전복하거나 일탈하는 진화(鎭火)의 방식을 절대화하는 방향으로 귀결되어서는 안 된다. 게다가 시 역시 언어로 이루어진 구조물이란 점에서 시인과 독자 사이의 상호소통의 과정이 무엇보다도 중요한데, 기존 서정을 진화(鎭火)하는 소위 '다른 서정'의 언어와 구조는 소수의 시인들만이 전유하는 외계어들로 가득 차 있어서 최소한의 소통 과정조차 가로막고 있다는 점에서 문제가 아닐 수 없다. 결국 '서정은 진화한다'는 명제는 '당위성'의 차원이 아닌 '실재성'의 차원에서 좀더 엄밀하게 규명될 필요가 있다. 다시 말해 서정은 '어떻게' 진화하고 있는가에 대한 비판적 논의가 절대적으로 요구되는 것이다.

  지금 서정시는 지독한 수난의 시대를 살아가고 있다. 서정시를

---

[1] 김수이, 「시, 서정이 진화(進化/鎭火)하는 현장」, 『서정은 진화한다』(창비, 2006), 68~83쪽 참조.

읽기도 어려울뿐더러 서정시를 쓰기도 어려운 시대가 바로 지금이다. 서정시의 수난이라는 이 난경(難境)을 슬기롭게 헤쳐나가는 일이야말로 앞으로 시 비평이 감당해야 할 몫이다. 지금이야말로 서정시를 읽기 어려운 독자들과 서정시를 쓰기 어려운 시인들 모두에게 열린 비평이 절실하게 요구되는 때인 것이다. 가뜩이나 알쏭달쏭 외계어들이 난무하는 우리 시단에, 덩달아 이러한 외계어들을 자의적으로 해석하고 '미래파'라는 멋진 수사를 달아주기에 분주한 자기중심적 비평의 한계를 철저하게 성찰해야 한다. 시도 읽혀야 하고, 비평도 읽혀야 한다. 독자를 염두에 두지 않는 우리 시문학의 오만한 권위의식을 청산해야 한다. 무엇보다도 지금 '서정의 옹호'가 절실한 이유는 바로 여기에 있다.

2. '다른 서정'과 '진부한 서정'

지난 1990년대 초반 서정시의 위기를 거론하던 때는 오히려 행복했다. 견고한 모든 것이 문화로 수렴되던 탈중심의 시대를 선도한 해체와 전복의 문화주의는 '다시 서정이란 무엇인가'를 사유하는 중요한 계기로 작용했기 때문이다. 기존 서정의 고루한 전통주의를 뛰어넘어 새로운 서정의 가능성을 찾고, 동일자에 갇힌 주체 중심적 논리를 극복함으로써 타자를 지향하는 서정시의 진정성에 대한 성찰이 새롭게 촉발되었던 것이다. 1990년대 중반 '서정성의 회복'이 담론화되고 생태적 사유에 바탕을 둔 시작 활동이 두드러진 것은 이러한 성찰의 징후였다고 할 수 있다.

그런데 지금 우리는 다시 '서정시를 읽기 어려운 시대'와 맞닥뜨렸다. 정확히 말해 전통 서정시에 대한 반성과 시대의 변화에 맞는 새로운 서정에 대한 요구가 '다른 서정'을 만들어냄으로써 '도대체 서정이란 무엇인가'에 대한 지독한 혼란과 혼돈을 경험하고 있는 것이다. 따라서 독자들은 서정시의 홍수 시대에 오히려 서정시를 읽기 어려운 모순에 빠져 있을 뿐만 아니라, 점점 '다른 서정' 혹은 '서정 바깥의 서정'에 길들여져 진정한 서정시의 자리는 좁아지고 있는 실정이다. 특히 젊은 세대들의 의식 속에서 기존 서정시의 위상이 절대적으로 위축됨에 따라 서정시의 흔적만이 서정시의 자리를 힘겹게 지키고 있을 뿐이다. 심지어 그들은 "서정시에 '기원' 같은 것은 없다"고 단호하게 말한다. 따라서 "전통의 '해체'는 지금 출현하고 있는 새로운 시들의 핵심적 과제가 아니"고, "'서정적 자기동일성의 해체를 통한 근대의 극복'이라는 우리 시대의 낡은 명제를 반복하는 것은 이제 지루한 일이다"[2]라고까지 논평하고 있다. 결국 그들이 말하는 '서정'은 "서정 바깥의 서정"이라는 말장난 같은 개념에서 유추할 수 있듯이, 서정의 영토와는 전혀 다른 지형에서 만들어진 생경한 구호에 불과하다. 그럼에도 불구하고 그들은 자신들을 '반서정' 혹은 '탈서정'이라고 부르는 것에 대해서 상당한 거부감을 드러낸다. 이제는 '반서정'이나 '탈서정'도 낡고 고착된 관습화된 개념으로 굳어진 탓일까. 끝끝내 그들은 '다른 서정'으로 불리길 원하고 있다. 그렇다면 그들이 말하는 '다른 서정' 속으로 한번 들어가서 좀더 논의를 진전시켜보자.

---

2) 이장욱, 「꽃들은 세상을 버리고」, 『나의 우울한 모던 보이』(창비, 2005), 29~30쪽.

아이들 공놀이를 하고 거짓말같이 공이 떠오르고 엄마는 멀리 그늘에서 고구마의 어린순을 다듬고 손끝에 핏물 곱게 들고 나팔꽃 지지배배 몰래 울고

지나갈 비가 지나고 거짓말같이 옷이 마르고

공원에는 시작되는 연인들 끝나는 연인들 쌍을 지어 날아오르고 못 본 척 즐겁게 춤을 추다가 그대로 멈출 수 있는 아이들 멈추지 않고 자라고 또 자라서, 내 오랜 엄마는 어둡고

팬지는 차갑게 웃고 지고
공놀이에는 무엇이 필요한가 왜 필요한가
　　　　　_이근화, 「공놀이」(『칸트의 동물원』, 민음사, 2006) 전문

인용시는 '공놀이', '엄마', '나팔꽃', '비', '옷', '공원', '연인', '아이들', '팬지' 등의 사물들과 사람들이 '~고'라는 대등적 연결어미로 나열되어 있다. 문장과 문장 간의 통사적 구조가 어떠한 단일한 의미를 향해 나아가지도 않고, 심층적 의미의 변화도 가져오고 있지 않다. 그저 화자는 눈앞에 펼쳐진 풍경들을 관찰하고 있을 뿐이다. 게다가 그 풍경들은 서로 응집력 있는 연관성을 보여주지도 않음으로써 이질적이고 모호한 풍경으로 남아 있다. 억지로 사물들과 사람들 간의 간격을 좁혀봄으로써 내포된 의미를 찾아낼 수도 있겠지만, 이러한 의미를 유추하는 것 자체가 무의미한 논리의 재생산이 될 가능성이 많다. 왜냐하면 인용시는 화자의 내면으로 통합되어 한 가지 의미로 수렴되는 기존 서정의

주체 중심적 논리를 생래적으로 거부하고 있기 때문이다. 결국 이 시는 모든 사물과 사람들이 '못 본 척' 지나가는 한낱 풍경으로 전락하고, 어떠한 행동이나 움직임을 보고서도 "무엇이 필요한가 왜 필요한가"조차 알지 못하는 현대인들의 소외와 거리를 무심하게 형상화하고 있다. 여기에는 모든 것이 그저 '공놀이'와 같은 가벼움으로 치환될 뿐 심각한 고민이나 걱정은 찾아보기 어렵다. 이처럼 이 시는 지극히 개인적인 '놀이'의 세계로 변질되어 버린 현대적 삶의 소외에 대한 비판적 거리를 통해 무감각하고 무표정한 주체에 대한 반성을 보여주는 것으로 이해할 수 있다.

이러한 시가 지향하는 궁극적 목표는 근대주의가 남긴 상처의 징후로서 오늘날 서정시의 위상에 대한 비판적 성찰에 있다. 즉 단일한 주체로 환원되고 은유의 폭력 속에 갇힌 서정시의 권위를 뛰어넘고자 하는 것이다. 여기에 대해 이장욱은, "전래의 서정시라면 저 거짓말처럼 마르는 옷은 엄마를 바라보는 화자의 내면이나 생의 '비의'를 가리키고는 단일한 의미망 속으로 사라져버렸을 것이다. 하지만 거짓말처럼 마르는 옷은 화자의 내면으로 환원되지 않으면서 미묘한 서정성을 유지한 채 그저 풍경 안에 걸려 있다"[3]고 해석한다. 그런데 그의 해석에서 '전래의 서정시라면'과 같은 비교의 논법은 상당히 폭력적이다. 이는 전래의 서정에 대한 평가절하의 의도를 전제한 데서 비롯된 심각한 왜곡이 아닐 수 없기 때문이다. 모든 시에는 의도와 전략이 있게 마련이고, 이에 따라 시의 구조와 어법이 결정되는 것은 당연하다. 따라서 화자의 내면으로 통합되거나 수렴되는 전래의 서정시에는

---

3) 이장욱, 앞의 글, 34쪽.

그럴 만한 이유가 있고 논리가 있는 것이지, 그 자체가 비판의 단서가 될 수는 없다. 그가 의도한 대로 "모든 것을 제 느낌과 깨달음과 전언에 귀속시키는 서정의 권위"가 지금 우리 시가 당면한 가장 큰 문제점이라면, 그러한 양상을 보이는 '진부한 서정'을 대상으로 비판적 논의를 펼쳐야지 서정의 본질 자체를 무조건 비판해서는 안 된다. 결국 이근화의 시에서 독자가 찾아야 하는 가장 중요한 점은, 기존 서정의 한계를 뛰어넘는 '반서정' 혹은 '탈서정'의 전략이 어디에서 비롯된 것이며 무엇을 의도하는 것인지를 파악하는 데 있다. 따라서 '다른 서정'이라는 명명의 방식으로 또 다른 서정의 권위를 조장하려는 태도는 결코 바람직하지 않다. 소위 '다른 서정'으로 불리는 일련의 시에 구현된 서정에 대한 성찰이 단순히 전래의 언어와 구조를 '다르게' 말하는 유희에 불과한 것인지, 아니면 서정 상실의 시대를 가로지르는 진정성 있는 비판에서 비롯된 것인지를 진지하게 따져볼 필요가 있다. 이런 점에서 지금 무엇보다도 중요한 문제의식은 서정 내부의 문제점을 객관적이고 비판적으로 들여다봄으로써 서정시의 자리를 올곧게 되찾아주어야 한다는 데 있다.

최근 우리 서정시의 모습에는 자연의 내면화나 선(禪)적 포즈에 바탕을 둔 '진부한 서정'의 양상이 흔하게 드러난다. 서정시의 관습적 틀과 사유에 쉽게 안주하려는 의식이 시인들 사이에 상당히 유포되어 있기 때문이다. 자연의 풍경과 시인의 주관을 일치시키려는 동일성에 대한 강박과, 초월적인 미학의 세계로부터 근원적 깨달음의 의미를 담아내야 한다는 인식이, 상당수의 시인들에게 시작 방법과 태도의 주된 원리로 공유되고 있는 것이다. 사정이 이렇다 보니 서정시의 양상을 드러내는 대부분의 시가 거의 같은 제재와 주제를 반복하고 있을 뿐 좀처럼 시적 개성을 찾아보기 힘든 것이 사실이다. 이런 점에서 "서정시의 전통이 지닌 무게와 부피를 가로지를 방법에 대한 고민이 없다면 서정시는 과거에 이미 보았던 것의 반복에 지나지 않을 수 있다. 즉 전통의 친숙함을 끌어들이면서 그것을 넘어서는 모순된 방법적 탐구가 치열한 자의식으로 시인의 상상력을 긴장시키지 못한다면 서정시의 질적 깊이를 획득하기 어려울 것"[4]이라는 지적은 깊이 새겨들을 필요가 있다.

> 선사 마당 돌 약수대 위
> 나무로 만든 물바가지 두 개
> 눈을 뒤집어쓴 채
> 나란히 엎어져 있다
> (중략)
> 떠내도 떠내도 채워지지 않는
> 목마름이 있는가
>
> 살얼음 낀 돌 약수대 위에
> 나란히 엎드려
> 빈 속을 비워내고 있다
> ―고영, 「속죄」(『시인세계』 2006년 봄호) 부분

엄경희의 해석에 따르면, 고영의 시는 눈으로 덮인 산사의 풍

---

[4] 엄경희, 「좋은 서정과 진부한 서정」, 『창작과비평』 2006년 여름호, 447~448쪽.

경을 통해 비세속적인 시정(詩情)의 세계를 펼쳐보임으로써 '비움'이라는 삶의 깨달음을 전달하고 있다. 시가 탈속적 삶의 풍경을 제시한다는 점에서 너무도 익숙한 서정의 풍경을 잘 보여주고 있기는 하지만, 이러한 낯익음이 자동화된 구성적 틀에 고착됨으로써 진부함을 떨쳐버리기 어렵다. 세계의 진상(眞相)을 꿰뚫어 보는 선시만의 비논리적 역설을 언어적으로 성취하는 정신주의의 지평도 열어내지 못한 채 선시적 포즈만을 취하고 있다는 것이다. 이러한 서정시의 모습은 이제는 독자들에게 전혀 새로운 의미를 주지 못하는 인공적 서정의 세계가 아닐 수 없다. 인위적인 미학은 시의 파탄을 초래하기 마련이다. 서정시 역시 고착화된 서정의 틀에 안주하거나 미래를 사유하는 철학적 기반을 갖추지 못한다면, 결국 독자들로부터 외면당하는 시대착오적 산물이 될 수밖에 없다.

앞으로 서정시는 "새로운 시학적 전통과 유산을 재인식하는" 방향을 모색하여야 한다. "많은 시들이 새로움을 추구하면서 전통을 부정하고 기존 형식을 부정하는 등 부정의 부정을 거듭하는 동안 더 이상 새로울 것이 없는 새로움의 폐허 상태에 도달하게 된 것"[5]처럼, 기존 서정에 대한 비판이 '다른 서정'이라는 부정의 양식을 절대시하는 방향으로 나아가서는 안 된다. 뿐만 아니라 주체와 동일성을 강조하는 전통시학의 맥락에 갇혀 자연을 인간화하는 데 급급한 인공서정의 세계 또한 반드시 극복해야 한다. 이런 점에서 '다른 서정'과 '진부한 서정'은 결코 우리 서정시의 대안이 될 수 없다.

---

5) 구모룡, 「새로운 시학을 찾아서」, 『시의 옹호』(천년의시작, 2006), 15쪽.

3. '오래된 새로움'과 '다른 미래'

최근 우리 시는 '새로움'에 대한 지독한 강박관념에 빠져 있다. 물론 새로움은 고갈된 시 의식을 일깨우는 갱신의 징후인 동시에 달라진 시대의 흐름에 맞춰 의미 있는 변화를 가져올 수 있다는 점에서 미래지향적 가치를 지닌다. 그런데 새로움은 그 자체로 의미를 지닌다기보다는 앞서 존재한 '무엇'에 대한 새로움인가를 분명히 할 때 더욱 실질적인 의미를 생성한다고 할 수 있다. 앞서 논의한 '다른 서정'의 경우에는 서정의 기원 자체를 부정하고 있기 때문에 새로움을 변별하는 자질 속에 어떠한 선험적인 비교 대상도 전제하고 있지 않다. 그리고 '진부한 서정'의 경우에도 새로움보다는 전통적인 방식에 기대고 있으므로 새로움을 발견한다는 것은 사실상 불가능하다. 그렇다면 지금 우리 시가 궁극적으로 지향해야 할 새로움의 가치는 어디에서 생성되는 것일까? 진정한 서정의 미래가 전통과 현대를 통합하는 회통의 지점에서 창출되는 것이라면, 그것은 바로 '오래된 새로움'의 세계에서 찾을 수 있지 않을까? '오래된 새로움'이라는 모순과 긴장의 세계에서 빚어낸 서정시의 모습이야말로 진정한 시의 미래가 될 수 있는 것이다.[6]

환상과 엽기, 통사적 의미구조의 해체, 장황한 산문투의 어법 등이 요즘 우리 시단의 대표적 특징으로 자리잡아가고 있다. 이에 대한 비판 또한 만만치 않게 전해지고 있지만, 젊은 세대들에 의해 이미 전면화된 새로운 감각을 누그러뜨릴 만큼 크게 설득력을 얻지는 못하고 있다. 전통적인 시의 관습에 갇혀 너무도 오랜만에 시의 자유를 만끽하는 젊은 시인들과 예비 시인들이 우리 시단에 새로운 감각을 더욱 확산시키고 있는 것이다. 이러한 급격한 변화가 우리 시의 갱신을 모색하는 충격의 한 방향이 될 것이란 사실 자체를 부정할 수는 없을 듯하다. 다만 지금 우리 시의 모습이 소위 '미래파'에 너무 광분하여 '오래된 새로움'을 통해 사유하는 젊은 시인들과 생활의 구체성에 더욱 밀착된 '다른 미래'를 꿈꾸는 시인들을 거의 외면하고 있는 건 아닌지 진지하게 돌아볼 필요가 있다.[7] '미래파'가 하위문화와 그로테스크의 세계를 즐기고 있을 때, '오래된 새로움'의 시인들은 여전히 "생의 허기"를 견디며 살아가고 있는 것이 우리 사회가 처한 또 다른 시적 진실의 한 단면임을 반드시 기억해야 하는 것이다.

장대비 맞고 차양이 내려앉은 국밥집
바지춤을 추켜올리듯 바람은
흘러내린 천막의 갈피를 움켜쥐었다, 놓아버린다
아무리 허리띠를 졸라매도
바지를 흘러내리게 하는 생의 허기
고개 숙인 채 밥집의 허름한 시간 속으로 들어가는

---

6) 홍용희는 최근 젊은 시인들의 경향을 '새로움'과 낯익은 '오래된 새로움'으로 나누어볼 수 있다고 하였다. 여기에서 '오래된 새로움'은 구체적인 생활 세계에서의 실천적 삶을 통해 이에 적응하고 부정하는 이중성을 보여준다고 하였다. 「내국망명자와 생활세계적 가능성의 지형」, 『시작』 2006년 여름호, 74~75쪽.
7) 『시작』 2006년 여름호 기획특집 "'다른 미래'를 꿈꾸고 사유하는 젊은 시인"은 이러한 문제의식을 전면적으로 담아내고 있다. '미래파'에 대응되는 젊은 시인으로, 고영, 고영민, 길상호, 김선우, 신용목, 박상수, 박성우, 손택수, 이창수, 박진성, 박판식, 이재훈, 이세기, 이안, 이진수, 김이듬, 김병호, 박지웅 등을 주목하였다. 필자는 여기에 언급된 시인들 모두의 시적 경향에 대해 긍정적으로 평가하는 것은 아니지만, 대체로 이들의 서정시가 우리 시의 미래를 새롭게 여는 가능성을 지니고 있다는 점에 대해서는 동의한다.

배고픈 사람의 뒷모습이 식은 국밥의 기름기처럼
흐린 내 시선에 엉겨붙는다
(중략)

광야는 넓어요 하늘은 또 푸르러요
다들 행복의 나라로 갑시다
　_박후기, 「행복의 나라로」(『종이는 나무의 유전자를 갖고 있다』,
실천문학사, 2007) 부분

　인용시는 '행복하지 않은 나라'인 우리 사회가 "행복의 나라"로 변화되길 소망하는 소박한 마음을 담아내고 있다는 점에서 너무도 평이하고 일반적이다. 게다가 "아무리 허리띠를 졸라매도"와 같은 가난한 현실에 대한 묘사, "장대비 맞고 차양이 내려앉은 국밥집"의 풍경, "식은 국밥의 기름기"와 같은 사람들에 대한 묘사는 너무도 낯익은 풍경들이란 점에서 전혀 새로울 것이 없다. 어쩌면 새로움에 목말라 있는 우리 시단에 이러한 시 쓰기는 지나치게 과거에 기댐으로써 전혀 미래적 가치를 지니고 있지 않다고 평가될지도 모른다. 하지만 이러한 생활세계의 실상 역시 지금 우리 사회가 당면한 정직한 모습 가운데 한 부분이란 점을 결코 간과해서는 안 된다. 우리의 현실 한켠에 이와 같은 진실이 엄연히 존재하고 있음에도 불구하고 시대의 유행에 따라 전혀 다른 세계의 모습만을 보여준다는 것은 시정신의 폐기를 선언하는 것에 다름 아니다. 따라서 "우리의 서정이 오랫동안 축적해온 동일성 논리를 뛰어넘으면서, 동시에 우리 삶의 곳곳에 편재하고 있는 혹독한 운명과 맞서는 힘겨운 유한자(有限者)의 모습"[8)]을 더욱 주목할 필요가 있다. 다만 그 양상이 과거(현재)/미래, 불행/행복 등과 같은 이분법적 실상을 보여주는 차원에 머물러서는 안 된다. 무엇보다도 중요한 것은 이를 통합하는 새로운 문제의식에서 발견될 수 있을 것이다. "오래된 새로움"의 세계가 "다른 미래"를 사유하는 방식은 바로 이와 같은 '관계' 혹은 '사이'의 진정한 소통을 모색하는 데서 구현될 수 있을 것이다.

    석 달 만에 찾아간 집, 호통 대신 앞서신 아버지 뒤를 디딘 선산에서 나는 알았네
    맞물린 톱니의 바퀴는 반대로 돈다는 것을

    산이 한숨 시름도 없이 거기 서 있어
    달려온 만큼 또, 바퀴는 제 힘껏 세상을 길 반대편으로 밀어놓았을 것이다

    이끼맡에 비석 하나 세워놓고 무덤은 그림자를 빙빙 돌리고
    아닌 듯 눈물을 끌고 간 아버지 허방처럼 벌 밖에다 불 한 모닥 피워올려

    덧없는 더움이 있어 끝없이 흩어지는 한 줄
    연기를 버리기 위해 시린 숨 몰아쉬는 저 능선 예순돌을 돌았어도 으스러지지 않는

---

8) 유성호, 「서정의 옹호」, 『시작』 2006년 여름호, 71쪽.

선산에서 나는 알았네, 맞물린 生은 제 몸 한 바퀴 다 돈 뒤에야 다시 만난다는 것을
할아버지의 굳은 바퀴 등에다 지고 아버지는 마른 잎을 던져 넣고

바람이 연기의 옷을 벗기는 등성이에 나는 불거진 톱니 하나로 서 있었다
손등에서 막 녹으려는 순간의 눈송이처럼
　　　　＿신용목, 「톱니바퀴 속에서」(『그 바람을 다 걸어야 한다』,
　　　　　　　　　　　　　　　　　　문학과지성사, 2004) 전문

아버지와 나의 관계는 "맞물린 톱니의 바퀴"와 같다. 맞물리지 않고서는 돌아가지 않는 운명적 의존성과 끝없이 "반대로 돈다"는 일상적 대립의 팽팽한 긴장이 두 사람의 관계와 사이를 대변하고 있는 것이다. 그래서 화자는 아버지를 부정하고 싶지만 아버지와 한몸이 되지 않고서는 결코 앞으로 나아갈 수 없는 운명의 형식을 거스를 수는 없다. 선산에 묻힌 할아버지와 아버지의 관계가 그러했듯, 자신과 아버지의 관계 역시 맞물려 돌아가는 톱니바퀴처럼 유지될 수밖에 없는 것이다. 그리고 "맞물린 生은 제 몸 한 바퀴 다 돈 뒤에야 다시 만난다"는 점에서, 나 또한 아버지의 모습으로 자식과 마주하게 될 것이라는 평범한 진리를 새삼 일깨우고 있다. 이는 과거―현재―미래의 시간적 선조성을 유지해나가면서도 과거와 현재, 현재와 미래, 그리고 과거와 미래가 상호 침투하면서 통합된다는 중층적 인식을 내포하고 있다. 다시 말해 지금 우리 시가 지향해야 할 가장 중요한 방향은 주체와 타자의 차이와 구별을 강조하거나 모든 것을 주체 중심의 논

리로 환원시키는 것이 아니라, 이를 유기적으로 통합하는 '관계' 혹은 '사이'에서 생성되는 시적 진실의 발현에 있다. 전통 서정시의 대부분이 화자를 중심으로 한 의미의 통합을 강조함으로써 주체 중심의 논리를 크게 벗어나지 못했다면, 이제는 화자를 둘러싼 여러 관계들 사이에서 새로운 주체를 정립함으로써 타자를 향해 '열린' 시적 태도를 견지해야 하는 것이다.

이처럼 '다른 미래'를 지향하는 서정시는 사물들과 사람들 사이의 관계를 무엇보다도 중요하게 여기고 있다. 끊임없이 자기중식만을 되풀이하는 소위 '미래파'들의 언술방식과 낯선 구조에는 이와 같이 타자와의 관계를 소중히 여기는 상호소통의 가능성을 찾아보기 어렵다. 그들이 내세우는 중심으로부터의 이탈 혹은 위반의 전략은, 정직하게 말한다면, 또 다른 중심으로의 이동이라고 불러야 한다. 서정의 권위에 대한 청산을 강조하면서도 전혀 타자를 향해 열려 있지 않은 시적 구조와 발상에는 서정의 권위를 넘어서는 또 다른 권위가 은폐되어 있기 때문이다. 사실 그들의 시는 아무나 읽을 수 있는 시가 아니라는 특권의식이 깊숙이 내재되어 있다. 그들의 어법과 인식과 발상을 이해하려는 노력 없이는 좀처럼 이해되지 않는 시들이 대부분이다. 그나마 시를 전문적으로 읽는 일을 업으로 삼고 있는 필자조차도 도무지 오리무중일 때가 많다. 이쯤 되면 해석할 수 있는 수준을 넘어선 것이 아닐까? 독자들 위에 군림하려는 권위의식은 전혀 새로운 미래를 가져올 수 없다. 결국 '미래파'에게서 '시의 미래'를 기대한다는 것은 불가능한 미래를 예견하는 것과 전혀 다를 바 없다. 따라서 이제 그들 역시 자신들의 닫힌 세계에 대한 비판적 성찰을 통해, 타자를 향해 열린 '다른 미래'를 내다보고 '다른 미래'

의 기획에 동참하는 내적 성찰을 시도하기를 진정으로 기대한다.

4. 시의 미래와 서정의 옹호

지금 우리 시의 미래는 그렇게 밝지만은 않은 듯하다. 사회현실에 대한 참여의식은 점점 실종되고, 지나친 주관화와 내면화로 인해 더욱 자폐적인 시가 양산되며, 감각의 과잉과 정제되지 않은 언어들이 의미를 잃은 채 여기저기 떠돌고 있다. 저마다 '새로움'을 강조하지만, 이미 '새로움'은 고갈되어버렸기에 더 이상 새로울 것이 없다. 새로움이란 게 고작 말을 뒤틀고 낯선 언어들을 사용하고 무분별한 말들을 나열하는 방식인데, 거기에서 어떤 내적 질서를 찾는다는 것은 참으로 무모한 짓이다. 이처럼 많은 젊은 시인들이 "새로움의 강박에 중독되어 있"어, "고립을 자처하면서 언어와 기법의 차원에서 미지를 추구"하기에 급급한 실정이다. 결국 이들이 구축한 시학의 방향은 "새로움의 고갈로 인한 자해의 미학"[9]을 끊임없이 재생산하게 될 것이다. 여기에 우리 시의 미래가 있다는 풍문이 기정사실로 받아들여지는 지금 우리 시단의 모습에서 진정한 미래의 시학을 기대한다는 것은 사실상 불가능하다.

그렇다면 오히려 지금이야말로 이들의 왜곡된 시학에 맞서는 대안시학의 정립에 더욱 박차를 가해야 할 때가 아닐까. 구모룡의 주장대로, 진정한 새로움은 전통의 부정에 있기보다 전통의

---

9) 구모룡, 「현대시의 진정한 새로움」, 앞의 책, 66~67쪽.

쇄신에서 발생한다는 사실을 반드시 기억해야 한다. 시의 기원을 부정하고 서정의 전통을 도외시하는 '미래파'들의 '다른 서정'이라는 기획은 시의 미래를 더욱 암담하게 할 뿐이다. 오히려 '오래된 새로움'의 가치를 비판적으로 성찰하고, 이를 타자를 향해 나아가는 발판으로 삼을 때 진정한 시학의 미래를 기대할 수 있을 것이다. 지금 '서정의 옹호'가 절실한 이유도 바로 여기에 있다. 하지만 '서정' 역시 낡고 고루한 관습적 틀에 갇혀 있거나 동일화의 권태로움을 여전히 지속시킨다면, 그 또한 미래적 가치로 수용할 수는 없다. 즉 '쇄신'의 가능성을 차단한 서정의 권위는 분명히 청산되어야 하는 것이다. '전통의 쇄신'이야말로 이분법적 모순과 오류로 가로막힌 우리 사회의 단절의 벽들을 허무는 소통의 힘을 지니고 있다. 진정한 소통의 길은 어느 한쪽의 희생을 절대적으로 강요해서는 안 된다. 그것은 과거로도 열려 있고 미래로도 열려 있는 양가적 긴장 속에서 생성될 수 있기 때문이다.

최근 시 혹은 시적인 것의 본질이 끊임없이 의심받고 있다. 도대체 시란 무엇인가라는 오래된 질문 앞에 그럴듯한 대답을 찾지도 못한 채 간신히 여기까지 왔는데, 시는 점점 더 다른 길을 찾고 있고 새로운 길을 향해 자꾸만 달아나려 한다. 이제 어느 정도 독자와의 소통의 가능성을 찾았는가 하면 시는 무심하게도 저만치 다른 세계로 가 있다. 언제 우리가 시와의 진정한 소통을 한 번이라도 제대로 이루어본 적이 있는가? 지금 전통을 이야기하고 서정을 옹호하면 너무 조로(早老)한 게 아니냐는 식의 핀잔을 듣기 일쑤다. 모두들 저 멀리 앞을 향해 달려가는데 자꾸만 뒷걸음치는 데서 오히려 편안함을 느끼는 것이 진정 조로한 의식 탓일까?

'추억의 힘'이란 말에 진한 매력을 느낀다. 지나간 일을 돌아보는 기억으로서의 추억은 이미 낡고 오래된 것이지만, 그것은 단순한 과거로의 회귀가 아니라 정체된 현재의 마음을 미래를 향해 내던지게 하는 묘한 힘을 내장하고 있다. 다시 말해 '추억'은 과거의 표상이 아니라 미래를 여는 사유가 될 수 있는 것이다. 지금 서정의 자리는 이러한 소통의 가능성을 새롭게 열어가는 미래적 가치를 지니고 있다. 오래된 기억을 되살리고 우리 사회의 불모성을 감싸 안고 감각적 허위를 걷어낸 '다른 미래'의 시가 더욱 소중하게 여겨지는 것은 바로 이 때문이다. 그들이 지향하는 '서정의 옹호'에 진정으로 우리 시의 미래가 달려 있음을 내심 굳게 믿고 싶을 뿐이다.

(『신생』 2006년 가을호)

'미래파'들의 '다른 서정'
_권혁웅, 이장욱의 시론에 대한 비판

1. 시의 미래와 소통부재의 현실

　시의 미래를 새롭게 열어갈 것이라는 의미심장한 선언과 함께 일군의 시인들이 떼를 지어 등장했다. 그들은 이전 세대의 낡은 관습과 이데올로기를 무너뜨리고, 언어와 사물의 경계를 허물고, 환상과 현실 사이로 난 미궁 속에서 종횡무진 활약하고 있다. 그들이 들고 나온 캐치프레이즈는 '다른 서정'이고, 그들을 일컬어 '미래파'라고 부른다. 자아와 세계의 동일성으로 획일화된 서정의 본질과 상투화된 기억과 자연에 갇힌 전통 서정의 관습은, 그들에게는 모두 시대착오적인 시적 발상과 태도로 인식될 뿐이다. 의도했든 의도하지 않았든 간에, 그들은 지금 기존 시학의 전통과는 '다름'을 무엇보다도 강조하는 '차이'의 정치학을 통해 또 다른 시적 권위를 형성하고 있다. 언어가 다르고 기법이 다르고 대상이 다르고 서술이 다른, 그래서 어떠한 시적 관습과 전통적 권위로도 설명하거나 이해할 수 없는 전혀 '다른' 시들을 끊임없이 생산해내고 있는 것이다.

그들의 시적 지향은 '유사(resemblance)'가 아닌 '상사(similitude)'의 놀이들이므로 사물들 사이에 선후나 우열의 관계가 없다고 말한다.[1] 따라서 전대의 어떠한 미학적 압력으로부터도 자유로운 그들만의 주체를 형성함으로써, 그들만의 어법으로 그들만의 관계를 새롭게 구축하고 있다는 것이다. 이러한 그들의 '놀이'를 이해하지 못하고 그들이 사용하는 '언어'의 구조를 해독하지 못한다면 결코 그들의 세계로 편입될 수 없다. 그들이 새롭게 구축한 시의 미래는 너무도 개인적인 주관성의 세계이므로 공동체의 세계에 익숙한 사람들은 애늙은이나 왕따로 취급당하기 십상이다. 게다가 그들의 언어는 이제 막 시를 쓰는 젊은 시인들에게는 거역할 수 없는 하나의 규범으로 작용함으로써, 지금 우리 시단은 낡은 관습과 어법을 지닌 시인들은 결코 들어갈 수 없는 너무도 폐쇄적이고 편향된 시의 왕국이 건설되고 있는 형국이다.

어디까지나 미래는 열려 있을 때 그 가치를 온전히 실현할 수 있다. 어떤 특정한 틀을 선험적으로 강요하거나 결정한 상태에서 이를 맹목적으로 따라야 한다거나, 기존의 가치가 낡았으므로 무조건 이를 갱신해야 한다는 극단적인 논리는 오히려 더욱 많은 균열과 파벌을 조장할 뿐이다. 그러므로 미래는 앞을 향해 무한히 열려야 하는 것은 당연하거니와 뒤를 돌아보는 오래된 지혜도 갖추어야 한다. 앞과 뒤가 진정으로 소통하는 최소한의 과정마저 가로막아버린다면 그것은 진정한 미래를 열어가는 생산적인 과

---

1) 권혁웅, 「상사(相似)의 놀이들」, 『미래파』(문학과지성사, 2005), 127쪽. 이하 이 책에서의 인용은 글의 제목과 페이지만 밝힐 것임.

정이라고 할 수 없다. '다름' 혹은 '새로움'은 항상 전통을 수용하면서 배반하는 이중의 전략을 구사하는 갱신의 징후가 되어야 한다. 또 다른 '다름'과 '새로움'이 나타나면 어쩔 수 없이 소멸하게 되는 일회적인 유행이나 포즈에 머물러서는 안 되는 것이다. 그러기 위해서는 '다름'과 '새로움'을 강조하기보다는 오히려 '같음'과 '낡음'을 의도적으로 부각시키는 역설적 태도가 더욱 절실하게 요구된다. 이러한 역설의 정신이야말로 하루가 다르게 변화하는 세상의 한가운데에서 세대적 갈등과 문화적 갈등을 겪을 수밖에 없는 우리 시의 공감대를 넓히고 진정으로 소통의 장을 여는 가장 유효한 전략이 될 수 있을 것이다.

물론 이러한 시적 지향은 전통으로의 회귀나 복고적 양식으로 귀결되어서는 절대 안 된다. 그것은 가장 현실적인 감각과 정서로 우리들의 삶의 중심을 관통할 수 있어야 한다. 이것이 바로 소통부재의 현실을 가로지르는 진정한 '시의 미래'이다. 지금 우리 시단은 소통불능의 언어를 무차별적으로 나열하는 괴물들의 외계어가 주관적인 개인성의 함정을 점점 더 깊숙이 파고들고 있다. 따라서 그들의 언어를 해독하는 과정은 무수히 많은 함정들에서 허우적대는 고통의 연속일 뿐이다. 시를 이해하기 위해 이토록 '어렵고 힘든' 해독의 과정을 거쳐야 한다면, 더 이상 시와의 소통을 기대하는 독자들은 없을 것이다. 게다가 시인들조차 어떠한 독자도 상정하지 않는 자족적인 세계에 안주함으로써 시인과 독자의 관계는 단절적 관계로 전락하고 말 것이다.

그렇다면 그들이 말하는 시의 미래는 도대체 어디를 향하고 있는 것인가? 이러한 어려움에도 불구하고 그들의 언어 놀이에 너무나 즐겁게 참여하고 정교하고 논리적인 해석까지 늘어놓는 비평가들이 있어 정말 놀랍고 신기할 따름이다. 기본적인 해독조차 불가능한 시들 앞에서 망연자실하고 있는 필자와는 다르게, 몇몇 비평가들은 그들의 시가 너무나 "재미있다"고까지 말한다. 그들은 시와 비평을 겸하는 양수겸장의 능력을 갖고 있어서, 비평가로만 살아가는 필자와 같은 사람이 갖지 못한 특별한 시안(詩眼)이 있는 것일까? 어쩌면 그들이 보기에 이 글은 그들의 비평적 해석 과정을 그저 부러움의 눈길로 바라보고 있는 시대착오적 비평가의 '또 다른 비평'에 불과할지도 모를 일이다.

2. '미래파'들의 유희성과 자폐성

2000년대에 들어서면서부터 오래된 서정의 관습을 송두리째 허무는 새로운 시와 시인들이 무수히 많이 등장했다. 이들의 시는 '환상성', '시적인 것', '외계어', '다른 서정' 등으로 새롭게 명명되었고 지금 우리 시단은 서정의 권위를 넘어서 또 다른 권위를 수용해야 하는 난관 앞에 서 있다. '서정'의 개념을 둘러싼 오랜 논란으로 "시의 정의는 오류의 역사다"라고까지 하는데, 또다시 서정의 본질과 개념에 대한 혼란스러운 주장을 늘어놓는, 그것도 굳이 '다른 서정'이라는 식의 어정쩡한 개념으로 명명하는 젊은 비평가들의 목소리가 점점 더 거세지고 있다. 게다가 이들의 새로운 시적 세계관을 암묵적으로 추종하지 않고서는 앞으로 우리 시단에 주목받는 신인으로 등단하기 어려울 거라는 인식이 예비 시인들의 뇌리에 깊숙이 박혀가고 있는 듯하다. 즉 시의 미래 혹은 시인으로서의 미래를 꿈꾸는 자들은 지금 소위 '미래파'

들의 발상과 어법, 그리고 감각과 놀이에 즐겁게 참여하지 않으면 안 된다는 인식에 빠져 있는 것이다.

'미래파', 이 얼마나 매력적인 말인가? 한동안 우리 시단은 이러한 매력 앞에서 옴짝달싹 못하게 될 것 같다. 낡고 오래된 관습에 식상한 젊은 세대들에게 그들의 새로운 시는 '이해'의 차원을 넘어서는 '유희'의 즐거움을 안겨주었다. 또한 공동체의 미래를 책임지는 자세를 '도덕'적으로 강요해온 무거운 제도의 억압으로부터도 자유롭게 함으로써, 어느 누구도 간섭할 수 없는 가벼운 개인의 '윤리'를 창출하였다. 그렇다면 이토록 자기만의 견고한 성에서 한껏 자유를 누리고 있는 미래파적 시 쓰기를 진정한 의미에서 '미래'의 시적 현현이라고 말할 수 있을까? 주체와 타자의 소통을 외면한 채 새로운 주체의 형성만을 강조하는 것이 진정 낡고 고루한 주체를 넘어서는 위반의 전략이 될 수 있을까?

결론부터 말한다면, '미래파'들의 '미래'는 결코 희망적이지 않다. 그들의 시는 대체로 일회적인(요즘 학생들에게 그들의 시는 상당히 재미있는 독서 경험을 주고 있다. 하지만 대부분의 학생들이 덧붙여 하는 말에서 무엇보다도 주목되는 것은, 그들의 시가 재미있긴 하지만 다시 읽고 싶은 시는 결코 아니라고 말한다는 사실이다) '유희성'과 타자와의 소통을 염두에 두지 않는(최근 많은 평론가들과 요즘 우리 시의 경향에 대해 이런저런 진지한 논의들을 했었는데, 상당수의 평론가들이 시를 읽는 전문 독자들임에도 불구하고 그들의 시에 대해 도대체 기본적인 해독조차 불가능한 경우가 많다고 솔직한 심정을 털어놓았다) '자폐성'으로 가득 차 있기 때문이다. 권혁웅의 말에 의하면, 이러한 문제는 시 자체의 문제가 아니라 "그 시를 읽어내지 못한 비평"[2]의 문제라고 한다. 정말 비평가의 무지와 무능이 이와 같은 결과를 초래한 것일까? 우선, 비평가의 무능만큼은 인정한다 하더라도, 최근 우리 시의 모습이 일반 독자들에게 마치 '암호'나 '부호'와 같은 '외계어'로 받아들여지는 것은 부인할 수 없는 사실이 아닌가? 결국 그들의 시는 '그들만의 미래'를 사유하고 꿈꾸고 있을 따름이다. 다가올 미래는 그런 모습일 거라고 되풀이해서 말한다면 더는 논평할 이유가 없다. 다만 필자는 미래를 준비하는 지금이야말로 주체와 타자의 진정한 소통을 지향하는 공동체의 감각이 더욱 절실하다는 오래된 미래의 가치를 오히려 존중하고 싶다. 이러한 태도가 바로 내면의 감각과 시대의 유행을 초월하는 진정으로 새로운 주체의 자리라고 믿고 싶은 것이다.

  요즘 젊은 시인들을 향해 쏟아지는 비판의 요지는 "요령부득의 장광설"과 "경박한 유희의 산물"이라는 말로 정리할 수 있다. 이러한 비판에 대해 권혁웅은, "달리는 말의 다리는 네 개가 아니라 스무 개"라는 비유를 통해, "우리 눈에 보이는 잔상(殘像)이 사실은, 중첩된 면(面)들이 내보이는 실상(實像)"이라는 점을 주지시킨다. 이는 "최근 시의 '특별한' 형상들을 형상의 왜곡"이라고 말할 수는 없고, 최근 시들은 진리로 간주되어온 항구적인 시의 전통을 비판의 대상으로 겨누고 있다는 점에서, 오히려 '미래파'들의 시적 경향을 주목할 필요가 있음을 강조하는 것이다.[3] 모든 것이 그러하듯 시 역시 고정적 진리에 함몰되거나 갇혀서는 안 되고, 현실의 리얼리티를 맹목적 평가기준으로 삼는 것 자체도 지나치게 폭력적인 시적 평가일 수 있다는 점에서, 그들의 비

---

2) 「미래파―2005년, 젊은 시인들」, 148쪽.

판과 실험은 상당히 중요한 의미를 지닌다고 할 수도 있다. 김수이의 말대로 지금 "서정시는 다른/다양한/새로운 서정을 향해 진화(進化)하고 있는 중"[4]이라고 볼 수 있기 때문이다.

    그런데 중요한 문제는 이러한 진화의 과정이 과연 어떠한 방식으로 진행되는가 하는 점이다. 모든 제도와 문법이 그러하듯, 반드시 지켜야만 하고 따라야만 하는 기계적 방식의 답습을 무엇보다도 싫어하는 젊은 세대들의 의식은, 이성적 논리를 지나치게 거부한 나머지 과잉된 감정을 감각화하는 데에만 주력하는 것은 아닌지 냉정하게 따져봐야 할 것 같다. 또한 이러한 감각이 지나치게 주관화되어 최소한의 기호적 합의마저 무너뜨리는 소통불능의 외계어를 만들어내고 있는 것에 대해서도 비판적 성찰이 필요하다. 그렇다면 그들이 추구하는 경직된 시적 질서의 재편과 새로운 상징체계의 구축은 도대체 무엇을 위한 시적 담론이란 말인가? 이를 구체적으로 이해하기 위해서는 "비평에서 가장 중시되어야 할 것이 감각의 논리를 재구하는 길"이므로 "새로운 감각의 출현"을 보이는 "미래파"에 자신의 "비평의 미래를 투자하고 싶다"[5]라고 선언한 권혁웅의 야심찬 생각을 좀더 따라가보아야 할 것 같다.

    최근의 젊은 시인들은 중언부언을 중요한 발화의 방식으로 만들었다. 단형의 틀에 우겨넣기에는 시의 전언이 너무 풍부하다. 그들

---

3) 「미래파―2005년, 젊은 시인들」, 148~149쪽.
4) 김수이, 「시, 서정이 진화(進化/鎭火)하는 현장」, 『문예중앙』 2006년 여름호, 14쪽.
5) 「책머리에」, 8~9쪽.

은 음악을 위해서 전언을 포기하지 않는다. 이미지가 풍요롭다. 그들은 여러 화자를 무대에 올린다. 사회와 역사에 대한 통찰은 존재론적인 통찰에 자리를 물려줄 때가 되었다. 추(醜)와 불협화음은 처음부터 미(美)의 범주였다. …… 미적 형질의 변화를 그들은 비평이 정식화하기에 앞서 실현하고 있었다고 해야 한다. (중략) 이들에게는 1980년대 시인들이 걸머져야 했던 역사와 시대에 대한 채무의식이 없고, 1990년대 시인들이 내세운 그럴듯한 서정, 고만고만한 서정이 없다. 그 대신에 다른 게 있다. 그리고 이들의 시는 무엇보다도 먼저, 재미있다.[6]

권혁웅은 "주류 시학의 질서에 편입되지 않은, 그래서 기존 시의 독법으로는 잘 파악되지 않는 시적 기술론"은 '감각'을 재발견하는 데서 성취될 수 있다고 보았다. '미래파'들의 시를 제대로 이해하기 위해서는 "기존의 시학이 온전히 포괄하기 어려운 새로운 발성법"에 맞추어 "새로운 시학 이론의 정립"이 필요하다는 것이다. 따라서 그는 "시는 무엇보다도 감각의 소산"이므로 '미래파'의 시는 "감각의 운용 방식에 따라 독해되어야 한다"[7]고 주장했다. 이러한 그의 주장에 대해 필자는 상당 부분 동의하고 있음을 먼저 밝혀둔다. 다만 그의 논법이 기존의 시관에 맞서는 새로운 시관이라는 이분법적 사고로 경직되어 독단의 방식으로 읽혀지기도 한다는 점에 대해서는 문제 삼지 않을 수 없다.

그의 주장이 이분법적 독단에 갇혀 있다는 사실은 인용문을 뒤

---

6) 「미래파―2005년, 젊은 시인들」, 149~150쪽.
7) 권혁웅, 「미래형 시로의 여행을 위한 히치하이킹 안내서」, 『문학들』 2006년 봄호, 28~29쪽.

집어 읽어보면 확연히 드러난다. 즉 그의 주장에 따르면, 기존 시가 단형이 많은 것은 전언이 풍부하지 못하고, 시의 음악성에 치중한 나머지 전언을 포기하는 경우가 많으며, 이미지가 풍요롭지 못하며, 단수화자에 의존하고 있고, 사회와 역사에 대한 통찰에 집착하여 존재론적인 통찰을 하지 못했기 때문이다. 물론 기존의 시 관습을 살펴볼 때 이러한 측면이 전혀 없었다고 말하기는 어렵지만, 그렇다고 해서 일도양단의 어법으로 전통을 부정함으로써 새로운 주체를 세우려는 방식은 온당하지 못하다. 지금 우리 시는 분명 내용과 형식 모두에서 변화된 사회를 새롭게 담아내는 갱신의 모습을 보여야 하지만, 이러한 변화의 과정이 '감각'에만 의존하고 '내면'의 경로만을 중요시하는 '언어'적 수사학으로 장식되어서는 안 된다. 앞으로 우리의 시적 방향은 "역사와 시대에 대한 채무의식"을 가져야 하고, "그럴듯한 서정, 고만고만한 서정"에 대해서도 진지하게 고민해야 한다. 그럼에도 불구하고 이러한 논법을 특별히 강조하려는 것은 '미래파'의 새로움을 과장하려는 과잉된 수사가 아닐 수 없다. 다시 말해 소통불가능의 시어와 구조에 전전긍긍하는 독자들에게 자신들의 유희성과 자폐성이야말로 가장 주체적인 발화의 방식이라는 점을 의도적으로 부각시킴으로써, 독자들 역시 그들의 '재미'에 적극적으로 동참할 것을 요구하고 있는 것이다.

  권혁웅은 이러한 '미래파'의 발화 방식에 "불행한 서정시"[8]라는 이름을 붙여주었다. 그의 명명 행위 역시, 스스로 비판하기도 했던, '분석'과 '해석' 대신에 '분류'와 '정의'를 앞세우는 우리 시

---

[8] 권혁웅, 「행복한 서정시, 불행한 서정시」, 『문예중앙』 2006년 여름호, 45쪽.

단의 문제점으로부터 결코 자유로울 수 없다. 그가 '미래파'들의 시적 경향을 굳이 '서정시'의 범주로 귀속시키려 하는 것은 '구별 짓기'를 통해 획득되는 새로운 권위의 창출과 전혀 무관하지 않다. 모든 문학사의 흐름은 '정전'에 대한 '변종'의 역사라고 할 수 있다. 페쇠의 담론 분석에 따르면, 거기에는 '동일화', '반(反)동일화', '비(非)동일화'의 논리가 내재되어 있다. 이를 '서정시'에 적용한다면, '미래파'들의 시적 경향은 '반서정' 혹은 '비서정'의 범주로 설명될 수 있을 것이다. 여기에다 권혁웅의 논리를 연결지으면, '반서정'은 "주체와 대상의 불일치"를 드러내는 "비정합적인 언어"로 이루어지므로 '불행한 서정시'에 해당된다. 그리고 '비서정'의 경우는 주체와 대상의 일치와 불일치가 동시에 내재되어 있으므로 '행복한 서정시'일 수도 있고 '불행한 서정시'일 수도 있다. 그런데 문제는 '행복/불행'의 추상적 가치평가가 서정을 수식하는 가치의 전제가 되어서는 안 된다는 점이다. 중요한 것은 '서정'이라는 형식이 무엇 때문에 '반서정'과 '비서정'으로 형상화되느냐 하는 담론적 차원에 있는 것이지, 어떤 시의 모습이 행복하다거나 불행하다는 식의 추상적 판별이 중요한 것은 아니기 때문이다. 설령 행복과 불행이 담론적 구별의 잣대일 수 있다고 하더라도, 가장 엄밀하게 적용해야 할 개념 정립에 이렇게 추상적인 용어를 사용하는 것은 결코 바람직하지 않다.

불행한 서정시의 경우, 주체는 비정합적인 언어를 통해 세계 편력의 경험을 대상화하고, 거기서 비롯된 불일치의 경험을 정조로 삼는다.

비정합적인 언어의 특징은 다음과 같다. 첫째, 다른 시어, 시행,

시련과의 연관을 의도하지 않는, 모든 차원의 배제. 비정합적인 언어는 단일한 주체와 대상으로 수렴되지 않는 경우가 많다. 둘째, 언어의 질감이 아닌, 통사적인 구문에 대한 배려 : 언어는 음운 차원에서도 율격 차원에서도 통일되지 않는데, 다만 비슷한 구문을 배치하여 전언을 통일한다. 구문의 통일은 주체가 세계와 자신을 매개하는 유일한 방식이다. 셋째, 주체와 분리된 채 대상에서 다른 대상으로 이행하는 진술. 이러한 진술은 주체와 세계의 불일치를 드러내는 데 유력하다. 넷째, 개방된 시공간의 창출. 주체로 수렴되지 않는 세계는 그 자체로 곤혹스럽다.[9]

최근 우리 시 비평에 대한 비판 가운데 가장 많이 논의되는 문제 중의 한 가지가 '해석' 혹은 '해설'의 과잉과 '판단' 혹은 '평가'의 부재에 있다. 상당수의 비평들이 분류와 정의에 매몰되어 그것들이 지닌 내재적 특징에만 주목할 뿐, 그러한 현상을 초래하는 외적 담론의 분석에는 둔감했기 때문이다. 그러다 보니 인용문처럼 특징의 나열이나 변화의 당위성만을 그럴듯하게 늘어놓는 경우가 대부분이었다. 위에서 말한 네 가지 특징은 '미래파'의 시가 보여주는 언어의 특징을 정리한 것이다. 그런데 정작 중요한 문제는 이와 같은 특징이 발생한 이유에 대해서는 명확하게 제시하지 않는다는 사실이다. 결국 그 이유는 새로운 시론에 대한 충분한 논리적 학습을 통해서만 파악될 수 있다는 것인데, 여기에서부터 시 혹은 시인과 독자의 간극은 점점 더 멀어질 수밖에 없다.

---

9) 권혁웅, 「행복한 서정시, 불행한 서정시」, 앞의 책, 48~49쪽.

예를 들어 생각해보자. 거리에 나가면 상점의 간판 글씨가 뒤집어져 있거나 통사적 문법에 어긋나는 경우를 종종 볼 수 있다. 이러한 언어 사용은 최소한의 언어 규칙을 위반하는 것이지만, 그것은 의도된 위반이므로 언어의 사회성을 깨뜨릴 만큼 소통에 장애를 초래하지는 않는다. 오히려 사람들은 그러한 뒤집기와 비문법적 언술의 이유와 의도를 찾아내고자 하므로 더욱 새로운 의미 효과를 창출할 수도 있다. 하지만 '미래파'들의 시는 이와 같은 의미화 전략을 아예 감추는 자기폐쇄적 유희를 즐김으로써 최소한의 언어적 소통 과정마저 봉쇄하거나, 어려운 암호를 사용하는 비논리적 조직화를 시도해버린다. 따라서 시를 매개로 한 언어의 사회적 소통은 사실상 불가능하게 된다. 그럼에도 불구하고 권혁웅은 최근 시의 변화에 대한 현상적 특징과 의의를 설명하는 데만 치중하는, 비평을 위한 비평을 하고 있다. 그 결과 지금 우리 시단은 "괜한 젊은 시인들이 한 비평가의 비평적 전략에 동원되"는 어처구니 없는 상황이 벌어지고 있는 것이다. "앙상한 '미래파'의 수사를 반복하기보다는 그들의 시가 내포하고 있는 진심으로 뚜렷한 '감각의 차별성'과 '시학의 독창성'을 해명하는 것"[10])이 한 사람의 비평가로서 권혁웅에게 정말 필요한 과제라는 평단의 충고를 그가 진심으로 받아들이길 기대한다.

---

10) 이명원, 「내력, 來歷, 耐力」, 『시작』 2006년 여름호, 108쪽.

3. '다른 서정'이라는 시적 권위

권혁웅과 더불어 지금 우리 젊은 시단을 전방위적으로 쥐락펴락하는 비평가 가운데 또 한 사람이 바로 이장욱이다. 그는 시인이면서 비평가인데다 최근에는 소설가로까지 활동하고 있고, 『창작과비평』의 편집위원으로 한국을 대표하는 진보 잡지의 변화(?)를 이끌고 있어 당연히 문단의 주목을 받지 않을 수 없다. 특히 '미래파'로 불려지는 젊은 시인들에게 그의 위치는 자신들의 시세계를 이론적으로 정교하게 뒷받침해주고 새로운 시사적 의미를 부여해주는 명명자로서의 역할까지 하고 있어서, 그들과 이장욱은 끈끈한 동지적 유대 관계를 형성하고 있다. 최근 출간된 젊은 시인들의 시집을 펼쳐보면, 황병승, 김민정 등을 비롯하여 상당수의 시인들이 그의 해설에 의해 특별한 의미를 부여받고 있다. 과거 김현과 정과리가 그러했듯이, 그 역시 시집 해설의 권위를 통해 새로운 시의 변화와 흐름을 주도하고 있는 것이다.

이장욱의 시론은 기존 시단이 오래도록 유지해온 '서정의 권위'에 대한 거부를 표방하고 있어서, 새로운 권위를 창출하려는 그의 비평적 욕망에 비추어볼 때 상당히 아이러니하게 받아들여진다. 대부분의 비평적 오류가 그러하듯, 타자의 아킬레스건을 문제 삼으면서도 정작 자신 역시 그러한 아킬레스건을 그대로 답습하고 있음을 전혀 인지하지 못하고 있기 때문이다. 물론 우리 시의 미래가 '서정의 권위'로 인해 여러 가지 폐단과 모순을 초래한다면 그것은 분명 문제가 아닐 수 없다. 따라서 우리의 시학적 전통은 이에 대한 진지한 성찰을 통해 새로운 시학으로의 갱신을 모색하여야 한다. 특히 '자아중심주의', '동일성', '은유' 등의 낡고 오래된 서정의 개념적 본질에 대해서는 더욱 깊이 있는 비판이 제기되어야 할 것이다.[11] 하지만 이러한 비판적 성찰이 또 다른 서정의 권위를 창출하는 방향으로 나아간다면 결국 옥상옥(屋上屋)의 오류를 답습하는 결과가 되고 말 것이다.

이장욱은 "지금 나타나고 있는 새로운 감각(들)이 서정성의 '부정'이나 '해체'가 아니라 일종의 '내파' 방식일 수 있다"고 하면서 "서정시는 사라지지 않고, 다만 갱신된다"[12]고 주장한다. 어떻게 보면 그의 주장은 '서정'에 대한 보다 정교하고 심층적인 해석적 차이를 지향하고 있어서 상당한 설득력을 확보하고 있다. 하지만 그 맥락을 자세히 들여다보면, 그가 말한 '갱신'은 서정 안의 '내파' 방식에 의해 이루어지는 것이 아니라, '다른' 서정과 '서정 바깥의 서정'을 지향하는 데에서 성취될 수 있다. 즉 그의 주장은 최근 우리 시의 경향이 서정적 동일성의 파산을 이루고 있다는 비판에 대한 반비판을 통해, 우리 시의 해체와 균열이 언어의 존재 방식과 세계가 맺는 관계에 있으므로 서정을 이해하는 새로운 관점의 정립이 무엇보다 필요하다는 입장이다. 이러한 새로운 관점에 대해서도 기존의 개념과 같이 '서정'이라고 명명하기엔 여러 가지 석연찮은 구석이 많으므로, 그는 '행복한 서정/불행한 서정'을 구분한 권혁웅의 방식처럼, "서정은 서정이되 '다른 서정'" 혹은 "서정 바깥의 서정"이라고 명명한 것이다. 이는 우리 시의 새로운 지형을 명명의 방식을 통해 선점하려는 비

---

11) 이에 대한 자세한 논의는, 구모룡, 「새로운 시학을 찾아서」, 『시의 옹호』(천년의시작, 2006), 13~29쪽 참조.
12) 이장욱, 「꽃들은 세상을 버리고」, 『나의 우울한 모던 보이』(창작과비평사, 2005), 16~17쪽. 이하 이 책에서의 인용은 글의 제목과 페이지만 밝힐 것임.

평적 욕망과 이를 토대로 시인들의 위계를 세우려는 비평 전략을 드러낸 것이라고 할 수 있다.

그가 말한 대로 "오늘날의 삶과 세계는 '전래'의 서정적 어법으로는 보이지 않고, 만져지지 않는" 것이 사실이다. 그렇다고 해서 "서정시가 할 수 있는 것은 현대적 삶의 대립항으로서 마음의 도원(桃源)을 이루는 것 정도"[13]라고 폄하하는 것은 너무나 편향된 관점이다. 여기에서 '도원'은 단순히 문명과 대립되는 장소로서의 소재주의적 측면에 머무는 것이 아니라, "근대적인 것에 포섭된 시적인 것을 되돌려 근대 극복의 매개로 활용하는 일과 관련된" 중요한 문제의식을 내포하고 있기 때문이다. 다시 말해 '도원'은 근대시학이 결여한 "본질주의적 환원"의 세계를 표상하는 것으로, "생명시학적인 인식의 전환으로 시적 근대성을 극복하는"[14] 적극적인 의지의 결과라고 할 수 있다. 따라서 이장욱이 함성호의 시에 대한 해석에서 밝힌 "서정이 자신의 '도원'을 이루자, 그 '도원'을 무너뜨리기 위한 세계의 습격이 지각되는 풍경"이야말로 "서정의 균열"을 통해 생명시학의 사회시학적 확장을 모색하는 것이지 '서정'에 대한 냉소적 자세를 드러낸 것이라고 단정 지을 수는 없다. 결국 이장욱의 '도원'에 대한 거부는 서정을 '인공정원'의 세계로 폄하하려는 선험적 의도에서 비롯된 이분법적 오류가 아닐 수 없다.

전래의 서정이라고는 했지만, 서정시에 '기원' 같은 것은 없다.

---

13) 이장욱, 「꽃들은 세상을 버리고」, 앞의 책, 17쪽.
14) 구모룡, 「생명시학의 지평」, 앞의 책, 46~47쪽.

(중략)

　이 말은 '전통' 서정시들을 우리 현대시의 '기원'으로 설정하는 무심결을 부정할 필요가 있다는 뜻이다. '기원'을 설정하고 '일탈'의 각도를 측정하는 순간, 우리는 현대적 서정의 많은 부면(部面)들을 잃게 된다. '전통'은 다양한 문학적 역학에 참조항을 이루는 문학적 기억의 일부이지만, 복원하거나 귀환해야 할 '원형'이나 예외적으로 존중받아야 할 '근원'이 아니기 때문이다. 그런 의미에서 전통의 '해체'는 지금 출현하고 있는 새로운 시들의 핵심적인 과제가 아니다. 그들은 그들의 개별자적 감각 안에서 이미 일정한 '보편적' 감성을 형성하고 있으며, 그 당대적 감성의 지평 위에서 이합집산하고 있기 때문이다. 그들은 '기원'이나 '계보'를 의식하거나 꿈꾸지 않는다. 그러므로 '서정적 자기동일성의 해체를 통한 근대의 극복'이라는 우리 시대의 낡은 명제를 반복하는 것은 이제 지루한 일이다. 지금 많은 시인들에게 '해체'와 '균열'은 이상적 상태를 전제로 한 결여의 상태가 아니라 그저 삶의 당연한 조건이다. 무엇보다도, 그들은 해체를 해체로 의식하지 않으며 균열을 균열로 의식하지 않는다. 그런 의미에서는 '해체'도 '균열'도 없다.[15]

그가 말하는 "서정 바깥의 서정"은 "서정의 내부로 내려가 서정 자체를 넘어서"는 것, "서정의 끝까지 가서 서정의 '관례'를 극복해버리는 풍경"[16]이다. 여기에는 어떠한 '기원'도 '전통'도 찾아볼 수 없다. 결국 '미래파'들의 시에 나타난 '해체'와 '균열'

---

15) 「꽃들은 세상을 버리고」, 30쪽.
16) 위의 글, 35쪽.

은 '무엇'에 대한 해체와 균열이 아니라 그 자체로 존재의 의미를 지니고 있으므로, 사실상 해체와 균열이라는 어법 자체가 성립될 수 없다는 것이다. 이는 가장 극단적인 부정의 논법으로, 부정할 대상조차 존재하지 않는다는, 그래서 "'기원'을 설정하고 '일탈'의 각도를 측정하는 순간, 우리는 현대적 서정의 많은 부면들을 잃게 된다"는 것인데, 이러한 논점이야말로 너무도 완고한 시적 권위를 드러내는 것이 아닐 수 없다. 그 결과 "진정한 새로움은 전통의 부정에 있기보다 전통의 쇄신에서 발생한다"는 평범한 시적 진리조차 외면하고 있는 것이다. 이 때문에 지금 우리 시단은 "새로움의 강박에 중독되어" "고립을 자처하면서 언어와 기법의 차원에서 미지를 추구하는 시인들"의 목소리가 점점 더 커지고 있는 것이 사실이다. 하지만 "정상적인 소통을 거부하고 오로지 시적으로만 존재하는 인위적 공간"의 끝에는 "새로움의 고갈로 인한 자해의 미학이 나타날 수 있다"[17]는 점을 결코 간과해서는 안 된다. '인공서정'에 대한 거부가 만들어낸 '인공미학'의 세계로 인해 시는 죽음의 상태에 도달할지도 모른다. 전통에 대한 부정과 기원에 대한 거부는 또 다른 부정과 거부에 부딪힘으로써 더는 새로움을 기대하기 어려운 '새로움의 고갈 내지는 폐허' 상태에 이르고 말 것이 틀림없기 때문이다.

아마도 우리 시대의 어느 문화 영역도, 시단만큼 '오래된 미래'에 매혹되어 있는 곳은 없는 것 같다. '오래된 미래'라는 매력적인 모순어법은 오래전부터 강력한 시적 구심력을 형성해왔다. 그것은 이

---

17) 구모룡, 「현대시의 진정한 새로움」, 앞의 책, 66~68쪽.

른바 '생태시'나 '선시'들과 이합집산하면서 인간의 문명계 바깥에 구축 가능한 또 다른 세계, 혹은 원형적 세계를 희망했다. 그러나 저 라다크적 삶, 혹은 시적 라다크의 풍경에 이끌리는 시들은 때로 위태로워 보인다. 그 위태로움은 라다크가 대변하는 대안적 사유와 힘겨운 모색의 힘을 잃고 시적 관례에 투항하는 순간 나타난다. 이 경우에 라다크는 일종의 '안전한 시적 퇴행'에 기여하는 것으로 타락할 수 있다.

그러니까 이런 질문이 필요하다. 지금 우리가 꿈꾸는 저 '오래된 미래'는 정말 그것으로 괜찮은 것일까. 라다크적 삶이 전제로 삼고 있는 새롭고도 위험한 사유가 결여될 때, 라다크는 비만한 근대에 지친 이들의 정신적인 '휴양지'로 전락해버리는 것은 아닐까. 전근대적 삶에 대한 애정 자체가 문제인 것이 아니라, 그것이 하나의 관례처럼 시적 정당성을 얻는 순간이 문제다.[18]

인용문에는 이장욱이 서정의 권위를 거부하는 시론을 전개하게 된 명백한 이유가 담겨 있다. '오래된 미래'가 상징하듯이, 과거와 미래가 긴장의 끈을 늦추지 않는 세계는 미래의 "대안적 사유"가 될 수 있을 것이라고 기대했지만, 여지없이 "시적 관례에 투항하는" "안전한 시적 퇴행"을 거듭하며 실망을 안겨주었기 때문이다. 즉 '서정'은 "비만한 근대"로 표상된 문명적 가치에 대립되는 반문명적 표상으로서의 "휴양지"의 역할을 하는 것 외에는 어떠한 생산적인 대안도 제시하지 못하고 있다는 것이다. 게다가 이러한 반문명적 표상 역시 진정성을 잃어버린 기계적 표상

---

18) 이장욱, 「오감도들」, 앞의 책, 46쪽.

으로 변질되었다는 점에서 아주 근본적인 문제를 내장하고 있다고 진단한다. 그럼에도 불구하고 오래된 미래로서의 서정은 너무도 견고한 "시적 정당성"을 얻고 있어서 지금 우리 시는 전혀 새로운 미래를 열어가지 못하는 결과를 초래하고 있다는 것이다.

    이러한 그의 주장이 현대시가 구태를 벗고 새롭게 갱신해야 하는 이유를 논리적으로 문제제기한 것이라면 전적으로 공감하지 않을 수 없다. 하지만 이러한 서정 비판의 궁극적 의도가 근대시학의 대안을 제시하는 데 있는 것이 아니라 오히려 반서정 혹은 탈서정의 논리를 정당화하는 사유가 되거나, 전통 서정의 용도 폐기를 주장하는 극단적인 논리로 귀결되는 것 같아 미덥지 못하다. 이장욱의 주장대로 지금 우리 '서정'의 가장 큰 모순과 병폐가 전통을 가장한 복고적 세계에 너무도 깊이 침잠함으로써 새로운 시대의 변화를 제대로 담아내지 못하고 있다는 지적은 충분히 타당하다. 하지만 그렇다고 해서 이에 대한 비판의 초점 역시 전통 자체의 폐기나 시적 관례에 대한 전면적인 부정, 그리고 근대를 뛰어넘는 정신적인 휴양지로서의 가치를 근본적으로 회의하는 식의 극단적인 방향으로 나아가서는 안 된다. 예를 들어, 한 사람이 궁극적인 목표지점을 찾아 나아가는 과정에서 길을 잘못 들었다고 한다면, 원지점으로 돌아와 어떤 길이 올바른 길이었는지에 대해 깊이 성찰하고 다시 그 길을 찾아가는 것이 바람직한 선택이지, 궁극적으로 가고자 하는 길 자체를 거부하거나 부정하는 회의와 일탈을 감행해서는 안 되는 것이다. 마찬가지로 지금 우리에게 필요한 것은, 우리 삶의 궁극적인 미래를 찾고, 우리 시의 길이 어디로 향하는 것이 바람직한가에 대한 뚜렷한 전략을 세우고, 이를 성공적으로 수행하기 위한 다양한 소통의 전술을 수립하는 데 있다. 자신들의 주장을 합리화하기 위해 전략과 전술 자체를 혼동하거나 폐기하는 것이야말로 우리 시단을 퇴행시키는 가장 근시안적인 행태임을 반드시 유념해야 한다.

이장욱의 시론은 우리 시의 현재적 문제점에 대해서만큼은 정확한 진단을 하고 있어서 권혁웅의 시론에 비해서는 훨씬 설득력이 있다. 그는 "체험해야 할 한계 자체가, 이미 상투적인 것. 위반과 일탈 자체가, 이미 하나의 관례인 것. 이 아이러니는 확실히 21세기 미학의 딜레마"[19]라는 사실만큼은 분명하게 인식하고 있기 때문이다. 그렇다면 그의 시론이 앞으로 해결해야 할 문제는 이와 같은 딜레마를 벗어나는 방향이 되어야 하는데, 위반과 일탈 자체가 이미 상투적인 관례가 되어버렸다고 인정하면서도 그것을 '다른 서정'이라는 대안적 미래로 제시하는 자기모순에 빠져 있어 문제가 아닐 수 없다. 그의 시론은 지나치게 당위적인 관점을 앞세우는 한계가 있어서, 그의 주장을 뒷받침하는 해석적 근거는 다소 궁색하고 마치 합리화의 수순을 밟는 논리처럼 비쳐진다. 이는 그의 비평적 시선이 최근의 시적 현상에 대한 정교한 '해설'에 유독 집중되어 우리 시의 궁극적 미래와 참된 가치를 염두에 둔 '평가'와 '판단'을 강조하고 있지 않기 때문이다. 그의 해설은 지나치게 '현재'를 절대화함으로써 언제나 함정에 빠지고 만다. 그래서 그는 "시인이 꽃의 이름과 나무의 습성을 잘 알아야 한다는 것은 19세기적 고정관념"이라고 단언해버린다. 그 이유가 "그가 살아가는 곳이 꽃의 세계와 나무의 세계가 아니기 때문"[20]이라니 정말 어처구니가 없다. 그는 "우리가 정말 하고 싶

---

19) 이장욱, 「오감도들」, 앞의 책, 44쪽.

은 말은 우리가 축적해가는 삶의 감각들 자체에서 발원"하고, "외부에서 부여된 언어 바깥에 존재"하므로, "모든 초월적·도덕적·관례적·이데올로기적 강제를 낱낱이 벗겨낸 이후에야 시는 가능해진다"[21]라고 주장한다. 진정한 시의 미래는 '외계어'나 '감각'이 만들어내는 '다른 서정'을 통해서 이루어질 수 있다고 확신하고 있는 것이다.

'미래파'들 역시 시 혹은 시인들과 독자들 사이의 소통 자체를 완전히 저버리고 있는 것 같지는 않다. 하지만 독자들은 '미래파'들의 시에 대해 어렵고 어렵고 어려울 뿐이라고 거듭해서 말 못할 고통을 호소하고 있다. 설령 독자들 상당수가 시를 읽는 능력이 부족한 것이 원인이라고 인정한다 하더라도, 이제는 '미래파'들도 독자들이 겪는 시 읽기의 어려움에 대해서 진지하게 경청할 필요가 있다. 시는 시일 뿐이지 어떠한 설명도 필요 없고, 자신들의 시에는 어떠한 논리적 분석도 요구되지 않는다는 지적 오만함을 더이상 앞세워서는 안 된다. 지금 우리 시는 그 어떤 방식으로든 현실 가장 가까이에서 인간과 세계에 대한 진지한 성찰을 보여주어야 한다. 따라서 이를 선도해야 할 시 비평의 역할 역시 유희적이고 자폐적인, 그래서 또 다른 서정의 권위를 조장하는 우리 시의 암호화 경향과 지나친 주관성에 대해 무조건 옹호하는 논리를 유포해서는 안 된다. 기본적으로 언어가 '소통'을 전제로 하지 않는다면 결코 '언어'일 수 없듯이, 시의 언어 역시, 그것이 암호이든 부호이든 소통조차 불가능하다면 시어가 될 수 없음은

---

20) 이장욱, 「오감도들」, 앞의 책, 62쪽.
21) 이장욱, 「외계인 인터뷰」, 앞의 책, 74쪽.

자명하다. 뿐만 아니라 일상어를 사용하는 독자들이 전혀 알아들을 수 없는 외계어의 사용은 결국 독자들 위에 군림하려는 권위적인 언술 행위가 될 수밖에 없다. 지금 우리 시단에 정말 필요한 것은 '미래파'도 아니고 '다른 서정'도 아니다. 역설적이게도 오히려 가장 중요한 문제는 '서정'이다. 서정이 제 역할을 다하지 못하는 시대에 다시 '서정의 옹호'를 주장하는 것이야말로 가장 희망적인 시의 미래를 여는 청사진이 될 수 있는 것이다.

4. 시의 소통, 서정의 옹호

새로운 천 년에 대한 기대감과 두려움이 교차했던 2000년대의 시작은 어쩌면 상징적 퍼포먼스에 불과했는지도 모른다. 사실상 숫자놀음에 불과했던 경계의 순간에 대해 모두들 특별한 의미 부여를 하기에 급급했던 것이다. 그리고 어떻게든 20세기와는 다른 '새로운' 무언가를 보여주어야 한다는 지독한 강박관념에 사로잡혀 있었던 것도 사실이다. 낡고 진부한 모든 것을 버리고 첨단문명의 선두로 질주하는 과도한 제스처에 얼마만큼의 진정성이 있었는지 이제는 진지하게 성찰할 때이다. 이러한 새로움에 대한 강박관념은 우리 문학에도 급격한 변화를 불러왔다. 변화의 모습은 언제나 새로움의 가치로 포장되었고, 전통은 정체된 운명으로 폄하되기 일쑤였다. 그렇다면 새로움을 어떻게 이해하고 평가할 것인가는 지금 우리 문학이 당면한 중요한 과제가 아닐 수 없다. 이는 문학의 윤리를 해명하는 통로이기도 하다.

우선, 지금 우리 시단에 가장 필요한 과제는 난해성의 장막을 걷어내는 일이다. 전통 서정의 갱신을 통한 미적 새로움의 추구는 전통의 쇄신을 토대로 이루어지는 것이지 전통과의 단절을 통해서 성취되는 것은 아니다. 기법의 혁신과 구조의 변화가 현대시의 진정한 새로움을 가져오는 유기적 장치로 작용한다면 더할 나위 없이 바람직한 일이다. 그러나 통사구조의 단절과 낯설게하기와 같은 기법이 소통불가능의 언어로 작용한다면 아무리 좋은 내용을 담고 있는 시라도 쓸모없는 시로 전락하고 만다. 독자와 만나는 해석적 공간을 염두에 두지 않는 시는 있을 수 없다. 독자에게 시의 전부를 송두리째 보여줌으로써 해석의 필요성조차 갖지 않는 것은 더더욱 문제이다. 결국 가장 바람직한 시의 모습은 시 혹은 시인과 독자의 진정한 소통에 따른 긴장이 형성될 때 비로소 가능하다. 이를 위해서는 무엇보다도 시의 언어와 구조에 대한 뚜렷한 문제의식을 지녀야 한다. 전통과의 의식적인 단절을 주장한 나머지 오히려 세상과 소통하지 못하는 폐쇄적 언어집단이 되어서는 안 된다. "시인들 사이에서만 고독하게 교신되는 비밀의 상형문자 상태"가 극단화되면 그만큼 독자들의 수는 급격히 줄어들고 말 것이라는 점을 기억해야 할 것이다.

다음으로 '서정' 혹은 '시적인 것'의 현재와 미래에 대해 더욱 진지한 성찰을 할 필요가 있다. 앞서 살펴본 대로 지금 우리 시단의 현실은 더 이상 '시 혹은 시적인 것'의 관습을 수용하지 않는 '탈(脫)-시' 혹은 '탈(脫)-시적인 것'이 오히려 가장 '시적인 것'으로 부각되어 독자들과의 소통의 영역은 더욱 줄어들고 있다. 그럼에도 불구하고 우리 시단에는 여전히 "시인은 쏟아지고 시집은 범람하고 산문시가 유행하는" 아이러니한 상황이 펼쳐지고 있다. 이러한 현상에 대해 최원식은, "한국시는 최근 전반적

이완의 경향을 보이고 있다"고 진단하면서, "현재로부터 탈주하는 것이 아닌, 현재에 압도되는 것도 아닌, '현재의 시'는 어디에 있을까"[22]를 진지하게 고민할 때가 바로 지금이라는 점을 특별히 강조했다. 그의 말대로 탈이념의 시대를 살아가는 우리들에게 시의 현재적 의미는 어디에 있으며, 또 어디를 향해 가고 있는지, 이제는 이러한 문제의식으로부터 새로운 시의 미래를 진지하게 성찰할 때가 되었음을 인식해야 한다. 따라서 앞으로 시의 미래는 우리 사회가 함께 공존해가는 조화로운 운명의 형식을 새롭게 열어가야 할 것이다. 서정시, 생태시, 자연시, 미래파, 다른 서정, 행복한 서정, 불행한 서정 등 우리 시의 미래를 지칭하는 개념과 용어부터 서둘러 명명하는 태도는 결코 바람직하지 않다. 물론 용어와 개념의 정립은 시적 이념의 기준과 방법을 결정하는 중심적인 토대가 된다는 점에서 전혀 비합리적인 것이 되어서는 곤란하다. 하지만 그것이 어떻게 명명되든 간에 가장 중요하게 생각해야 할 문제는, '서정'의 가치가 우리 사회의 궁극적인 미래를 향한 근원적 본질을 회피하거나 왜곡해서는 안 된다는 사실이다. '서정'을 둘러싼 논의는 다가올 우리 미래 사회를 공동체의 감각으로 내면화하는 진정한 소통의 장으로 거듭나야 한다. 따라서 지금 우리 시단에 가장 절실하게 요구되는 것은 바로 '시의 소통'이고, 이를 온전히 실현하기 위해서는 무엇보다도 '서정의 옹호'를 외쳐야 할 것이다.

(『애지』 2006년 겨울호)

---

22) 최원식, 「자력갱생의 시학」, 『창작과비평』 2005년 여름호, 17~19쪽.

황병승 현상과 미래파의 미래

1. 우리 시의 변화와 황병승 현상

시가 점점 어려워지고 있다. 비유적 어법과 함축적 수사로 인해 가뜩이나 산문에 비해 어렵게 인식되었던 시가 이제는 전문 독자인 비평가들조차 읽기 어려운 극단적인 양상으로 치닫고 있다. 사실상 지금 우리 시는 간신히 명맥을 유지해오던 소수의 독자들마저 잃어버린 채 제 스스로의 운명을 살아가고 있다고 해도 과언이 아니다. 그렇다면 독자와의 소통도 외면한 채 오로지 새로움에 자족하는 우리 시의 극단적인 변화를 어떻게 이해해야 할까? 최근 우리 시단의 이러한 변화에 가장 큰 영향을 미친 시인이 바로 황병승이다. 그의 시는 2000년대 이후 우리 시의 변화와 의미를 총체적으로 반영하는 일종의 가늠 역할을 해왔다. 그에 대한 상찬과 비판이 팽팽하게 맞서면서 어느새 황병승은 우리 시단의 중요한 아이콘이 되어버렸다. 게다가 '미래파'라는 비평적 명명과 더불어 그는 이러한 일련의 변화를 선도하는 기수(旗手)

역할을 하고 있다. 필자는 이러한 양상을 두고 '황병승 현상'이라고 명명해본다. 젊은 시인들의 시풍이 황병승적(的)이냐, 아니냐로 환원될 만큼 지금 우리 시는 황병승을 둘러싼 신랄한 비판과 그의 아류를 계속해서 재생산하는 이원화된 지형도를 첨예하게 보여주기 때문이다.

그의 시에 대한 비판의 초점은 대체로 시가 독자와의 소통을 전혀 고려하지 않고 지나치게 자의식 속에 머물러 있어 아주 힘겨운 독서의 과정을 거쳐야만 한다는 점이다. 물론 시의 중요한 요소 가운데 하나인 '긴장(tension)'의 의미 효과를 고려할 때, 천편일률적인 해석과 상투화된 언어 관습에 사로잡힌 일반적 시 경향으로부터 벗어난다는 점에서 그의 시는 상당히 파격적인 시적 긴장을 형성한다. 하지만 이러한 시적 긴장 역시 최소한의 의미 해석을 위한 연결고리가 있을 때 유효한 것이지 독자들이 지닌 보편적 상상력의 범주를 지나치게 뛰어넘어버린다면, 그다지 의미 있는 효과를 기대하기 어렵다. 전문 독자인 비평가들조차 그의 시를 읽으면서 고개를 갸우뚱하기 일쑤인데, 일반 독자들이 그의 시에서 어떠한 의미를 발견하고 이해하기란 사실상 쉬운 일이 아니다. 이는 난해성이라는 차원에서 접근할 수 있는 문제도 아니다. 난해성이란 여러 가지 의미가 중첩된 지점에서 해석의 풍요로움을 안겨다 줌으로써 시적 가치를 발현하지만, 황병승의 시는 좀처럼 해석의 가능성을 열어주지 않는 자기중심적 시 쓰기의 극단을 보여주고 있기 때문이다.

최근 우리 시단은 '시 혹은 시적인 것'의 본질에 대한 심각한 혼란을 겪는 중이다. 도대체 시란 무엇인가를 다시 묻게 하는 근본적인 의문들 앞에서 상당히 많은 시인들이 동요하고 있다. 특히 규범화된 시적 관습을 버리고 새로운 시 쓰기의 방법을 고민하는 젊은 시인들에게 소위 미래파적 시 쓰기는 또 다른 시적 규범으로 자리잡고 있어서 문제가 아닐 수 없다. 물론 동일성이나 주체 중심적 시관에 얽매인 전통 서정시의 관습을 혁신하기 위한 그들의 시적 모험 자체를 무조건 비판적으로 바라볼 필요는 없다. 하지만 그들의 시 쓰기 양상은 대체로 '시인―텍스트―독자'라고 하는 최소한의 소통 과정을 염두에 둔 열린 텍스트의 생산으로 나아가지 못하고 있다. 지금 젊은 시인들의 시를 냉정하게 바라보면 대체로 '시인―텍스트'의 단계에서 멈추어버린 채 독자들과의 소통 자체를 단절시킨 닫힌 텍스트의 생산을 극단화하고 있기 때문이다. 앞으로 우리 시의 변화는 '시인―텍스트―독자'의 관계 속에서 상호소통의 가능성을 열어가는 지속적인 노력을 보여주어야 할 것이다. 이를 위해서는 무엇보다도 점점 신비화되는 황병승적 시 쓰기의 재생산에 대한 더욱 분명한 문제제기가 필요하다.

2. 황병승이라는 아이콘

우리 문학사의 흐름을 살펴보면, 전환기 특유의 비평정신은 언제나 '세대론'의 전략과 맞물려 쟁점화되었다. 새로운 세대의 출현은 낡고 고루한 구세대의 세계관을 뛰어넘는 비판적 성찰과 참신한 방법론으로 독자들의 주목을 받기에 충분했다. 특히 그들이 보여준 '새로움'은 전대의 문학적 관습으로는 받아들이기 어려운 새로운 발상과 어법을 두드러지게 표방하여, 세대론은 보수적이고 비합리적인 구세대의 세계관을 전복시키는 가장 유효한 전략이 될 수 있었다. 하지만 이러한 세대론적 전략은 세대교체라는 정치적 의미를 지나치게 강조한 나머지 문학 내적인 변화와 혁신에 대한 진정성 있는 고민을 담아내지는 못했다. 오로지 세대교체만 이루면 모든 것이 저절로 변할 것이고, 그러한 변화를 따라가면 새로운 문학의 지형이 그려질 것이라는 막연한 낙관론이 지배적이었던 것이다. 이러한 낙관론적 세계인식은 대체로 객관성을 결여하게 됨에 따라 결국은 신비주의로 흐르는 오류를 범하는 경우가 다반사였는데, 2000년대 이후 우리 시단에 황병승이라는 아이콘이 급부상하게 된 맥락 역시 이러한 사정과 전혀 무관하지는 않을 듯하다.

 황병승은 2003년 「주치의 h」 외 5편이 『파라21』 신인상에 당선되면서 시단에 등장했다. 그의 등장은 여느 시인들처럼 지극히 평범하게 이루어졌지만, 이후 그의 파격적인 새로움을 세대론적 문제의식으로 확대하려는 비평가들의 후광에 의해 본의 아니게 그는 지금 우리 시단에서 가장 문제적인 시인으로 평가받고 있다. 특히 권혁웅의 「미래파—2005년, 젊은 시인들」(『문예중앙』 2005년 봄호)은 그의 시집 『여장남자 시코쿠』(랜덤하우스중앙, 2005)의 출간에 앞서 황병승이라는 이름을 우리 시단에 분명하게 각인시키는 데 상당히 중요한 역할을 했다. 2000년대 젊은 시인들의 새로운 시세계에 대한 적극적인 지지자인 권혁웅은, 장석원, 김민정, 유형진과 함께 황병승을 '미래파'로 명명하면서 너무나 이질적인 시공간에 놓인 혼란스러운 '기표들의 놀이'야말로 우리가 잃어버렸던 세계의 원형을 복원하려는, 거의 불가능에 가까운 작업에서 비롯된 것이라고 극찬했다. 권혁웅이 파악한

2000년대 젊은 시인들의 새로움은 이러했다.

　　최근의 젊은 시인들은 중언부언을 중요한 발화의 방식으로 만들었다. 단형의 틀에 우겨 넣기에는 시의 전언이 너무 풍부하다. 그들은 음악을 위해서 전언을 포기하지 않는다. 이미지가 풍요롭다. 그들은 여러 화자를 무대에 올린다. 사회와 역사에 대한 통찰은 존재론적인 통찰에 자리를 물려줄 때가 되었다. 추(醜)와 불협화음은 처음부터 미(美)의 범주였다…… 미적 형질의 변화를 그들은 비평이 정식화하기에 앞서 실현하고 있었다고 해야 한다.
　　최근 몇몇 젊은 시인들의 시를 살펴 우리 시의 미래를 짐작해보고자 한다. 어차피 우리 시의 미래는 이들이 적어나갈 것이다. 이들에게는 80년대 시인들이 걸머져야 했던 역사와 시대에 대한 채무의식이 없고, 90년대 시인들이 내세운 그럴듯한 서정, 고만고만한 서정이 없다. 그 대신에 다른 게 있다. 그리고 이들의 시는 무엇보다도 먼저, 재미있다.

권혁웅의 관점에는 우선, 1980년대/1990년대와는 전혀 다른 2000년대라는 차별의식이 짙게 깔려 있다. 여기에는 2000년대의 시를 이전 세대와는 확연히 다른 새로운 시세계로 호명하려는 세대론적 전략이 투영되어 있음에 틀림없다. 특히 역사의식과 사회의식, 서정의 전통 등 종래의 시적 관습의 폐기와 이를 대체하는 '재미'의 확보를 2000년대 시의 중요한 변화로 논의하는 것은 세대론에 압도된 지나친 합리화에서 비롯된 결과이다. 중언부언, 혼란스런 이미지, 여러 화자의 등장, 추(醜)와 불협화음 등 전통 미학의 범주로는 수용하기 힘든 시적 일탈을 새로운 미학적 실험으로 의미화한 것 역시 세대론에 포위된 과장된 수사가 아닐 수 없다.

이쯤 되면 권혁웅이 주장하는 우리 시의 새로움은 '재미'있는 발상과 어법으로 획일화되고 만다. 물론 '재미'는 시의 새로움을 가져오는 중요한 요인이 될 수 있다. 하지만 단지 '재미'만으로 이들의 시가 우리 시의 미래를 적어나갈 것이라고 확언하는 것은 너무 무책임한 발언이 아닐 수 없다. 그렇더라도 일단 권혁웅이 주장한 새로움의 미래적 가치를 받아들인다고 치자. 그다음으로 해결해야 할 문제는, 그러면 도대체 '재미'란 어떤 요소들을 갖출 때 성취될 수 있는가 하는 점이다. 좀더 직접적으로 말해 과연 황병승의 시에서 '재미'를 느낄 수 있는 독자가 얼마나 있을까 하는 점이 의문으로 남는다. 그의 시는 상당히 힘겨운 독서의 과정을 거쳐야만 겨우 의미를 찾을 수 있는 아주 난해한 구조로 조직되어 있는데, 거기에서 '재미'를 느낀다는 것이 도대체 가능한 일인지 근본적인 의문을 표하지 않을 수 없는 것이다.

그런데 요즘 젊은 시인들의 시 쓰기는 놀랍게도 황병승이라는 아이콘을 클릭하는 데서부터 '재미'를 느끼기 시작하는 듯하다. 앞서 인용한 2000년대 젊은 시인들의 새로움에 대한 권혁웅의 설명은 특정한 누구에게만 해당하는 것이 아니라, 이미 황병승이라는 아이콘을 클릭한 뒤에 펼쳐지는 상당수 젊은 시인들의 시세계를 공유하는 보편적 특징이라고 할 수 있다. 그렇다면 지금 우리 시의 변화는 황병승이라는 아이콘의 확대 재생산이나 대량복제의 수준을 크게 넘어서지 못하고 있는 것임에 틀림없다. 하위문화, 퀴어 미학, 그로테스크 등을 종횡무진 가로지르는 황병승의 시는 이제 더는 황병승적인 것으로만 국한시킬 수 없다는 데 가장 중요한 문제가 있다. 다시 말해 대부분의 젊은 시인들이 거의 엇비슷하게 '황병승'의 형상을 만들어내는 데 혈안이 되어 있는데 굳이 '황병승적'인 것을 찾거나 그것에 특별한 의미를 부여하는 차별화가 무슨 의미를 지니겠는가 말이다.

이처럼 최근 우리 시의 전반적 경향은 황병승적 아류의 재생산 구조에서 거의 빠져나오지 못하고 있는 실정이다. 아무리 '환상'이니 '다른 서정'이니 하는 말로 각자의 개성을 도드라지게 부각시키려 해봐도, 결국 황병승이라는 아이콘을 클릭했느냐 안 했느냐가 가장 중요한 관건이 된다. 따라서 독자들은 황병승의 시를 통해 황병승이라는 문화적 아이콘이 만들어내는 신비주의의 아우라를 경험하는 것이지, 황병승의 시 자체를 경험하는 것으로 보이지는 않는다. 지난 1980년대의 황지우, 1990년대의 기형도, 유하 등이 그러했던 것처럼, 황병승의 시는 2000년대 우리 시단의 새로운 흐름을 선도하는 대표단수로 자리잡고 있는 것이다.

이러한 결과에는 언론과 문예지가 단단히 한몫을 했음을 부인하기 어렵다. 박민규와 더불어 황병승을 특집으로 모셔가기 위해 그동안 문예지들이 보여주었던 뜨거운 반응이나, 이를 우리 문단의 혁신적인 변화로 기사화하기에 분주했던 언론들로 인해 박민규와 황병승은 너무도 손쉽게 유명세를 확보할 수 있었던 것이다. 우리 문단에 스타시스템이 도입된 지는 이미 오래되었다. 마치 매니지먼트를 벤치마킹하듯 특정 소설가나 시인을 전략적으로 홍보하고 이들을 주인공으로 한 음악공연, 홍보상품, 문화콘서트를 마련하는 등 요즘 출판계의 마케팅은 이전과는 사뭇 달라진 모습이다. 독서 대중의 기호와 문화를 향유하는 방식이 현저하게 달라진 상황에서 여러 가지 마케팅을 통해 독자층을 확산시키려는 출판계의 생존전략을 무조건 비판할 수는 없을 듯하다. 하지만 적어도 문학은 신비주의를 조장하거나 작품 이외의 것들을 지나치게 앞세워 작품 자체의 의미를 퇴색시키는 상업주의적 전략에 대해서만큼은 철저하게 경계해야 할 것이다. 지금 황병승이란 문화상품은 이러한 유통 경로를 거치면서 그 의미가 심각하게 변질되어가고 있어 문제가 아주 심각하다.

황병승 시의 현실적 의미는 중심의 해체와 전복, 하위문화적 상상력에 기반한 저항의 미학, 전통적 시공간과 가치의 위계를 넘어선 경계의 탈주 등 주류 미학의 세계관에 대한 위반의 전략에서 찾을 수 있다. 이는 주체 중심의 시학적 전통을 고수해온 전통 서정시가 매너리즘에 빠지는 것에 대한 철저한 반성과, 언어 체계와 언어 관습이 달라지는데도 여전히 소통 양식의 혁신을 따라잡지 못하는 낡고 진부한 폐쇄적 시 의식을 근본적으로 성찰하자는 문제의식에서 비롯되었다. 그렇다면 그의 시는 이와 같은 시적 전략을 가장 효율적으로 드러내는 형식과 내용에 대한 진지한 고민을 담아내야 한다. 이질적인 이미지들의 충돌이나 동성애적 코드를 통한 혼종성의 실현은 이러한 지향성의 흔적이다. 하지만 이러한 그의 의도는 축자적 의미 해석조차 불가능한, 그래서 읽고 또 읽기를 수없이 되풀이하도록 강요하고 있는 그의 시 앞에만 서면 여지없이 무너지고 만다. 이러한 시 읽기의 고통을 감내하면서까지 그의 시에 내포된 의미 찾기에 골몰하는 독자를 찾기란 결코 쉬운 일이 아님을, 정작 황병승 자신이 모르지는 않을 것이다. 그런데도 그는 왜 이렇게 힘겨운 텍스트를 '시'라는 어려운 장르에 가두려고 하는 것일까?

요즘 들어 우리 문화의 수용 양상을 들여다보면 함께 더불어 즐기고 노래하는 공동체의 정신이나 열린 태도를 찾아보기 어렵다. 대부분의 문화적 양상이 점점 개인화해 타자와의 만남을 굳이 염두에 두지 않는 자기만의 폐쇄성을 극단화하고 있기 때문이다. 이와 마찬가지로 우리 시단에서 황병승이라는 아이콘 역시 문화적 교감을 나누는 새로운 장(場)으로서의 의미를 지니는 것이 아니라, 자기만의 방으로 들어가기 위한 일종의 비밀열쇠와 같은 구실을 할 뿐이다. 일단 자기만의 방으로 들어간 순간, 열심히 게임과 같은 현실에 열중하면 그만이지 옆방으로 가는 통로를 찾거나 다른 방으로 들어가기 위해 문을 두드리는 따위의 행동을 전혀 감행하지 않는다. 많은 비평가들이 "도대체 너희들 거기서 혼자 무엇을 하고 있는 거니?"라고 아무리 떠들어봐야, 돌아오는 말이란 고작 "좆까라 마이싱이다"라는 식의 지독한 냉소뿐이다. 이러한 시적 현실에도 불구하고 우리 시의 미래를 이들이 열어갈 것이라고 말한다면, '독자들이여, 이제는 더 이상 이러쿵저러쿵 토 달지 말고 들려주는 대로 듣기만 하고, 설사 이해하기 힘든 부분이 있을지라도 절대로 묻지 말고 그냥 모른 채 살아라, 어차피 나도 모르니까'라는 식으로 말해버리는 것과 전혀 다를 바 없다. 지금 황병승이라는 아이콘이 아주 위험하고 무서운 이유가 바로 여기에 있다.

3. 미래파와 황병승

앞서 살펴본 대로 최근 우리 시단에는 '미래파'라는 명명을 둘러싸고 여러 가지 논란들이 벌어졌다. 여러 문예지에서 앞을 다투어 '미래파'를 비롯한 젊은 시단의 변화에 대해 비판적 조명을 했고, 좌담을 통해 그동안의 과정을 정리하고 평가하며 새로운 논의의 가능성을 열어가기도 했다. 이 가운데 오형엽의 「환상의 심층―2000년대 젊은 시인들을 둘러싼 논쟁」(『문학과사회』 2006년 겨울호)은 '옹호/비판'이라는 양극단에 서 있는 소위 '미래파 논쟁'의 논점들을 비교적 객관적인 시각에서 잘 정리해주었다. 여기에서 오형엽은 그동안의 미래파 논쟁이 지닌 한계를 비판하면서 앞으로 젊은 시인들에 대한 논의는 "'서정'과 관련된 분류와 명명을 유보하고, 젊은 시인들의 시세계 심층을 분석하고 규명하고 평가하는 데 논의를 집중해야 할 것"이라고 주장했다. 논쟁에 참여한 필자의 한 사람으로서 이러한 비판적 문제제기에 대해 전적으로 공감하지 않을 수 없다. 사실 필자의 비판적 초점 역시, '미래파'라는 명명의 매력에 이끌려 그 실체의 차별적 특성이나 두드러진 의미에 대해 깊이 논의하지 않고 오로지 명명 자체에 내재된 비평 권력의 세대론적 의식만을 견고히 하려는 미래파 옹호론자들의 비평 태도 자체에 있었다. 새롭다면 도대체 무엇이 새롭다는 것인지를 말해야 하고, 미래가 있다면 어떤 점에서 미래를 말할 수 있는지를 구체적으로 논의하는 것이 비평의 몫이 되어야 한다. 그럼에도 불구하고 미래파를 옹호한 비평가들 대부분은 이들을 섹트화하고 새로운 명칭을 부여하고 생경한 이론을 내세워, 새로움을 덧씌우는 비평적 욕망을 발산하는 데 분주했다. 대체로 지금까지 미래파 비판의 방향은 미래파 자체를 문제 삼기보다는, 미래파를 옹호하는 비평의 문제점을 지적하는 데 초점이 맞춰졌던 것이 사실이다. 이들의 비평적 오류가 우리 시의 방향을 잘못 이끌어가고 있는 현실 상황이 현재 우리 시단이 직면한 가장 심각한 문제라고 할 수 있기 때문이다.

어쩌면 황병승은 '미래파'라는 명명으로 인해 오히려 손해를 본 시인이 아닌가 싶다. 비록 그가 보여준 하위문화적 상상력과 동성애적 코드가 전혀 새로운 것이라고 보기는 어렵지만, 자아중심주의, 동일성, 은유 등의 개념에 얽매인 우리 시단의 주류 미학을 전복하는 의미심장한 도전으로 받아들이기에는 충분했다. 그런데 이러한 그의 시적 기획은 "새로운 시와 시인들에게 내 비평의 미래를 투자하고 싶다"(권혁웅)는 비평적 욕망에 휘둘려 본의 아니게 그 진정성의 상당 부분을 상실하고 말았다. 따라서 상당수의 비평가들은 황병승의 시에서 비판과 전복을 발견하는 것이 아니라 새것 콤플렉스에 경도된 지적 유희와 허위성을 마주하게 되는 것이다. 또한 황병승의 시가 지향하는 비판과 전복은 아주 모호하고 상징적인 차원에서 전개됨으로써, 현실의 모순과 억압에 맞서는 구체적이고 실천적인 삶의 태도를 보여주지는 못했던 것이다. 결국 황병승 시는 이와 같은 결여의 지점을 집중적으로 성찰함으로써 비판과 전복의 정신을 구체적으로 실천하는 방향을 모색할 때, 비로소 이전과는 다른 시사적 위상을 확보할 수 있을 것이다. 하지만 미래파라는 명명은 이러한 현실 인식의 부재에 대한 비판을 전혀 고려하지 않은 채 그의 시가 보여주는 미학적 실험의 신기성만을 특별히 강조함으로써, 알쏭달쏭 오리무중의 세계를 창조하는 것이야말로 우리 시의 미래를 새롭게 열어나가는 중요한 징후가 될 것이라는 섣부르고 무책임한 판단을 앞세우기에 급급했다. 그렇다면 황병승의 시는 어떤 미래를 열어갈 것으로 예상할 수 있을까?

지난 1990년대 이후 우리 문화는 오로지 새로운 것을 찾아 무섭게 질주해왔다고 해도 과언이 아니다. 기법의 혁신, 주제의 변주, 이미지의 조합, 사물의 대체, 주변부의 주류화, 상징적 언술 체계 등은 조금이라도 새로운 것을 추구하려는 지독한 강박관념의 결과였다고 할 수 있다. 그러나 새로움은 언제나 또 다른 새로움에 대한 지적 갈망을 불러오기 마련이고, 이러한 갈망은 매우 빠른 속도로 이전의 새로움을 아주 낡고 오래된 것으로 폐기 처분해버린다는 데 문제가 있다. 그만큼 새로움에 한정된 미학은 신기루와 같은 허상을 좇기 십상이고, 그것을 바라보는 독자들의 시선 역시 잠시 열광하다가 이내 시들해버리는 유행에 현혹될 가능성이 많다. 뿐만 아니라 새로움의 미학은 변화와 혁신 그리고 갱신이라는 시적 긴장을 항상 유지해야 한다는 점에서, 두번째, 세번째…… 시집으로 나아갈 때마다 미학적 진보를 보여주지 못한다면 독자들은 새로움을 얻기 위해 더 이상 이들의 시를 읽지는 않을 것임에 틀림없다.

 시의 미래를 이해하는 데 있어서 '소통'의 차원 역시 아주 중요한 문제가 아닐 수 없다. 달라진 현실과 매체의 변화 속도를 따라잡기 위해서 진부한 서정의 완고한 틀을 뛰어넘어야 한다면, 시의 형식과 내용에 대한 고민은 물론이거니와 이를 독자들에게 어떻게 전달할 것인가를 항상 의식하며 실천해야 하는 것이다. 지금 독자의 위치는 아주 다양해졌고, 독서 행위 역시 오로지 활자를 읽는 방식을 벗어나 있음이 분명하다. 또한 시인의 의도를 찾아내기에 급급했던 과거의 수동적 독서 과정과는 달리, 텍스트에서 시인의 의도를 뛰어넘어 새로운 의미를 생산하는 능동적 독서 행위로 발전한 것이 엄연한 사실이다. 그렇다고 해서 시인—독자 사이의 근본적 관계나 구조 자체가 무너진 것은 결코 아니다. 다시 말해 독자들은 시인의 텍스트에 대한 소비 주체가 되든, 아니면 또 다른 생산 주체가 되든, 여전히 시 텍스트를 읽음으로써 '무엇'인가를 찾기를 원하고, 그 '무엇'을 통해 우리 시단의 쟁점을 발견하고자 하며, 궁극적으로는 일종의 비평적 주체로서 새로운 시의 생산에 직접적으로 개입하고자 하기 때문이다. 따라서 "죽을 때까지 어떠한 이름으로도 불려지지 않으리"(황병승,「시코쿠」)라는 식의 고립과 단절 의식은 결국 독자들의 외면이라는 결과를 초래할 수밖에 없을 것이다. 아주 힘겨운 독서의 과정을 거쳤음에도 불구하고 그 속에 내포된 의미를 충분히 발견해내기 어렵다면, 지금의 독자들은 굳이 그렇게 힘든 텍스트를 읽으려고도 하지 않을 것이기 때문이다.

가장 개성적이라고 하지만 전혀 개성적이지 않은 무수한 동어 반복의 장황한 시적 진술과 비슷비슷한 전언들이 미래파의 특징이라고 하지만, 오히려 이러한 특징으로 인해 미래파는 그리 오래가지는 못할 것으로 생각된다. 이숭원의 「환상 혹은 관념, 그 너머의 진실」(『시작』 2006년 겨울호)은 이러한 사실을 아주 비판적으로 쟁점화하고 있다.

이들 시에서 일차적으로 발견되는 것은 유사한 이미지, 유사한 발상의 반복이다. 이들 중 가장 뛰어난 형식미를 발현한 시인은 황병승인데, 그의 시조차 몇 편을 계속 읽으면 유사한 발상과 기법에 식상하게 된다. 시집의 시편만이 아니라 시집 이후 그가 발표하는 시들도 이러한 유형을 반복하고 있다. (중략) 내부에 들끓는 확정할 수 없는 그 무엇을 타인의 언어로 번역해내는 작업도 계속 반복되면 지루한 법이다. 더군다나 내부에 고여 있는 그 무엇의 내장량이

뜻밖에 빈약하고 심도가 얕은 것이라면 몇 번의 반복으로 바닥이 드러나기 마련이고 그것을 메우기 위해서는 끊임없는 과장과 허세가 덧붙여질 것이다.

그렇기 때문에 이들에 대한 과도한 의미 부여는 이들의 아류를 재생산케 할 가능성이 많다. 아닌게아니라 미래파 논의 이후 이들과 유사한 엽기적 환상 서술시가 늘어나는 것을 볼 수 있다. 최근 환상적 경향의 시들은 대부분 장황한 서술성의 산문시 형태를 취하는데 이름을 가리고 그들의 시를 읽으면 어느 것이 누구의 시인지 구분이 가지 않을 정도다.

이런 점으로 미루어볼 때 황병승의 시적 미래는 그렇게 밝지만은 않은 듯하다. 이미 다른 시인들에 의해 황병승이라는 텍스트는 무수히 많은 복제가 이루어지고 있고, 그들은 황병승을 뛰어넘는 기발한 변주로 황병승이라는 이름을 계속해서 지워나갈 것이다. 혹은 미래파에 대한 반성으로 서정의 본질이 더욱 중요하게 부각됨으로써, 손택수, 문태준을 중심으로 한 서정주의가 다시 우리 시의 미래를 새롭게 열어갈지도 모르겠다. 따라서 황병승의 자리는 언제나 위태롭다. 새롭지 않으면 안 된다는 지독한 강박관념을 벗어날 수 없어 위태롭고, 더욱 극단적인 새로움을 추구하면 할수록 독자들과의 소통은 더욱 멀어져 또한 위태롭다. 이처럼 미학적 전복과 혁신은 진퇴양난의 기로에서 종종 방향을 잃어버리기 일쑤다. 미래를 내다보기는커녕 당장의 현실을 어떻게 돌파할지에 대해서도 명확한 답을 갖고 있지 못할 때가 많다. 정확히 말해 '미래'를 의식하기보다는 '현재'를 즐겁게 소비하는 방법에 관심을 두는 것이 이들의 시적 현실이다. 이것이 바로

'미래파'가 지닌 실체적 모순과 한계라는 사실을 결코 간과해서는 안 될 것이다.

미래파라는 명명 이후 이와 유사한 시적 양상들이 계속해서 양산되고 있다는 이숭원의 지적은 쉽게 흘러버릴 말이 아니다. 이런 때일수록 미래를 선점하려는 기획보다는 올바른 미래를 성찰하는 기획이 더욱 중요하다. 황병승에게 현실에 대한 구체적 실천이 부족하고 독자와의 소통에 대한 고민이 현저히 결여되었다면 이를 적극적으로 해결하려는 지혜가 필요하고, 문태준, 손택수 등이 서정이라는 안정된 보법에 너무 기댄 나머지 시의 변화에 대한 성찰을 결여하고 있다면 이를 고민하는 구체적인 노력을 요구할 필요가 있다. 물론 황병승과 문태준, 손택수를 적절히 절충하는 것이 가장 올바른 선택이라고 강요하는 것은 더더욱 말도 안 되는 일이다. 황병승의 미래는 가장 황병승적인 특징에서 출발하여 결여된 부분을 채워나가는 방식으로 변화를 시도해야 할 것이다. 자신도 모르게 신비화된 소영웅의 위치에서 끊임없이 자기복제만을 거듭한다면 절대로 미래는 없을 것이다. 미래파와 황병승의 만남이 상승 효과를 발휘하지 못하는 이유는 바로 여기에 있다. 미래파라는 신비주의적 명명으로부터 벗어나는 순간, 황병승의 시는 비로소 '황병승'이라는 독립된 아이콘을 되찾을 수 있을 것이다.

4. 시야, 같이 놀자

황병승의 시에는 "그대들은 그걸 모른다, 라는 말밖에 나는 할 수가 없다", "오늘 밤도 그대들은 나에게 할 말이 너무 많고/우리는 함께 그걸 나눠 갖기는 틀렸구나, 라는 말밖에 할 수가 없구나", "내가 뭐, 라는 말밖에 나는 할 수가 없구나"(「왕은 죽어가다」)와 같이 마치 이오네스코의 부조리극을 보는 듯한 대화들이 가득 차 있다. 이를 두고 혹자는 부조리한 세상에 맞서 부조리한 언어로 대결하는 전복적 미학의 가능성을 보인 것으로 파악하기도 한다. 물론 이러한 부조리한 언어 의식은 타락한 시대에 맞서는 아주 유효한 전략이 될 수도 있다. 하지만 지금 우리에게 더욱 절실한 언어적 행위는 우회적이거나 상징적인 문답이나 대답을 기대하지 않는 일방적 전달이 아니라, 미래를 지향하는 상호 소통의 열린 대화이다. 모든 것이 파편화하고 개인화해가고 있는 세상의 중심에서 점점 독자들로부터 외면당하고 소외되는 시 장르를 과연 어떻게 하면 구할 수 있을지, 독자들과 더불어 함께 고민하는 진지한 소통의 장을 마련할 필요가 있다.

필자는 이미 「'미래파'들의 '다른 서정'」(『애지』 2006년 가을호)에서 우리 시가 당면한 가장 중요한 문제로 '시의 소통'을 강조한 바 있다. 지금 미래파적 경향의 시인들은 점점 "폐쇄적 언어집단"에 동화되고 있고, "비밀의 상형문자"를 창조하기 위해 그들만의 방에서 밖으로 나오려 하지 않는다. 어느 누구에게도 쉽게 파악되지 않는 언어적 구조만이 진정으로 새로움을 환기하는 시적 언어가 될 수 있다는 잘못된 인식이 더욱 확산되고 있다. 게다가 우리 시단은 특정한 시인에 열광하며 한 시대를 장식하는 일종의 유행을 패션화하고 있어서 더욱 우려가 크다. 앞서 언급한 대로, 지난 1980~1990년대 황지우, 기형도, 유하 등이 당대의 시적 아이콘이 되어 종횡무진 젊은 시인들의 의식을 사로잡으며 그들과 유사한 시적 경향을 재생산하는 일종의 원조로서의 역할을 했음을 기억한다. 문화적 관습 때문인지 한국문학에서는 이러한 신비주의에 현혹되어 특정 문인의 경향을 절대시하거나 맹목적으로 추종하는 경우가 유독 많았다. 그때마다 우리 문단은 불필요한 권력을 행사하고 폐쇄적 섹트를 형성하며 상당한 부작용을 초래했던 것이 사실이다. 이제는 이러한 불합리한 구조를 벗어나 작품을 통해 함께 즐기고 토론하는 소통의 즐거움을 만끽해야 한다. 우리 시의 미래를 여는 시인들은 이러한 소통의 구조를 염두에 두고 시 창작을 해야 하고, 독자들 역시 단순히 시가 어렵다는 말만 되풀이하기보다는 적극적인 독자의 위치에서, 더 큰 즐거움을 얻기 위한 지적 노력을 함께 기울여야 한다. 이제 시인이든 독자든 시를 향해서 똑같이 이렇게 외칠 필요가 있지 않을까. "시야, 같이 놀자"라고. 앞으로 황병승의 시는 독자들과 더불어 함께하는 '놀이'의 외적 방법과 내적 진정성에 대해 더욱 깊이 고민해나가야 할 것이다.

(『오늘의 문예비평』 2007년 봄호)

서정의 본질과 미래
__문태준, 손택수, 박성우의 시를 중심으로

1. 다시, 서정을 말하다

 지금 우리 평단에서는 다시 '서정'에 대한 논란이 점화되었다. 서정의 본질을 논리적으로 설명한다는 사실 자체가 끊임없는 오류의 과정을 답습해왔음에도 불구하고, 새로운 시대의 흐름에 맞추어 지속적인 변화를 시도해온 서정을 둘러싼 논의는 여전히 우리 시단의 뚜렷한 쟁점이다. 특히 20세기 말 서정의 해체와 상실을 앞세운 탈서정의 양상들이 전통 서정의 자리를 밀어내고 우리 시단의 중심을 차지하면서부터 서정과 탈서정의 경계는 더욱 모호해졌다. 이때부터 우리 시단에는 무수히 많은 '서정'의 변종들이 저마다 '서정'이란 이름 아래 제 자리를 새롭게 구축하려는 치열한 양상을 드러냈다. 전통적 서정시학의 주체 중심적 논리 대신에 자본과 문명을 앞세운 기술시학의 탈중심적 언어와 문법으로 미래 사회를 대비하는 시학의 변화를 모색하고자 했던 것이다. 이러한 논의들은 대체로 전통 서정의 본질이 반시대적 한계를 지니고 있음을 비판함으로써 서정의 미래에 대한 대안을 제시하려는 반서정 혹은 탈서정의 시학을 구체화하였다.

그런데 지금, 다시, 서정을 논의하는 자리는 '서정 아닌 것'들이 끝끝내 자신을 일컬어 '서정'이라고 부르는, 그것도 기존의 서정과는 전혀 '다른 서정'으로 인식해달라는 요구로부터 비롯되었다는 점에서 예전과는 사뭇 다른 문제의식을 내포한다. 게다가 '서정 아닌 것'들의 새로운 지향성이야말로 진정으로 21세기를 선도할 '미래파'적 표상이라고 명명함으로써, 전통 서정을 고수하며 문명적 세계와 맞서는, 오래된 시정신을 견지하는 시인들의 미래를 마치 '과거파(?)'인 것처럼 몰아가고 있어 더욱 심각하다. 이쯤 되면 그들이 내세운 미래파의 내부에 어떠한 서정의 원리가 내재하고 있는지 그 실체를 명확하게 보여주어야 할 텐데, 오로지 명명과 선언만 있을 뿐 미래파들의 서정은 그림자조차 가늠하기 힘들 정도로 오리무중이다. 새로움은 언제나 끊임없는 자기 갱신에 대한 강박을 뛰어넘기 어렵기 때문에 또 다른 새로움에 의해서 여지없이 낡은 것으로 치부되는 당대적 한계에 직면하기 마련이다. 게다가 새로움을 표상한 것만이 시적 진정성을 지닌 것으로 평가되는 요즘 시단의 흐름을 생각할 때, 오히려 새롭지 않은 것이 더욱 새로운 것이 되는 아이러니한 현실이 초래되고 있다. 지금 우리 시단에는 낡은 것이 오히려 진정한 새로움의 가치를 발휘하는 지독한 역설의 순간이 펼쳐지고 있는 것이다.

다시, 서정을 말해야 하는 이유는 바로 이러한 문제의식에서 비롯된다. 낡고 오래된 것이 더욱 새로운 가치를 생성하는, 그래서 진정으로 미래를 지향하는 시적 변화는 뒤를 돌아보면서도 앞을 향해 달리는 양가적 모순의 긴장 속에서 창조된다는 점을 분명하게 인식해야 한다. '새로움' 혹은 '다름'은 언제나 전통을 수용하는 동시에 배반하는 시적 갱신의 징후가 되어야 한다. 물론 이러한 이중성이 전통으로의 회귀나 복고적 양식을 합리화하는 과거추수적 논리로 귀결되어서는 결코 안 된다. 다만 소통불능의 외계어만이 가장 미래적인 가치를 생성하는 혁신적 시어라고 주장하는, 지나친 주관화의 위험에 대해서만큼은 단호히 대처할 필요가 있다. 지금, 다시, 서정의 본질과 미래를 깊이 탐색하는 것은 바로 이러한 '지혜'를 찾기 위한 시적 고투(苦鬪)의 과정에 다름 아니다.

2. '오래된 미래'의 현재화와 순간의 시학

서정시는 순간성의 장르다. 과거와 미래가 모두 현재의 순간으로 통합됨으로써 '영원한 현재'를 표상한다. 여기에서 현재란 시인의 의식상에서 많은 과거와 체험들이 동시적으로 공존하는 순간이다. 따라서 서정시는 외부 사건의 연속보다도 체험의식, 곧 내적 경험의 순간적 통일성에 의존한다. 다시 말해 시인의 의식적 혹은 무의식적 기억 가운데 동시적으로 존재하는, 시간에 따른 잡다한 체험들을 선택하고 결합하여 하나의 의미 있는 통일체로 변용·창조하는 것이 바로 서정시의 순간이다.[1] 이러한 서정시의 시간의식은 서정시를 가장 서정시답게 하는 필수적인 조건인 동시에, 서정시를 언제나 현재적 문맥 속에서 의미화하는 결

---

1) 김준오, 『시론』(삼지원, 2000), 33~35쪽.

정적 조건이 된다. 낡고 오래된 것이든, 추상적 미래상이든, 그것이 서정적 문맥 속으로 들어올 때는 동일하게 현재적 순간으로 형상화되는 것이다.

문태준의 시는 유독 이러한 '순간'에 초점을 맞추어 세계를 바라보려 한다는 점에서 주목된다. 그는 "어두워지는 순간에는 사람도 있고 돌도 있고 풀도 있고 흙덩이도 있고 꽃도 있어서 다 기록할 수 없"(「어두워지는 순간」, 『맨발』, 창비, 2004)다는 언어의 근원적 한계를 자각하는 데서부터 새로운 시안(詩眼)을 열어나가고자 한다. 그래서 "꽃이 피고 지는 그 사이", 즉 "한 호흡"(「한 호흡」, 『맨발』)의 순간으로부터 시의 우주를 발견하려는 야심찬 기획을 펼친다. "최초의 궁리인 듯 가장 오래하는 궁리인 듯 천천히 발을 거두어갔"던 "어물전 개조개 한 마리"의 움직임에서 "저 속도로 시간도 길도 흘러왔을 것"(「맨발」, 『맨발』)이라는 삶에 대한 깊은 통찰을 이끌어내고 있는 것이다.

 가령 사람들이 변을 보려 묻어둔 단지, 구더기들, 똥장군들.
 그런 것들 옆에 퍼질러앉는 저 소 좀 봐,
 배 쪽으로 느린 몸을 몰고 가면 되새김질로 살아나는 소리들.
 쟁기질하는 소리, 흙들이 마른 몸을 뒤집는.
 워, 워, 검은 터널을 빠져나오느라 주인이 길 끝에서 당기는 소리.
 원통의 굴뚝에서 텅 빈 마당으로 밀물지는 쇠죽 연기.
 그러나 不歸, 不歸! 시간은 사그라드는 잿더미에 묻어둔 감자 같은 것.
 족제비가 낯선 자를 경계하는 빈, 빈집에 들어서면

녹슨 작두에 무언가 올리고 싶은, 도시 회고적인 저 소 좀 봐.
_문태준, 「회고적인」(『수런거리는 뒤란』,
창작과비평사, 2000) 전문

오늘날과 같이 모든 것이 급격하게 변하는 현실에서 문명의 속도를 거스르며 사는 일이란 결코 쉬운 일이 아니다. 하루가 다르게 변하는 현실의 모습을 저만치 여유롭게 바라보는 일도 전혀 가당치 않다. 모든 것이 미래를 향해 질주하는 무한속도의 경쟁 속에서 시대에 뒤떨어지지 않기 위해 전전긍긍하는 것이 현대인의 모습이다. 이런 때일수록 인간은 세상의 변화에 민감하게 반응하면서 미래를 앞당기려는 악전고투의 일상을 당연한 삶의 원리로 받아들일 수밖에 없다. 따라서 현대인들에게 '회고적인' 의식과 태도는 곧바로 시대에 뒤떨어진 복고적 감상주의 정도로 취급받기 십상이다. 그럼에도 불구하고 시인은 돌아갈 수 없는 시간을 어떻게 해서라도 붙들어보려고 안간힘을 다하고 있다. '퍼질러앉는', '느린 몸', '되새김질', '쇠죽 연기' 등에서 연상되는 "회고적인 저 소"의 능청스런 여유 속에 내포된 진정한 의미는, 무한경쟁의 속도를 의도적으로 거스르려는 시인의 의식이 역설적으로 형상화된 것이다. 뿐만 아니라 '구더기들', '똥장군들', '마른 몸', '텅 빈 마당', '사그라드는 잿더미', '녹슨 작두' 등은 썩고 메마른 자리에 신생(新生)의 기운이 다시 솟아나길 기대하는 소멸의 미학을 표상하고 있다. 이처럼 문태준의 시는 '회고적인' 시선을 통해 과거와 미래를 소통시키고 이를 현재적 의미로 재현하는 서정적 시간의식에 절대적으로 기대고 있다.

이러한 통합적 시간의식은 과거로의 회귀와 미래로의 지향이 현재의 위치에서 팽팽하게 맞서는 극도의 긴장(tension)을 구조화한다. 낡고 오래된 것을 향한 구심력(intension)과 변화된 미래를 내다보는 원심력(extension)은 서로 맞물려 조화로운 세계를 이루고 있는 것이다. 손택수의 시는 이러한 시적 긴장을 통해 언어의 힘을 극대화하여 서정의 본질에 더욱 깊숙이 다가가려 한다. "언뜻 내민 촉들은 바깥을 향해/기세 좋게 뻗어가고 있는 것 같지만/실은 제 살을 관통하여, 자신을 명중시키기 위해/일사분란하게 모여들고 있는 가지들"(「화살나무」, 『호랑이 발자국』, 창작과비평사, 2003)의 세계는 바로 이러한 서정적 순간의 절정과 긴장을 형상화한 것이다. 이와 같은 팽팽한 시적 긴장의 세계는 그의 시에서 '기억'의 현재화로 구체화되는데, 여기에서 '영원한 현재'로서의 서정시의 시간의식은 탯줄의 상상력으로 이어져 세대 간의 동일성을 심화시킨다.

    어느 날인가는 시큼한 홍어가 들어왔다
    마을에 잔치가 있던 날이었다
    (중략)
    나는 고기가 한점 먹고 싶고
    김치라도 한점 척 걸쳐서 오물거려보고 싶은데
    웬일로 어머니 눈엔 시큼한 홍어만 보이는 것이었다
    홍어를 먹으면 아이의 살갗이 홍어처럼 붉어지느니라
    지엄하신 할머니 몰래 삼킨 홍어
    불그죽죽한 등을 타고 나는
    무자맥질이라도 쳤던지
    (중략)

죄스런 마음에 몇 번이고 망설이던 어머니
채 소화도 시키지 못한 것을 토해내고 말았다는데
역류한 바닷물이 눈으로 넘쳐나고 말았다는데
요즘도 나는 어쩌다 그 홍어란 놈이 생각나는 것이다
세상에 나서 처음 먹는 음식인데
언젠가 맛본 기억이 나고
무슨 곡절인지 울컥 서러움이 치솟으면
어머니 배 속에 있던 열 달이 생각나곤 하는 것이다
　　　　　＿손택수, 「홍어」(『목련 전차』, 창비, 2006) 부분

"두엄더미 속에서 푹 곰삭은 홍어회를/오도독오도독 씹어먹고 싶은 마음에 안달이 다 났"지만, "아기가 홍어처럼 납작해지기라도 할까 봐 엄두를 내지 못했"(「닭과 어머니와 나」, 『호랑이 발자국』)던 어머니의 마음은 온전히 자식에게로 이어져, "세상에 나서 처음 먹는 음식인데/언젠가 맛본 기억이 나고", "어머니 배 속에 있던 열 달이 생각나"게 한다. 시간의 단절과 공간의 벽을 허물어뜨린 자리에 "무슨 곡절인지 울컥 서러움이 치솟"는 '순간', 서정시는 이러한 순간의 세계를 과거와 현재와 미래를 통합하는 새로운 시간의식으로 변용해낸다. 그것은 "스윽, 제비 한 마리가, 집을 관통했"던, "그야말로 무방비로/앞뒤로 뻥/뚫려버린 순간"(「放心」, 『목련 전차』)의 세계다. 그 순간을 세심하게 포착하고 역동적인 언어로 형상화하는 것이야말로 서정시가 궁극적으로 지향하는 바다. 거기에는 '오래된 미래'를 통해 현실의 환부를 치유하려는 시인의 자기성찰적 태도가 내면화되어 있다. 이러한 성찰적 태도에는 자연을 인격화하는 동일성의 전략이 두드

러지게 부각되는데, 여기에서 자연의 시간적 질서는 인간의 운명과 연결되는 실존적 시간의식으로 형상화된다.

> 공중에 발자국을 찍으며 나는 새가 있다
> 제 존재를 끊임없이 확인하기 위해
> 지나온 흔적을 뒤돌아보며 나는 새가 있다
>
> 그 새는 하늘에 발자국이 찍혀지지 않을 땐
> 부리로 깃털을 하나씩 뽑아 던지며 난다
> 마지막 솜털까지 뽑아낸 뒤엔
> 사람의 눈으로 추락하며 생을 마감한다
>
> 오늘은 내가 그 새의 장례식을 치른다
> 저 하늘의 새털구름,
> 그 새의 흔적이다
>   ─박성우,「새」(『거미』, 창작과비평사, 2002) 전문

박성우의「새」에서는 시간의 질서에 순응하며 죽음을 향해 날아가는 새의 운명을 인간의 삶과 동일한 시선으로 바라보려는 의식이 드러난다. "제 존재를 끊임없이 확인하"는 현재적 자아의 모습은 "지나온 흔적을 뒤돌아보"는 과거 지향에 기대어 있다. 그리고 그 현재는 "부리로 깃털을 하나씩 뽑아 던지"는 것과 같은 치열한 삶의 과정을 거쳐야만 한다. 하지만 이러한 치열성도 자연의 순리를 거스를 수는 없어 새도 인간도 죽음으로 시간의 종말을 맞이할 수밖에 없다. 결국 시간의 끝을 놓치지 않으려는

인간의 욕망은 과도한 허위의식에 의해 "추락"을 경험할 수밖에 없는 것이다. 하지만 화자는 스스로 "그 새의 장례식"을 치르면서 "그 새의 흔적"을 발견하려 한다. 여기에는 죽은 새와 자신을 동일시하는 깊은 성찰이 내재되어 있는데, 이러한 성찰의 자리는 근대적 시간의식을 초월하는 순간의 사유에서 더욱 빛을 발한다. 따라서 서정시는 시간의 흐름 속에 과거와 미래를 가리키는 질서와 방향과 같은 기본적 요소들이 이미 포함되어 있는 '표면적 현재(specious present)'[2]를 본질적 시제로 삼는다. 서정시가 신화적 세계나 원시적 세계와 같은 근원적이고 총체적인 세계에 가까이 다가가려는 이유도 바로 이러한 시간의식에서 비롯된 결과이다. 미래는 무조건 앞으로 나아가는 자의 몫이라고만 생각해서는 결코 안 된다. 서정의 본질이 지향하는 미래의 참모습은 '오래된 미래'에 있음을 반드시 기억해야 하는 것이다.

3. 가족공동체의 상실과 농경문화적 상상력의 심화

전통적으로 우리 사회는 가족을 중심으로 수직적으로 위계화된 사회였다. 그러나 지금은 근대적 주체와 개인의 위상이 강화됨에 따라 가족공동체의 유형이 대가족에서 핵가족으로 변화되면서 그만큼 가족의 기능과 역할은 축소되었다. 하지만 이러한 변화의 내부를 들여다보면 가족의 외형과 사회적 기능들은 상당히 축소된 반면, 오히려 가족 내부의 정서적 공동체 의식은 더욱

---

[2] 한스 마이어호프, 김준오 역, 『문학과 시간현상학』(삼영사, 1987), 33쪽.

강화되는 아이러니가 작용함을 알 수 있다. 다시 말해 가족은 축소되었지만 '가족주의'는 더욱 확산되었다는 것이 근대적 가족제도의 '틈새'라고 한다면, 이러한 틈새를 파고드는 것이 서정시의 유효한 전략이라고 할 수 있다. 물론 '가족주의'는 가족 제일주의로 귀착되는 권력의 장치로 작동함으로써, 위반과 탈주의 욕망을 규제하고 억압하는 제도적 장치로서의 부정적 기능을 노출하기도 한다.[3] 반면 '가족주의'는 공동체의 상실에 따른 개인주의의 만연과 해체주의적 세계관을 근본적으로 성찰하는 심리적 기제로 작용함으로써, 조화와 통일을 지향하는 서정시의 본질에 충실히 다가서는 근원적 토대가 되기도 한다. 지금 서정시가 지향하는 가족공동체의 회복은, 후자의 경우에서처럼 파편화하고 상실된 주체의 내면을 되찾기 위한 동일성의 전략을 드러낸 것으로 이해가 가능하다.

> 외할머니가 홀깨로 훑은 벼처럼 세월의 흔적이 그러하다
> 인기척 없고 뜰팡 하나 없이 집터만 남은 세월
> 십년 동안의 몽유
> 봄날 미나리꽝을 지나가는 텃물에 손목을 담근 것 같다
> 내 몸을 눕히면 봄볕을 받아주던 마루
> 깊은 젖가슴을 드러낸 아궁이
> 한때 이곳은 꽃의 구중궁궐이었으나
> 　　　　　　　　　　_문태준, 「옛 집터에서」(『맨발』) 전문

---

[3] 이에 대한 자세한 내용은, 이득재, 『가족주의는 야만이다』(소나무, 2001) 참조.

문태준에게 '집'은 "옛 애인은 가고 없어 능구렁이처럼 나 홀로 흉가에 들어앉는 것"(「내 마음이 흉가에」, 『수런거리는 뒤란』)과 같이 "이물스럽"(「빈집 3」, 『수런거리는 뒤란』)고, "무너지는 무덤"(「묵정밭에서」, 『수런거리는 뒤란』)가에 "오도 가도 못하는 귀신 같은 흰나비의 발자국 몇 개"(「흰나비재」, 『수런거리는 뒤란』)만이 남아 있는 황폐한 공간으로 인식된다. 사람의 정취를 전혀 느낄 수 없는 "집터만 남은 세월"의 무게를 이기지 못해 "비를 만난 개미둑처럼 집들은 죄다 허물어"(「오래된 악기」, 『수런거리는 뒤란』)져버린 것이다. 결국 가족의 울타리를 지켜주는 최소한의 버팀목인 집의 파산은 더 이상 가족공동체의 따뜻함을 꿈꿀 수 없는 적막하고 스산한 풍경을 보여줄 뿐이다. "하릴없이 전나무 숲이 들어와 머무른 때"가 있어 잠시나마 행복을 느낄 때도 있지만, "전나무 숲이 들어앉았다 나가면 그뿐, 마음은 늘 빈집"(「빈집의 약속」, 『가재미』, 문학과지성사, 2006)일 따름이다. 따라서 지금 시인에게 절실하게 요구되는 것은 "내 몸을 눕히면 봄볕을 받아주던 마루/깊은 젖가슴을 드러낸 아궁이"가 있었던 '옛 집'을 복원하는 것이다. 그렇다고 해서 '구중궁궐'의 영화를 다시 기대하는 것은 결코 아니다. 그저 소박하게 "어둠이, 흔들리는 댓잎 뒤꿈치에 별을 하나 박아주었던"(「수런거리는 뒤란」, 『수런거리는 뒤란』), "누군가 공중에 이처럼 푸른 여울을 올려놓은 것"(「대나무숲이 있는 뒤란」, 『맨발』) 같은 '뒤란'만 있으면 그것으로 충분하다. 그가 꿈꾸는 서정은 "가을강처럼 슬프게" "저물게 저물게 이곳에 허물어지는 빛으로 서 있"(「어느 날 내가 이곳에서 가을강처럼」, 『가재미』)는 풍경에 가만히 귀 기울이는 것만으로도 진정한 행복을 느낄 수 있기 때문이다.

이처럼 가족공동체의 상실과 이를 회복하기 위한 서정시의 전략은 박성우, 손택수의 시에서 더욱 구체적으로 형상화된다. 그들에게 있어서 가족은 아버지의 상실 혹은 부재라는 체험 속에서 육화되는데, 이러한 상실과 부재로 인해 어머니를 비롯한 남은 가족들이 짊어져야 했던 삶의 무게는 더욱 깊은 상처를 남겨놓았다. 우선, 박성우의 시에 형상화된 아버지와 시인의 관계는 "감꽃"이라는 객관적 상관물을 통해 상징적으로 드러난다. 나의 출생을 기념하기 위해 심었던 감나무가 언제부턴가 "담장으로 톱질당한" 채 "더 이상의 열매를 맺을 수 없"는 상태가 되어버린 것처럼, 시인 역시 "아버지 안에서/나는 그렇게 베어졌다"는 상실감과 좌절감을 겪으며 살아왔다. 심지어 "아버지는 지난 겨울에 흙집으로 들어가셨"고, 이때부터 "사람들은 가장 큰 안식을 얻었다"(「감꽃」, 『거미』, 창작과비평사, 2002)는 지독한 아이러니를 드러낼 정도로 아버지에 대한 시인의 의식은 너무도 음울하다. 아버지에 대한 원망과 불신이 너무도 깊어 죽음의 순간에서조차 용서하지 못하는 모습은 지금 우리가 직면한 가족공동체의 현실을 정직하게 보여주는 것이 아닐까. 그런데도 어머니는 삶의 고통을 물려주고 간 아버지에 대한 원망은커녕 가슴속 깊이 아버지를 향한 연민과 그리움을 간직한 채 살아간다. 이는 죽음에 이르러서도 서로 화해하지 못한 아들과 아버지의 근원적 관계를 온전히 이어주고 싶은 어머니의 간절한 마음을 담아낸 것으로 이해할 수도 있다.

아버지 산소에 다녀오신 어머니는
고사리와 취나물을 잔뜩 뜯어 오셨어요

(중략)
가족사진에 한참이나 감전되어 있던 어머니가
취나물을 다듬기 시작했어요
어머니는 웬일인지 연속극을 보지 않으셨어요
왜 그랬을까요 어머니는
아버지 냄새에 취해 있었던 건 아닌지
느그 아부지는 …… 느그 아부지는 ……
취나물은 다른 때보다 아주 천천히 다듬어졌어요
느그 아부지는 취나물을 별시럽게도 좋아했는디,
어머니가 갑자기 훌쩍거리기 시작했어요
그러게 취나물은 뭣 허러 뜯어와서 그려요,
그런 어머니가 미워서 나는 방을 나왔어요
사실은 나도 울 뻔했으니까요 그리고 다짐했어요
내일 아침상에 올라올 취나물은 쳐다도 안 볼 거라고,
별들도 이 악물고 견디고 있었어요
　　　_박성우, 「취나물」(『거미』, 창작과비평사, 2002) 부분

"아버지는 빚 때문에/그해 겨울도 돌아오지 못했"고, "우리들은/남의 집 반찬에 익숙해져갔"(「생솔」, 『거미』)던 유년 시절의 지독한 가난에 대한 기억은 시인을 비롯한 가족들의 내면에 씻을 수 없는 상처를 남겼다. 게다가 삶과 죽음의 큰 차이에도 불구하고 예나 지금이나 아버지의 자리는 항상 비어 있었으므로, 오래 전부터 가족들 가운데 누군가는 아버지의 빈자리를 대신하며 살아갈 수밖에 없었다. 결국 시인에게 어린 자식들을 양육해야 하는 어머니의 자리는 근원적 모성성의 세계가 아닌 부성성의 자리

로 각인될 뿐이다. 그러므로 "느그 아부지는 취나물을 별시랍게도 좋아했는디"라며 눈물 흘리는 어머니의 모습을 바라보며 원망과 슬픔의 양가적 감정이 교차하는 것은 너무도 당연하다. 겉으로는 "그런 어머니가 미워서 나는 방을 나왔어요"라고 말하고 있지만, 속으로는 시인 역시 가족의 근원적 슬픔과 고통을 "이 악물고 견디고 있었"음을 부정할 수는 없는 것이다. 이러한 내성(耐性)은 "여린 곁가지에 젖을 물려주던 마음/젖꼭지처럼 붙박여 있"는, "세상의 상처"에 생긴 '옹이'(「옹이」, 『거미』)를 닮았다. 즉 가족의 결핍을 회복하기 위해 본능적으로 매달렸던 모성적 세계로부터 상처를 치유하는 근원적 생명력을 찾고 싶은 것이다. 이러한 모성성의 세계는 자연과 더불어 더욱 풍성해짐으로써 그 자체로 성숙된 풍경을 창조해낸다. 비록 화려하고 눈부신 풍경은 아닐지라도 자연 속에서 저절로 우러나는 소박한 마음으로부터 신생(新生)의 가치를 발견하고자 하는 것이다.

 손택수의 시에는 이와 같은 모성적 상상력의 세계가 도저하게 펼쳐져 농경문화적 전통에 깊숙이 맞닿아 있다. 이 또한 아버지로 표상된 가족공동체의 상실을 극복하기 위한 근원적 시의식에서 비롯된 것이다. 대부분의 성장과정을 담은 시가 그러하듯, 그의 시 역시 아버지로부터 벗어나기 위한 통과제의적 성격을 지닌다. 그래서 아버지의 말과 아버지의 삶을 거부하는 데서부터 그의 시의 동력은 생성된다. 이에 반해 평생을 "죽어서 매를 맞는" '소가죽북'(「소가죽북」, 『호랑이 발자국』)처럼 살아왔으면서도 "병든 사내를 버리지 못"한 채 아버지의 곁을 지키는 어머니의 삶은 시인에게 근원적인 연민과 사랑의 대상으로 내면화되지 않을 수 없다. 이러한 근원적인 모성성의 세계는 그의 시에서 '할머니'라는표상으로 자주 거슬러 올라가는 것이 두드러진 특징인데, 이는 모성적 상상력의 깊이를 보다 근원적인 세계로 이끌고 가서 신화적이고 주술적인 세계의 표상으로 재현하려는 목적이다. 그래서 할머니의 세계는 땅과 더불어 호흡하고 별들과 더불어 말을 하는 우주적 원리를 형상화한다. 이는 모성적 상상력이 대지적 상상력과 한데 어우러질 때 생명의 근원을 찾아가는 시의 길이 더욱 풍요로워질 수 있다는 시인의 믿음에서 비롯된 것이다.

    매달 스무여드렛날이었다
    할머니는 밭에 씨를 뿌리러 갔다

    오늘은 땅심이 제일 좋은 날
    달과 토성이 서로 정반대의 위치에 서서
    흙들이 마구 부풀어오르는 날

    설씨 문중 대대로 내려온 농법대로
    할머니는 별들의 신호를 알아듣고 씨를 뿌렸다

    별과 별 사이의 신호를
    씨앗들도 알아듣고
    최대의 發芽를 이루었다

    할머니의 몸속에, 씨앗 속에, 할머니 주름을 닮은 밭고랑 속에
    별과의 교신을 하는 무슨 우주국이 들어 있었던가

매달 스무여드레 별들이 지상에 금빛 씨앗을 뿌리던 날
할머니는 온몸에 별빛을 받으며 돌아왔다
　　　　　_손택수, 「달과 토성의 파종법」(『목련 전차』) 전문

할머니의 파종법은 그다지 특별한 것이 없다. 그저 "문중 대대로 내려온 농법대로" 씨를 뿌리는 것이 전부일 뿐이다. 그런데 그 "농법"은 수많은 세월을 땅과 더불어 살면서 숙성되어 나온 알토란과 같기 때문에, 어떠한 교과서보다도 깊이 자연의 이치를 체득하고 있다는 데서 중요한 의미를 찾을 수 있다. 그래서 할머니는 일상 속에서 자연스럽게 "땅심이 좋은 날"을 알게 되었고, "별들의 신호를 알아듣"는 아주 특별한 경험을 삶의 일부로 내면화하게 된 것이다. 하늘(天)과 땅(地)과 인간(人)이 서로 소통하는 교감의 순간이야말로 "최대의 발아를 이루"는 풍요로움을 안겨준다. 이런 점에서 "할머니 주름을 닮은 밭고랑"은 가장 근원적이고 본질적인 우주의 비밀을 고스란히 간직한 서정적 유토피아가 아닐 수 없다. 이러한 농경문화적 상상력은 문명적 세계의 허위성으로 황폐해져버린 인간의 삶터를 다시 옥토로 만들기 위한, 진정성 있는 실천을 지향한다. 따라서 지금 우리 서정시가 전통적 복고주의에 안주하지 않고 현재와 미래를 갱신하는 생명의 사유를 깊숙이 내장하고 있다는 사실을 반드시 주목해야만 한다.

4. 근대의 허위성과 생명의식의 내면화

생명시학은 모더니즘의 자아중심주의, 전통 부정, 인간 중심적

가치관 등의 문제의식을 넘어 주체에서 타자로 근대에서 전통으로 인간에서 자연으로 그 관심을 확대해왔다. 민중시 이후의 김지하와 해체시 이후의 황지우가 공통적으로 서정 본연의 양식을 통하여 새로운 관계론의 지평을 열어나갔던 것[4]은 바로 이러한 지향성에서 비롯된 것이다. 왜냐하면 이와 같은 새로운 관계론의 지평은 문명의 허위성이 파생시킨 근대주의의 반생명적이고 해체주의적 세계관에 대한 뚜렷한 성찰을 내재하기 때문이다. 근대의 속도와 자본의 가치는 물질적 행복과 삶의 편리를 가져왔지만, 그 속에 감추어진 진실에는, 유기체적 생명의 질서가 사라진 표피적이고 파편적인 근대라는 아이러니가 깊숙이 자리잡고 있는 것이다.

이런 점에서 문명의 허위성을 가로지르는 인문학적 실천은 오늘날의 시인들에게도 새로운 미래를 여는 중요한 문제의식으로 작용하지 않을 수 없다. 따라서 모든 것이 문화로 수렴되는 일방향적 진실 속에서도 오히려 문학의 전통성을 고집하고 실천하는 젊은 서정시인들의 시적 성취야말로 아주 특별하고 새롭다. "목련 전차"를 타고 이 땅의 "수런거리는 뒤란"의 소리에 귀 기울이는 그들의 시선에는 결코 예사롭지 않은 시적 진실이 내재되어 있기 때문이다. 이러한 시적 태도야말로 자기표현이나 새로움에 들린 근대시의 주류적 흐름을 극복하고 전통을 복원하면서 생태학적 실천의 장으로 나아가는, 진정성 있는 시적 갱신이고 시적 미래라고 할 수 있다.[5]

---

4) 구모룡, 「생명시학의 지평」, 『시의 옹호』(천년의시작, 2006), 54쪽.
5) 구모룡, 위의 글, 64쪽.

아파트 18층에 누워 살면서 밤은 꿈도 없이 슴슴해졌다
소꿈은 길한 꿈이라는데 뜨막하게 소꿈을 꾸는 때가 기중 좋다
내 소꿈은 소와 자꾸 싸우는 소꿈이다
내 걸음걸이는 얼른얼른 어딜 가자는 것 같고
소는 또 그럴 생각 없이 머뭇거리고 목을 젖혀 뻣뻣하게 버틴다
간혹 혀를 빼 누런 소가 길게 울기도 한다
들에서 돌아오는 아버지를 마중 나가 아버지로부터 받아오던 그 소와 아주 닮았다
내 소꿈은 소와 자꾸 싸우는 소꿈이어도
소꿈을 꾸는 날에는 하루가 빈 걸상도 있고 악기점도 있고 아무도 걸어가지 않은 길이 수유리까지 멀리 나 있다

　　　　　　　　　　　_문태준, 「꿈」(『가재미』) 전문

"아파트 18층"의 문명적 공간은 근대의 공포와 억압이 자리잡고 있어서 대부분의 사람들은 "꿈도 없이 슴슴해"진다. 꿈조차 자연스럽게 꿀 수 없는 삭막한 불모지에서 근대의 문명을 예찬하고 발전의 속도를 기대한다는 것은 사실상 부질없는 허욕에 불과하다. 그런데도 근대를 사는 인간의 욕망은 이러한 허욕으로부터 결코 자유롭지 못한 채, 욕망의 극단을 향해 자꾸만 "얼른얼른 어딜 가자는" 몸짓으로 가득 차 있을 뿐이다. 이 모든 것이 헛된 욕망의 소산이란 사실을 깨닫는 일은 그리 어렵지 않으므로, 사람들은 이러한 삶의 태도에 대해 표면적으로는 비판적 입장을 취하지만, 정작 자신은 문명의 속도에 뒤처지지 않기 위해 안간힘을 쓰는 이중성을 드러낸다. "소꿈을 꾸는 때가 기중 좋다"라고 느끼면서도, 꿈속에서조차 "소와 자꾸 싸우는" 꿈을 꾸게 되는

것은 이러한 이중적 내면의 은폐된 실상이라고 할 수 있다. 그가 문명의 꼭대기에 살면서 꾸는 '소꿈'은 "자꾸 싸우는" 꿈이라 할지라도 끝까지 지켜내야 할 소중한 꿈이다. 그 꿈속에는 근대의 상처를 치유할 근원적 표상이 내재하기 때문이다. 유년 시절, "들에서 돌아오는 아버지를 마중 나가 아버지로부터 받아오던 그 소"는 문명적 근대의 횡포에 길들여진 시인 자신을 근본적으로 성찰하게 하는 시적 힘을 내면화한다. 그것은 "시인이랍시고 종일 하얀 종이만 갉아먹던 나에게/작은 채마밭을 가꾸는 행복"(「벌레詩社」, 『가재미』)을 심어주는 것과 같은 의미이다. "검푸른 감나무 속으로 매미 한 마리가 들어"(「감나무 속으로 매미 한 마리가」, 『가재미』)서듯, 시인 역시 자연의 품 안으로 자연스럽게 들어가고 싶은 것이다.

이러한 근대문명에 대한 성찰과 자연친화적 정서는 서정시인들의 내면 속에서 주체를 탈각시킴으로써 더 이상 자연과 인간의 경계를 구분하지 않는 통합적 세계인식으로 심화된다. 여기에서 인간적 시점은 사라져 "나는 나를 잠시 버리기로 합니다"(「봄소풍」, 『거미』)라는 탈주체화를 통해 주체와 타자가 한데 어우러지는 서정시의 풍경을 새롭게 열어가고자 하는 것이다.

  이파리 무성한 등나무 아래로
  초록 애벌레가 떨어지네
  사각사각사각,
  제가 걸어야 할 길까지 갉아먹어서
  초록길을 뱃속에 넣고 걸어가네

초록 애벌레가 맨땅을 걷는 동안
뱃속으로 들어간 초록길이 출렁출렁,
길을 따라가네
먹힌 길이 길을 헤매네
등나무로 오르는 길은 멀기만 하네

길을 버린 사내가 길 위에 앉아 있네
　　　　　　　　　　_박성우,「길」(『거미』) 전문

"이파리 무성한 등나무"와 "초록 애벌레"가 보여주는 생명의 질서는 인간의 길과는 사뭇 다른 자연의 이법(理法)을 충분히 담아낸다. 마치 모든 사물과 자연이 순환의 고리 속에서 타자를 향해 나아가며 자신의 삶을 완성해나가듯, "초록 애벌레"의 '길'은 통합된 자연이 인간의 내면을 끌어안는 아주 자연스러운 생명의 풍경을 펼쳐 보인다. "제가 걸어야 할 길", "뱃속으로 들어간 초록길", "등나무로 오르는 길"은 모두 한가지 길이며, 그 "길 위에 앉아 있"는 "길을 버린 사내" 역시 이미 자연과 한몸이 되어 진정한 자연인의 모습을 표상하고 있는 것이다.

　이러한 자연의 길에는 어떠한 구분도 경계도 없다. 경계를 구획하고 주체와 타자를 구분하는 발상 자체가 이미 반자연적이고 반생명적인 근대의 폭력이기 때문이다. 근대의 편리에 길들여진 인간의 어리석음은 "바다에 와서야 비로소 이제껏 헛돌았다는 것을" 깨닫게 되고, "튜브 속에 거북한 바람을 품지 않고/고무 타는 냄새 없이도/질주할 수 있다"(「바다를 질주하는 폐타이어」, 『호랑이 발자국』)는 사실에 스스로 놀라는 경험을 한다. 자연은 그 자체로 신비로운 체험의 공간이므로 "땅은 꽃가루 날리고 꽃봉오리 터지는 날/물고기들이라고 뭍으로/꽃놀이 오지 말란 법 없"(「어부림」, 『목련 전차』)다는 시적 발상이야말로 진정한 자연의 가치를 내포한다. '어부림'은 특정한 장소를 가리키는 명칭이지만, 이 말이 충분히 환기하는 것처럼, 모든 사물이 온전히 '어불려' 환상의 축제를 연출하는 장관이야말로 자연 아니면 창조해낼 수 없는, 그 자체로 한 편의 시임에 틀림없는 것이다.

  두엄자리에서 지렁이가 운다. 지렁이 울면 낭창한 대 하나 꺾고 낚시를 가시던 할아버지.//그날 붕어조림을 삼키면서 나는 붕어가 삼킨 지렁이, 목구멍에 걸린 것처럼 헛구역질을 하고 말았는데//지렁이가 할아버지를 삼킬 줄은 꿈에도 몰랐다. 할아버지가 삼킨 붕어와 붕어가 삼킨 지렁이 잘디잔 흙알갱이가 되어 지렁이 주둥이 속으로 빨려들 줄은 몰랐다.//비 내린 뒤의 영산강변 할아버지 무덤가에 지렁이가 기어간다. 그래 지구상의 모든 흙은 한번쯤 지렁이의 몸을 통과했다.//머잖아 저 몸속에서 붕어를 삼킨 할아버지와 내가 머리 딱 부딪치며 우르릉 쾅쾅 천둥번개 치는 시간 있겠구나.//주물럭주물럭 시간대를 마구 뒤섞는 장운동, 저 몸속으로 산맥 하나가 통째로 빨려들어가고 말랑말랑한 반죽물 밭이랑 논이랑이 되어 꿈틀꿈틀 빠져나올 수도 있겠구나.//강 주둥이에 아침부터 누가 철근을 박고 있다. 뿌연 흙먼지를 일으키며 시멘트를 퍼붓고 있다. 컥컥 헛구역질을 하며 강이 움찔거린다.
    _손택수,「내 목구멍 속에 걸린 영산강」(『목련 전차』) 전문

'지렁이', '할아버지', '붕어', '흙', '영산강'이 모두 한데 어불

려 자연과 인간의 조화로운 풍경을 보여준다. 여기에는 소위 먹이사슬의 수직적 위계는 전혀 찾아볼 수 없고, 오로지 '철근', '시멘트' 등으로 상징화된 문명의 횡포에 "컥컥 헛구역질"을 하는 영산강의 이물감이 있을 뿐이다. 즉 자연은 또 다른 자연을 자연스럽게 받아들이지만, 자연을 파괴하는 문명의 횡포 앞에서는 여지없이 이물감에 괴로워할 수밖에 없다. 이러한 이물감은 한때의 순간적 고통으로 끝나는 것이 아니라 인간을 비롯한 모든 자연의 내면에 더욱 극한적인 이물감을 남김으로써, 결국 자연과 인간의 생태계는 송두리째 무너져 폐허가 되고 만다. 자연이 이처럼 정직하다는 사실을 깨닫는 것은 그렇게 어려운 일이 아니다. 그런데도 인간은 냉혹하리만치 자연의 질서를 거스르며 살려고만 한다. 그 결과 순간의 편리에 점점 익숙해져 영원히 폐허를 견디며 살아가야 하는 미래를 예견하지 못하거나, 자꾸만 외면하려고만 할 따름이다. 그래서 시인은 "목구멍 속에 걸린" 자연의 고통을 자연 본래의 모습으로 되돌려주고자 한다. 이를 위해서는 근대의 속도와 방향에 매몰된 오늘날 삶의 지형을 변화시키는 새로운 지혜와 통찰이 필요하다. "가지런하게 한쪽 방향을 향해 누운 물고기 비늘 중엔 거꾸로 박힌 비늘이 하나씩은 꼭 달려 있"는 것처럼, "역린(逆鱗), 유영의 반대쪽을 향하여 날을 세우는 비늘"(「거꾸로 박힌 비늘 하나」, 『목련 전차』)과 같은 역설적 힘이 절대적으로 요구된다. 오늘날과 같이 첨단 문명의 속도로 유영하는 근대의 일상을 살아가는 데 있어서 이러한 '역린'의 지혜는 반드시 필요하다. 낡고 오래된 서정의 자리를 더욱 절실하게 내면화하는 것이야말로, 바로 지금 서정시가 궁극적으로 지향해야 할 새로운 미래의 방향인 것이다.

5. 서정이라는 역설과 새로운 미래

　지난 1990년대 초반 우리 시단은 포스트모더니즘에 바탕을 둔 시학의 급속한 변화로 인해 서정 상실의 징후를 몹시 걱정했다. 그리고 이러한 흐름은 시의 위기론으로까지 심화되어 서정시는 전반적으로 침체되는 결과를 초래하기도 했다. 그런데 해체시, 도시시, 문화시 등 다양한 명칭으로 확산되었던 탈서정 혹은 탈중심의 현상이 잠시 주춤했던 것은 1990년대 중반 정신주의를 강조한 서정성의 회복이라는 담론이 새롭게 부각되면서부터이다. 서정의 위기가 다시, 서정에 대한 진지한 논의를 불러오는 역현상이 당시 우리 시단의 중요한 화두로 쟁점화된 것이다. 이와 같은 서정을 둘러싼 쟁점은 탈서정 혹은 반서정의 양상이 두드러지면 질수록 더욱 강력한 담론으로 작용해왔다. 지금 우리 시단에 뜨거운 논쟁을 불러일으키고 있는 서정 담론의 실상 역시 이러한 문제의식과 어느 정도 같은 맥락에서 살펴볼 수 있을 듯하다.
　지금 우리 시단에서는 '미래파'적 경향을 지니고 있느냐 그렇지 않느냐가 시적 성취의 기준으로 인식될 만큼, 전통 서정으로부터의 위반과 전복이야말로 가장 시적인 것을 구현하는 태도로 평가받고 있다. 자칫 시의 미래는 이러한 한 가지 경향이 전부인 양 온통 외계어들이 난무하여, 시인과 독자 사이의 최소한의 소통조차 기대하기 힘든 지경에 도달한 것이 사실이다. 차라리 이러한 현상을 두고 지난 1990년대 초반과 마찬가지로 탈서정의 심화라고 한다면, 왜 지금 '탈(脫)'이어야만 하는지에 대한 시대적 논리만 파악하면 될 것이다. 하지만 지금의 변화는 지난 1990

년대와는 너무도 다르게 이러한 위반과 전복조차 '서정'이라고 주장하고 있어 더욱 혼란스러울 따름이다. 이쯤 되면 '서정'의 본질과 개념을 논한다는 것 자체가 더는 불가능하다. 모든 것이 '서정'으로 귀속되는 시단에서 굳이 '서정'의 의미를 탐색해야 할 이유는 없기 때문이다. 최근 서정을 둘러싼 쟁점의 본질은 여기에 있다.

오늘날 서정시의 위상은 근본적으로 '역설'의 정신에서 찾을 수 있을 것이다. '미래파'가 외적으로 기괴한 형상을 하고 있음에도 굳이 '탈서정'이 아닌 '다른 서정'을 주장하는 이유는, 서정에 대한 비판이야말로 진정한 서정의 정신으로부터 비롯되어야 한다는 '역설'의 전략을 인지하고 있기 때문이다. 즉 변화된 시대의 흐름에 역행하는 서정시에 대한 위반과 전복 역시 서정 내부의 획기적인 자기성찰에서 비롯된 것이지, 서정을 떠난 담론 전략이 되어서는 안 된다는 것이다. 이런 식의 논리라면 '서정'과 '탈서정'의 이분법적 논리 역시 무의미한 담론의 각축장으로 세속화될 수밖에 없다. 오늘날의 시가 어떻게 변화하면서 전통을 지켜나갈 것인가에 대한 진지한 성찰이 중요한 문제이지, 서정과 탈서정의 명명이나 개념화는 전혀 중요하지 않은 지엽적인 문제에 불과한 것이다.

이러한 논리적 모순과 오류를 무릅쓰고라도 '서정'을 강조하는 이유는 '역설'의 정신이야말로 우리 시단을 이해하는 가장 확실한 문제의식을 담고 있기 때문이다. 자본과 기술이 주도하는 변화하는 세계는 끊임없이 시도 변화하기를 요구했고, 그 결과 '시적인 것'의 혼란이 가중되면서 '다시, 시란 무엇인가'에 대한 근본적인 문제에 부딪치지 않을 수 없게 만들었다. 그것이 서정이든 탈서정이든 서정의 본질에 대한 새로운 개념적 시도는 우리 시의 미래를 열어가는 이정표와 같은 역할을 한다. '미래파'라는 개념이, 명명자의 의도와는 전혀 다르게, 급속도로 담론적 확산을 이룰 수밖에 없는 이유도 바로 여기에 있다.

 시가 읽히지 않는 시대에 대한 성찰은 이미 오래전부터 있어왔다. 시의 대중성을 고민하기도 했고, 시와 인접예술의 관계를 모색하기도 했고, 오히려 시의 본질에 더욱 가까이 다가서야 한다는 문제제기도 있었다. 결국 가장 중요한 문제는 독자와의 '소통'을 어떻게 이룰 것인가에 있다. 시가 오로지 시인의 전유물이 되어서는 안 된다는 점에서 이제 시인들은 독자와의 소통을 적극적으로 모색해야 한다. 그것이 방법론적이든 주제론적이든 시가 독자와의 교감을 잃어버린다면 더 이상 시의 미래는 없다고 해도 과언이 아니다. 이러한 혼란과 혼돈의 시대에 '윤리적 주체'의 정립이 중요한 이유도 바로 여기에 있다.[6] 윤리적 주체의 정립이야말로 새로운 시의 미래를 지향하는 뚜렷한 지표가 된다. 윤리는 도덕의 차원을 훨씬 뛰어넘는 미래적 가치를 지향한다. 윤리는 내용과 형식의 오래된 경계를 가로지를 수도 있고, 인간의 내면과 외면을 동시에 들여다보는 성찰적 태도를 내재화하고 있기도 하다. 따라서 현실적 자아도 억압된 내면도 모두 윤리적 주체의 정립을 통해 새로운 시의 길을 열어나가야 한다. 이것이 앞으로 우리 시의 미래가 짊어져야 할 가장 핵심적인 화두임에 틀림없다.

(『리토피아』 2006년 겨울호)

---

[6] 하상일, 「시적인 것의 혼란과 윤리적 주체」, 『시와사상』 2005년 겨울호, 222쪽.

시적인 것의 혼란과 윤리적 주체

__맹문재의 『책이 무거운 이유』(창비, 2005)와 노혜경의 『캣츠아이』(천년의시작, 2005)

1. 시 혹은 시적인 것의 혼란

　최근 우리 시의 변화에 대한 비판적 문제제기가 끊임없이 제기되고 있다. 시가 정형화되고 고정화되는 산물이 아니라면 시대의 흐름에 따라 시도 변하는 것은 너무도 당연한 결과이겠지만, 그 변화 과정이 시 혹은 시적인 것의 본질마저 혼란스럽게 하는 방향으로 흘러간다면 아주 심각한 문제이기 때문이다. "시인들 사이에서만 고독하게 교신되는 비밀의 상형문자 상태"를 극단화하고 있는 최근 우리 시의 모습에 독자들의 수는 급격히 줄어들고 있는 것이 사실이다. 게다가 더 이상 시 혹은 시적인 것의 관습을 수용하지 않는 '탈(脫)-시 혹은 탈(脫)-시적인 것'이 오히려 가장 '시적인 것'으로 부각됨으로써 독자들과의 소통 영역은 더욱 좁아지고 있는 실정이다. 그런데도 여전히 "시인은 쏟아지고 시집은 범람하고 산문시가 유행하는" 현상에 대해, 최원식은 "한국시는 최근 전반적 이완의 경향을 보이고 있다"고 진단했다. 그러면서 그는 "현재로부터 탈주하는 것이 아닌, 현재에 압도되는 것도 아닌, '현재의 시'는 어디에 있을까"(「자력갱생의 시학」, 『창작과비평』 2005년 여름호)를 진지하게 고민할 때가 바로 지금이라는 점을 특별히 강조했다. 그의 말대로 탈이념의 시대를 사는 우리에게 시의 현재적 의미는 어디에 있으며, 또 어디를 향해 가고 있는지, 이제는 이러한 문제의식으로부터 새로운 시의 미래를 진지하게 성찰할 때가 되었음을 깊이 인식해야 한다.

그렇다면 앞으로 시는 어떻게 제 운명을 스스로 열어나가야 하는가? 시 혹은 시적인 것의 전통적 개념에 집착하는 것이 더 이상 설득력을 얻지 못한다면, 시는 독자에게 무엇을 말할 수 있어야 하고 또 어떤 의미로 존재해야 하는가? 맹문재, 노혜경, 두 시인의 시집을 읽으면서 너무도 이질적인 세계에 당혹스러울 수밖에 없었던 필자에게 남겨진 질문이 바로 이런 것들이다. 이에 대한 해답을 찾기 위해서는, 밖으로 확장하려는 언어(extention)와 안으로 수렴되는 언어(intention) 사이의 긴장(tention)을 관통하는 어떤 질서를 발견해야만 한다. 굳이 리얼리즘과 모더니즘의 회통을 말하지 않더라도, 시 혹은 시적인 것의 근원성에 다다르는 공통의 지점을 찾아내야 하는 것이다. 소재나 구성, 표현과 발상에서부터 너무도 다른 지향성을 보여주고 있는 두 권의 시집을 읽으면서, 필자는 이러한 의문에 대해 한 가지 의미 있는 해답을 찾을 수 있었다. 그것은 바로 '윤리적 주체'의 재구성이다. 시인의 시선이 외부적 세계를 향해 열리든, 내부의 세계로 수렴되든, 그것이 '윤리적 주체'의 목소리를 일관되게 견지한다면 '시 혹은 시적인 것'의 미래를 새롭게 열어가는 이정표가 될 수 있기 때문이다.

이처럼 '윤리적 주체'에 대한 문제의식에서 출발해 우리 문학의 미래를 새롭게 내다보고자 했던 서영채는, "1990년을 정점으로 하여 우리 문학의 관심은 점차 이념에서 윤리를 향해 이행해 왔다"고 하면서, "윤리는 우리 욕망의 심연을 투철하게 응시하고자 하는 시선의 산물이다"(『문학의 윤리』, 문학동네, 2005)라고 말한 바 있다. 여기에서 "욕망의 심연"은 개별 주체의 것으로, 집단 주체의 '이념'처럼 강요된 것이 아니다. 따라서 시인들은 자신들의 욕망의 세계를 자유롭게 형상화하는 가운데 '윤리적 주체'를 만들어간다. 그것은 계급, 이념, 지역, 성별 등 시인의 현실적 토대와 아주 밀접하게 관련되어 다양하고 이질적인 양상을 드러낸다. 뿐만 아니라 시인의 자발적 의지에 의해 선택되는 것이란 점에서 동일성만을 강조하는 전통적 시학으로부터 어느 정도 자유로울 수 있다. '윤리'를 단순히 '도덕'과 같은 차원에서 생각할 수 없는 이유가 바로 여기에 있다. 보편적 도덕률에 얽매인다는 사실 자체가 때로는 가장 비윤리적일 수 있기 때문이다. 이런 점에서 맹문재, 노혜경, 두 시인은 시 혹은 시적인 것의 혼란을 가로지르는 비장의 무기로 '윤리적 주체'를 전면화하고 있다.

2. 현실적 자아와 자기성찰

맹문재의 시는 일상의 순간을 깊숙이 들여다보고 그것을 내면화하는 자기성찰의 태도에서 출발한다. 그에게 현실은 자아를 비추는 거울이고 타자의 삶을 관찰하는 풍경이다. 거울과 풍경은 모두 자아를 성찰하게 하는 대상이라는 점에서 동일한 의미를 지닌다. 따라서 시인은 거울과 풍경 속에 비쳐진 시적 현실을 정직하게 응시하면서 끊임없이 자기성찰을 모색한다. 하지만 현실과 자아의 관계는 조화를 이루기보다는 아주 불편한 관계로 치닫기 일쑤이다. 그래서 시인은 불화의 시대를 사는 진정성 있는 삶의 태도와 시 혹은 시적인 것의 성숙된 가치를 새롭게 발견하고자 노력한다.

  무엇보다도 시인은 "책이 무거운 이유가 나무로 만들었기 때문"이라는, '지식'의 관념에 얽매여 있는 자신을 성찰하는 데서부터 새로운 시의 활로를 찾는다. 그동안 우리의 시적 지향은 물질과 자본의 상처인 생태의 파괴와 문명의 속도에 저당 잡힌 기계적 일상에 대한 근본적 반성으로 생태적 삶의 방향과 문학의 생태주의로 나아갔고, 지금도 상당수의 시인들은 생태적 가치를 재발견하는 데 몰두하고 있다. 맹문재 시인 역시 "책을 읽을 때마다/나무를 떠올리는 버릇이 생겼다"는 고백에서처럼, 지극히 관습적이고 타성적인 차원의 생태적 인식에 사로잡혀 있다. 그런데 이러한 생태적 가치 지향이 당위적이고 관념적인 지식의 차원에 머물러버리면 오히려 인간의 기본적 삶을 소외시키거나 배제하는 허위적 담론으로 기능할 때가 많다.

    나무만을 너무 생각하느라
    자살한 노동자의 유서에 스며 있는 슬픔이나
    비전향자의 편지에 쌓인 세월을 잊을지 모른다고
    때로는 겁났지만
    나무를 뽑아낼 수는 없었다

그리하여 나는 한 그루의 나무를 기준으로 삼아
몸무게를 달고
생활계획표를 짜고
유망 직종을 찾아보았다
그럴수록 나무는 말 한마디 하지 않고
하루하루를 채우는 일이 얼마나 힘든가를 보여주었다.

내게 지금 책이 무거운 이유는
눈물조차 보이지 않고 묵묵히 뿌리 박고 서 있는
그 나무 때문이다.
　　_「책이 무거운 이유」(『책이 무거운 이유』, 창비, 2005) 부분

　나무의 본래적 가치는 인간의 근원적 삶에 대한 경외감을 지니고 있다. 자연의 내재적 본성과 이법에 맞춰 인간의 삶을 뒤돌아보는 것이 생태적 삶의 본질적 가치이기 때문이다. 그런데도 자연에 대한 집착은 오히려 인간이 터를 이루고 살아가는 현실의 가치를 소외시키는 결과로 치닫고 있다. 즉 "나무만을 너무 생각하느라/자살한 노동자의 유서에 스며 있는 슬픔이나/비전향자의 편지에 쌓인 세월을 잊"고 살아가는 것이 현실적 자아의 모습인 것이다. 하지만 화자는 이와 같은 현실초월적 태도에 적극적으로 동의하지는 않는다. 그의 의식 속에는 노동자와 비전향자의 힘겨운 고통의 자리가 선명하게 자리잡고 있기 때문이다. 그래서 그는 "때로는 겁났지만"이라는 감정의 속내를 드러냄으로써 현실적 자아의 윤리의식을 결코 잃어버리지 않으려 한다. 이미 화자가 처한 현실은 도저히 "나무를 뽑아낼 수는 없"는, 그래서 모

든 일상을 "한 그루의 나무를 기준으로 삼아" 계획할 수밖에 없는 허위적 세계에 다름 아니다. 현실을 숲으로 전환하고 그곳을 소요(逍遙)하듯 살아가고자 하는 사람들에게 현실은 궁색하고 지저분한 일상의 모습일 뿐이므로 끊임없이 자연으로 도피하고자 한다. "책이 무거운 이유가/나무로 만들었기 때문"이라고 말한 어느 시인의 말을 관념적이고 지식적인 차원으로 받아들임으로써 점점 현실로부터 달아나려 하는 것이다.

여기에서 '주체'의 모습을 찾기란 사실상 불가능하다. 모든 것을 자연으로 환원해버린 현실에서 주체는 이미 자연에 내재되었거나 종속되어버렸기 때문이다. 따라서 자연과 인간의 유기적 관계를 성찰하지 않고 오로지 자연의 세계로 침잠하는 최근 우리 시단의 모습은 진정한 '성찰'의 태도를 지녔다고 보기는 어렵다. 이러한 문제의식으로부터 화자는 진정으로 "책이 무거운 이유는/눈물조차 보이지 않고 묵묵히 뿌리 박고 서 있는/그 나무 때문"이라는 사실을 깨닫게 된다. 즉 인간을 돌아보지 않는, 인간의 고통에 무감각해져버린, 침묵과 절제의 언어로만 현실을 들여다보는 '나무'는 현실적 자아의 고통과 슬픔을 오히려 더욱 무겁게 만드는 것이다. 이런 점에서 시인은 관념적이고 교과서적인 담론의 세계를 벗어나 가장 현실적인 자아의 모습으로 당면한 현실에 정직하게 맞서고자 한다. 이러한 태도가 바로 시인이 '윤리적 주체'의 진정성을 견지하는 중요한 방법인 것이다.

'윤리적 주체'로 다시 태어나기 위한 시인의 노력은 "가장자리에서"부터 다시 시작된다. 모든 일상은 "가장자리에서"(「가장자리에서」) 이루어지므로 그곳으로부터 현실적 자아의 가치를 발견하고자 하는 것이다. 세상의 중심에 서서 현실을 본다는 것은 여전히 현실을 현실 그대로 보려 하지 않고 그럴듯하게 포장하여 보려는 태도와 크게 다를 바 없다. 하지만 가장자리, 즉 주변에서 현실을 본다는 것은 아무런 과장 없이 현실을 정직하게 들여다보는 통로가 된다. 중심의 세계는 "라면 국물에 뜨는 기름이 몸에 좋지 않다고" 하면서 "감기에 걸리면 보름을 넘기기 일쑤고/욕할 때조차 큰 소리를 내지 못하는 몸"을 걱정하며 소위 웰빙의 생활을 주장하지만, 아직도 현실은 "24명의 자식들 점심으로 8개의 라면을 삶은 어머니"(「라면을 한 개 더 삶다」)의 마음을 결코 잊어서는 안 된다는 것이 시인의 생각이다. 지나온 삶을 구차한 기억으로 내몰아버리는 데서부터 현실적 자아의 내면은 더욱 궁핍하게 변해버리고, 결국에는 인간과 자연이 조화롭게 사는 참다운 삶의 가치마저 자신들의 편리한 시각으로 왜곡하고 변질시키기 때문이다. 그래서 시인은 죽음을 앞두고 "6·25전쟁 시절/식량 대신 삶아 먹기도 했다는 홍무수"를 먹고 싶어했던 "고모님의 마지막 입맛"(「홍무수 맛」)과 집으로 돌아가는 길에 산 "귤"을 보면서 "기쁜 그림엽서쯤은 될 것", "정치 뉴스처럼 짜증스러운 하루를 보듬어주는/우리 집 현관문쯤은 될 것"(「귤」)이라는 소박한 마음을 간직하고자 한다. 결국 시인은 이러한 오래된 기억들과 마음들을 한데 모아 가장 "아름다운 얼굴"의 세상을 만들어내고자 하는 것이다. "바람에 팔락이는 나뭇잎처럼/비늘 조각 하나 남기지 않고 사라지는 윤슬의 얼굴"처럼 "아름답게 죽는 것", 그리고 "아름답게 사는 것"(「아름다운 얼굴」)을 꿈꾸는 것이다.

　　길거리에서 나물 파는 할머니를 만날 때
　　저녁 밥상에 앉아 숟가락질하는 아이들을 바라볼 때

텔레비전에 나와 말 잘하는 사람들을 볼 때

이력서를 낸 곳으로부터 불합격통지서를 받았을 때

크레인이 설치된 공사장을 지나갈 때

(중략)

슈퍼마켓에서 일회용 면도기를 살 때

정류장에서 낙엽을 밟으며 오지 않는 버스를 기다릴 때

총동창회 모임 초청장을 받았을 때

주인공이 어렵게 살아남은 영화가 끝났을 때

연둣빛으로 물든 봄 산을 건너다볼 때

고속도로의 터널을 지나갈 때

전철에 올라타면서 비어 있는 노약자 좌석을 발견할 때

사십이 넘은 사실에 새삼 놀랄 때

  ―「사십을 생각한다」(『책이 무거운 이유』) 부분

  나이 '사십'은 현실적 자아를 규정하는 시간이다. 이러한 시간의 무게를 거역한다는 것은 사실상 불가능하므로 오히려 현실을 담담하게 받아들이는 것이 바람직하다. 그래서 화자는 일상의 틈에서 항상 "사십을 생각"하며 살고 있다. 문제는 화자의 생물학적 나이가 '사십'이라는 사실의 확인에 있지는 않다. 더욱 중요한 문제는 '사십'이 과거와 미래를 경계 짓는 성찰적 시간으로서의 의미를 지닌다는 점이다. 이제는 현실로부터 한 발짝 물러서고 싶은 나이, 그래서 현실을 객관적으로 관조하며 살고 싶은 나이, 부당한 현실에 분개하면서도 뒤돌아 푸념처럼 욕을 내뱉는 것이 전부인 나이, 이때가 바로 '사십 세'인 것이다. 결국 새삼스럽게 다시 "사십을 생각"하는 것은 "고독하게 저녁을 맞"고 "조용히

앉아 풀어지고 있"으며 "위로의 품에 안겨 흐느끼고 싶은", 이미 현실로부터 "아웃"(「사십대」)이라고 통보받은 현실적 자아의 모습을 새롭게 정립하려는 의지에서 비롯된 것이다. 다시 말해 시인에게 '사십'의 시간적 의미는 '윤리적 주체'를 올곧게 세우고자 하는 시적 진정성의 결과라고 할 수 있다. 일상의 세목에 무관심을 드러내거나 무감각한 태도를 보이지 않고 오히려 가장 예민한 촉수를 들이대고 있을 때 '윤리적 주체'는 재발견된다. 이를 위해서는 "시집 속에" "조용한 공원"도 "따뜻한 방"도 없고, 오로지 "시집 속에 배고픈 내가 있었다"(「시집 읽기」)는 사실을 다시 한번 되새기는 데서부터 새롭게 출발해야 한다. 이런 점에서 시 혹은 시적인 것의 방향은 현실적 자아의 자기성찰에서 비롯되는 윤리적 주체의 정립으로부터 새로운 길을 열어가야 한다. 맹문재의 『책이 무거운 이유는』는 바로 이러한 길 위에 있다.

3. 억압된 내면과 응축된 상상력

　노혜경의 시는 '엄마와의 전쟁'에 대한 서사를 담고 있다. 아니, 서사라기보다는 응축된 상상력의 자연스런 분출로 이루어진 환상적 이미지라고 하는 편이 나을 듯하다. 그의 시에는 억압된 자아의 내면 깊숙한 곳에서부터 분출되는 신화적이고 그로테스크한 상징적 이미지가 가득하기 때문이다. 이에 대해 김정란은, "'상상력의 분출'은 집단주의에 함몰되어 있었던 우리 사회의 주체 구성의 문제와 밀접한 연관을 맺고 있다"고 말하면서, "한국적 근대의 특수한 상황"으로 인해 그것은 "여성시의 민감한 화두"(김정란, 「20세기 진혼곡」, 『한국현대여성시인』, 나남출판, 2001)가 될 수밖에 없다고 언급한 바 있다. 이처럼 노혜경은 남성중심적 근대가 끊임없이 억압해온 여성의 정체성을, 여성 내부의 균열 속에서 고통을 감내하며 끄집어내고자 하는 시적 지향을 드러낸다. 이것이 바로 '윤리적 주체'로서의 여성성에 대한 재발견이다.

그는 "두번째 시집을 내고 난 뒤 세번째 시집은 당연히 『엄마와의 전쟁』으로 간다고 생각했다"고 시집 표지글에서 밝혔다. "끊임없이 엄마에게로 되돌아가는 내 습관"을 두려워했기 때문이다. 엄마는 언제나 딸들에게 "금지"된 것은 무조건 하지 말아야 한다며 내면을 억압했다. "어두우므로 그 길로 가지 말라고" 강요했던 것이다. 하지만 "어두운 숲에 초록의 빛나는 돌의 길이 있"고, "그 끝에 동굴이 있"으므로, "소녀는 동굴 속으로 들어간다". 남성들의 질서에 의해 규정된 '금지'를 위반하고 종속적 여성으로서의 어머니의 명령을 묵살한 채 "자기 발자국을 구별할 수 없을 때까지" 깊숙이 들어가야 한다고 보는 것이다. 그러나 금지된 세계는 "모든 어둠을 합친 것보다 더 어두운 소녀의 얼굴"을 발견하게 한다. 내면을 들여다보는 것을 금지당했던 여성 자아가 위반을 통해 비로소 숨겨진 내면과 은폐된 진실을 발견하게 되는 것이다. 그래서 화자는 차라리 "되돌아나오는 방법을 잃을 때까지"(「집을 나섰으므로」, 『캣츠아이』, 천년의시작, 2005) 더 깊숙한 곳까지 내면의 진실 찾기를 시도한다. 그의 시에서 '동굴', '우물', '거울'의 이미지는 바로 이러한 내면의 모습을 들여다보는 상징적 장치로 기능한다.

하늘이 밝은 날 우물 안을 들여다보면 나뭇잎 맴을 돌 때마다 일렁이는 내 얼굴이 보이죠. 그 작고 동그란 하늘이 내 등 뒤로 한없이 깊어 눈이 부시죠. 나는 하늘을 똑바로 보기가 싫어 대숲자리 우물에 가서 그 묵은 공기를 들여마시곤 했더랬죠. 우물, 죽은 쥐와 개구리들을 던져 넣은 날 밤에, 우물의 벽에 동굴이 열리고 낡은 감옥의 창살이 비죽이 달빛에 빛나는 것을 꿈인 듯 생시인 듯 보았죠. 그 길로 집을 나와 다시 못 돌아간 건, 무서웠던 것인지 나도 모르겠어요.

　　　　―「다가가 우물 속을 응시하다」(『캣츠아이』) 전문

인용시의 화자는 세상을 향해 열린 마음을 갖지 않는다. 세상은 이미 근대가 남긴 부정성으로 가득 찼으므로 그 세상을 뒤덮고 있는 "하늘을 똑바로 보기가 싫어" 언제나 "등 뒤로" 우물 속에 비쳐진 하늘을 응시할 뿐이다. 하지만 우물에 투영된 세계의 모습은 "하늘이 밝은 날"의 일면적 진실에 불과하다. 게다가 모두들 우물에 반영된 세계만을 진실인 것처럼 착각하지만, 정작 우물의 진실은 우물 깊숙이 보이지 않는 곳에 있음을 간과해서는 안 된다. "하늘이 밝은 날"을 비추고 있는 우물 안의 세계에는 "동굴"과 "낡은 감옥의 창살"이 어둡게 자리잡고 있는 것이다. 보이는 현실의 허상과 은폐된 세계의 진실 사이에서 진정성을 찾고자 하는 화자의 열망은 "그 길로 집을 나와 다시 못 돌아간"다. 물론 우물 안의 세계가 "무서웠던 것"이라고 핑계를 대고 있지만, 한정되고 구획된 우물의 틀 안에 갇혀 더 이상 시야를 넓히지 못하는 자신에 대한 성찰이 더욱 본질적이다. 따라서 "오래 닫아두었던 먼지 냄새와 죽은 어미쥐"가 있는 그곳으로부터 벗어나려 한다. "어둠이 그 투명한 손을 들어/내 심장을 열고, 그리고 죽은 쥐의 시체를 끄집어낼 때까지"(「맨아래 서랍」) 어둠과의 사투를 벌여야 하는 것이다. 그래서 시인은 억압된 자아의 공간이었던 집을 떠남으로써 동굴 속에 숨어 사는 "내 안의 여자가 나를 황급히 찢어 나"오기를 욕망한다. 그때에서야 비로소 여성적 주체, 혹은 윤리적 주체로서의 여성의 "신화는 다시 쓰여"(「에우리디케니키타」)진다. 다시 말해 남성적 근대에 억압되거나 종속된 채 남성적 타자로서 규정되는 여성의 외적 질서를 초극하는 새로운 여성상이 구현되는 것이다.

새로운 여성 주체의 탄생은 여성의 몸을 통해서만 가능하다. "여성의 육체 안에서 재생의 신비는 끊임없이 되풀이되"고 "존재는 여성의 육체를 통해서 태어나고 죽고 또 다시 태어난다"(김정란, 『영혼의 역사』, 새움, 2001). 결국 엄마와의 전쟁은 여성 주체의 억압을 숙명처럼 내면화해온 또 다른 남성으로서의 여성에 대한 대결이었으므로, 진정한 여성 주체는 집을 떠나 다시 어머니의 몸으로 돌아갈 수밖에 없다. 윤리적 주체로서의 여성의 발견은 여성의 몸에서부터 다시 시작되어야 하기 때문이다. 이번 시집의 구성에서 제2부 '엄마와의 전쟁'이 플러스(+)에서 시작하여 다시 마이너스(−)로 돌아가는 것 역시 이러한 상징적 구도에서 비롯된 결과이다.

거기, 낡은 곳간의 문을 따고 들어가면, 선반 위에 조롱조롱 엄마의 목이 걸린 것을 볼 수 있다. (중략) 엄마의 죄는 무겁고 검어서 선반은 휘어져 있고, 엄마의 눈은 어둡고 달콤한 빛으로 끈적인다. 못 올 곳을 왔구나, 라고 쉰 목소리가 말한다. 여기는 엄마들의 콜로세움이란다, 낡은 곳간, 새로운 밥을 지을 수 없는 텅 빈 시체들의 장소, 왜 여기까지 왔니, 딸아, 하고 엄마들이 말한다. 나는 벌써 너를 죽여 우물에다 묻었는데, 어떻게 이곳까지 왔니, 하고 엄마가 말한다. 엄마, 엄마에게 배울 것이 있어 왔어요. 나는 아기들로 가득 찬 주머니를, 나의 부풀어 오른 배꼽 아래 방을 보여준다. 여기, 이 알 수 없는 것의 운명을 엄마에게 물으러 왔어요. 엄마의 일이 왜 내게로 왔는지 물으려고요. 열쇠는 우물 속에 있고 손도끼는 엄마가 가졌는데, 내 이 두 손이 뼈가 드러나도록 문을 두드려 열고 들어왔지요, 엄마에게 물으려고요.

―「-3장 지하실의 곳간」(『캣츠아이』) 부분

엄마와 딸의 관계는 "알 수 없는 것의 운명"에 사로잡혀 있다. 전쟁을 치르듯 아무리 거부하려 해도 결국 여성으로서의 정체성은 엄마의 "낡은 곳간"에서 동일성을 이루어야 한다. "엄마의 목이 걸린" 그곳은 더 이상 재생을 꿈꿀 수 없는, "새로운 밥을 지을 수 없는 텅 빈 시체들의 장소"에 다름 아니다. 게다가 "나는 벌써 너를 죽여 우물에다 묻었"다는 데서 알 수 있듯이, 이 세계에서는 이미 생명의 가치가 실종된 그로테스크적 파괴와 살육이 자행되고 있다. 그런데도 딸은 "두 손이 뼈가 드러나도록 문을 두드려 열고" "엄마에게 배울 것이 있어 왔어요"라고 말한다. 재생 불가능한 현실 깊숙이 어머니의 몸속으로 다시 들어가 "나의 부풀어 오른 배꼽 아래 방"의 존재 이유를 묻는 행위는, 여성의 몸을 통해 억압된 여성의 내면을 정직하게 응시하고 그 억압의 이유를 정당하게 물어 새로운 여성 주체의 탄생을 도모하려는 시적 전략인 것이다. "빛이 없어도 빛나는 돌의 심장"을 가진 "캣츠아이"(「캣츠아이―잘려진 머리」, 『캣츠아이』)는 바로 이러한 윤리적 주체로서의 여성의 몸을 상징화한 것이다.

    이 바다는 세상의 끝, 갑자기 깎아지른 벼랑에서 <u>스스스 스스스</u> 지구는 모래가 되어 날리고 엄마는 혼자 몸을 찢어 젖은 것들을 안고 솟아오르며 천천히/바다 위로 축축이 떡갈나무 잎 타는 냄새가 퍼져 간다. 엄마의 어깨가 해안선의 이쪽 끝에서 저쪽 끝까지, 있는 힘을 다해 늘어난다. 안개, 엄마의 찢어진 팔에서 떨어지는 물방울/낮게 깔리는 엄마의 아픈 숨소리, 엄마의 배꼽을 관통하는 바다의 소리//(중략)//자꾸만 어두운 잠 속으로 떨어져 내리는 내 몸을 파도가 벼랑으로 내다꽂는다./내리덮인 눈꺼풀이 찢긴다/칼날 선 바닷가, 손을 대면 손이 먹히고 입술을 대면 입술이 먹히는 사나운/벼랑으로 못으로, 바다가 나를 집어 던진다.//엄마가 나를 받아 안는다, 안으로부터 뿜어져 나오는 빛,/ 파도에 찔린 자리마다 새어 나오는,/아가야, 너를, 너를, 너를,/너를 들여다봐,//한사코,

                 ―「캣츠아이―터져나오기」 부분

    한 점 티도 없어야 하는 보석의 아름다움을 비웃기라도 하듯 오히려 내부의 이물질로 인해 더욱 광채를 내는 "캣츠아이"를 통해 시인은 "세상과 나를 한줄기로 꿰고 싶은 욕망을 충족시키"고, "너와 나를 이어주는 집이기도 하고 길이기도 하고 새로운 시간이기도 한" 내적 진실을 발견하고자 한다. 언제나 둥글게 세공을 해야 하는 이 "특별한 보석"의 성질처럼, "최대한 나 자신을 움츠려 둥글게 둥글게 말려야만 하고, 엄청난 상처와 고통을 참아야만 하고, 타자를 받아 안아 빛나게 하기 위해 스스로를 응

축시켜야만" 하는 내적 질서를 찾고자 하는 것이다. 그래서 시인은 "캣츠아이란 이미지는 내 안에서 빛나려고 애쓰는 영원한 타자성의 상징이 되었다"(『캣츠아이』 표지글)고 고백한다. 인용시에서 "혼자 몸을 찢어 젖은 것들을 안고 솟아오르"는 엄마의 이미지와 "엄마가 나를 받아 안는다, 안으로부터 뿜어져 나오는 빛"의 모습이 바로 "캣츠아이"인 것이다. 이것이 바로 시인이 궁극적으로 지향하는 윤리적 주체의 모습이다.

노혜경의 시는 아주 견고하고 완결된 서사적 줄거리 속에서 전개된다. 「기억의 봉합」에서 출발한 시는 「신생주기」로 끝을 맺는다. 그의 시는 이제 비로소 "신생"을 꿈꾸는 것이다. 진정으로 새로운 생명이 탄생하기 위해서는 어두운 동굴과 같은 내면의 상처와 고통을 정직하게 응시하고 이를 치유하는 데서부터 다시 출발해야 한다. "빛나는 가루들이 내 잘린 목을 완벽하게 나 자신과 갈라놓는" 그 자리, "썩은 몸 어딘가에서 덩굴손이 자라나고", "희고 고운 처녀 같은 긴 머리를 한 꽃이/썩은 신전으로부터 피어"(「빛의 가루 3—부패의 묘약」)나야 한다. 이런 점에서 노혜경의 시는 여성의 내면을 누구보다도 깊이 통찰해내는 아주 특별한 상상력을 소유한다. 막연하거나 당위적인 차원이 아닌, 응축된 상상력의 분출이 저절로 그의 시를 육화하고 있는 것이다.

4. 윤리적 주체와 새로운 시의 길

앞에서도 말했듯이 최근 우리 시의 변화는 시 혹은 시적인 것에 대한 의미 규정을 새롭게 정립하지 않으면 안 되는 심각한 혼란과 혼동에 직면한 상태이다. 아무리 시의 정의의 역사가 오류의 역사라 해도 그 오류 속에 내재된 보편적 진실 자체를 외면할 수는 없다. 그런데도 우리 시의 모습은 점점 시적인 것의 보편적 전통에서 멀리 달아나고 있다. 시가 지식의 각축장이 되기도 하고, 시가 유희로 흘러가버리기도 하고, 급기야는 시가 해독 자체를 거부하는 아주 권위적인 자리에 올라앉고 말았다. 더 이상 시는 대중과의 소통을 고민하지 않으며, 자족적인 진리와 심오한 형식을 자랑할 뿐이다. 전통적인 관습대로 이것은 시다 혹은 이것은 시가 아니다 라고 선언하는 것은 참으로 넌센스가 되고 만 것이다.

　이러한 혼란의 틈에서 너무도 이질적인 맹문재, 노혜경, 두 시인의 시를 읽는 것은 여간 고통이 아닐 수 없다. 하지만 극과 극은 서로 통한다는 말처럼, 동질성보다는 이질성을 미학적이라고 평가하는 우리 시의 변화를 파고드는 한가지 방향성을 찾은 것은 큰 수확이다. 그것은 바로 우리 시가 아무리 변화를 미덕으로 삼는다 할지라도 그 중심에는 '윤리적 주체'가 살아 있어야 한다는 사실이다. 앞서도 언급했지만, 윤리는 도덕의 차원을 훨씬 뛰어넘는 미래적 가치를 지향한다. 윤리는 내용과 형식의 오랜 경계를 가로지를 수도 있고, 인간의 내면과 외면을 동시에 들여다보는 성찰적 태도를 내재화하고 있기도 하다. 따라서 현실적 자아도 억압된 내면도 모두 윤리적 주체의 정립을 통해 새로운 시의 길을 열어나가야 한다. 이것이 앞으로 우리 시가 미래에 짊어져야 할 화두라고 생각한다.

　시가 읽히지 않는 시대에 대한 성찰은 이미 오래전부터 있었다. 시의 대중성을 고민하기도 했고, 시와 인접예술의 관계를 모색하기도 했고, 오히려 시의 본질에 더욱 가까이 다가서야 한다는 문제제기도 있었다. 결국 이러한 문제의식의 중심에는 독자와의 '소통'이 가장 중요한 쟁점이라는 공통의 인식이 깔려 있다. 시가 오로지 시인의 전유물이 되어서는 안 된다는 점에서 이제 시인들은 독자들과의 소통을 적극적으로 모색해야 한다. 그것이 방법론적이든 주제론적이든 시가 독자와의 교감의 영역을 잃어버린다면 더 이상 시의 미래는 없다. 이러한 혼란과 혼돈의 시대에 무엇보다도 중요한 것이 바로 '윤리적 주체'의 정립이다. 윤리적 주체의 정립이야말로 내용과 형식을 가로지르는 새로운 시의 미래를 열어내는 지혜이다. 맹문재, 노혜경, 두 시인은 전혀 다른 시의 길을 가고 있지만, 시의 미래가 도달해야 할 지점에서는 충분히 만날 수 있을 것이다. 이러한 모순의 간극 속에 '윤리적 주체'가 분명하게 정립되어 있기 때문이다.

(『시와사상』 2005년 겨울호)

시의 기술, 시의 소통
_권혁웅, 김언의 시

지난해 우리 시단은 정말로 풍성했다. 대중문화의 확산과 더불어 여전히 시의 위기를 쟁점화했던 비평담론과는 무관하게 연일 새로운 시집들이 출간되어 소위 시의 춘추전국시대를 방불케 했다. 특히 주목할 만한 젊은 시인들의 첫 시집 출간이 두드러졌는데, 그들이 첫 시집을 통해 보여준 그로테스크하고 환상적인 세계는 도대체 시란 무엇인가라는 아주 근본적인 질문을 던지지 않을 수 없게 만들었다. 결국 자아와 세계의 동일성을 강조해온 서정시의 운명은 더 이상 설 자리를 찾지 못한 채 문화적 커뮤니티로 소통되는 시대의 변화를 따라가기에 분주했다. 내용과 형식의 유기체로서의 시의 본질을 고민하는 것도, 시론과 작품 사이의 괴리를 비판하는 것도 모두 부질없는 원론주의에 불과했다. 시는 그 자체로 시의 운명을 살아가면 족할 따름이지 역사와 현실, 언어와 구조 따위의 문학적 자장 안에 굳이 포섭될 이유가 없다고 보았기 때문이다. 따라서 시인 나름의 개성적 기술은 특별히 강조되었지만 그 기술의 내적 논리는 크게 중요하게 인식하지 않았다. 게다가 비평가들 역시 이러한 시의 변화에 압도된 나머지 '새로움'만을 두드러지게 부각하는 과잉 해석의 오류를 범하기 일쑤였다. 새로운 기술은 얼마 지나지 않아 또 다른 새로운 기술로 대체되는 짧은 운명을 지닐 수밖에 없다. 지금 우리 시단의 풍성함도 결국엔 끊임없이 요구되는 새로움 앞에서 너무도 쉽게 좌절해버릴 운명에 처한 것은 아닐까?

권혁웅의 두번째 시집 『마징가 계보학』(창비, 2005)은 첫 시집 『황금나무 아래서』(문학세계사, 2001)와는 너무도 다른 세계를 펼쳐 보인다. 대부분의 젊은 시인들이 첫 시집과 두번째 시집 사이에 거의 변화를 찾아볼 수 없을 만큼 같은 세계에 머물러 크게 실망감을 안겨주는 것과 비교하면 참으로 이례적이다. 물론 그의 시는 첫 시집에서도 소설, 회화, 영화, 대중가요 등을 인유(引喩)의 방식으로 채용해 다양한 문화 체험을 지적 차원에서 수용하는 면모를 유감없이 보여주었다. 따라서 이번 시집의 변화를 두고 첫 시집과 아무런 연속성이 없는 단절의 양상을 보인다고 할 수만은 없다. 하지만 첫 시집에서의 문화 체험 양상이 자신의 존재를 증명하기 위해 고투하는 "고독한 독서가의 상상력"(엄경희)에서 비롯된 내적 차원에서의 지적 유희였다면, 이번 시집 전체를 아우르고 있는 하위문화적 상상력은 문화적 커뮤니티를 통해 타자와의 적극적인 소통을 이루려는 외적 지향의 결과라는 점에서 분명한 차이를 드러낸다. 그렇다면 그가 첫 시집에서 이루어놓은 질서정연한 내면의 언어와 조직화된 시의 틀을 의도적으로 부수면서까지 타자와의 공감의 영역을 넓히는 문화적 커뮤니티를 창조하고자 했던 이유는 무엇일까? 아니 엄밀히 말해 창조라기보다는 잠재되어 있던 기억을 공유함으로써 소통의 장을 열어보고자 한 것이다. 이는 복제의 마력에 길들여져 있는 대중들, 그래서 심지어 복제 불가능한 상상과 초월의 형이상학적 세계마저도 복제해버리는 대중들의 기호에 다가가기 위해서는 자기 존재를 증명하는 따위의 지적 모험은 이제 무의미하다는 변화된 인식에서 비롯된 결과이다. 설사 자신의 존재를 드러낸다고 해도 더 이상 내면의 언어로 조직화하지 않고 그저 담담하게 사건들을 기술하고 묘사할 뿐, 자신의 목소리를 전면화하고 있지는 않은 것이다.

후일담을 덧붙여야겠다 80년대는 박철순과 아버지의 전성기였다 90년대가 시작된 지 얼마 안 되어 선데이 서울이 폐간했고(1991) 아버지가 외계로 날아가셨다(1993) 같은 해에 비행접시가 사라졌고 좀더 있다가 박철순이 은퇴했다(1996) 모두가 전성기는 한참 지났을 때다
　　　　_권혁웅, 「선데이 서울, 비행접시, 80년대 약전(略傳)」
　　　　　　　　　　　　　(『마징가 계보학』, 창비, 2005) 부분

이모는 이대를 수석으로 졸업하고 영어선생을 했다 충북 괴산의 어느 마을로 시집을 갔는데, 고된 시집살이 일 년 만에 친정에 돌아와 제 방에 성채를 쌓았다 방 구석구석에 캘리포니아 · 오페라 하우스 · 리우 데 자네이루 · 흑해 · 타클라마칸…… 이모는 장판만 보고도 세상을 알았다
　　　　_권혁웅, 「광기의 역사」(『마징가 계보학』) 부분

이번 시집에 수록된 거의 대부분의 시는 이와 같은 서술 방식으로 일관되어 있다. "약전"이란 제목에 딱 들어맞게 1980년대

이후 가족사의 음울한 기억들을 역사의 그늘 속에 자리잡은 하위문화에 대한 복고와 향수를 통해 알레고리화한다. 즉 그 시대의 문화적 이미지를 휘감았던 만화영화, 삼류영화, 무협영화 등에 시의 언어를 자연스럽게 포개어놓은 것이다. 「마징가 계보학」, 「애마부인 약사(略史)」, 「미키마우스와 함께」, 「요괴인간」, 「투명인간」, 「스파이더맨」, 「독수리 오형제」, 「아톰」, 「원더우먼과 악당들」, 「돌아온 외팔이」, 「황금박쥐」 등이 바로 그러한 시들이다. 이처럼 그는 이번 시집에서 "잊어버려야 할 시간"(황현산)의 기억들을 대중문화의 내부로 이끌고 들어가, 자신의 존재와 맞닥뜨린 시대의 운명을 객관적 관찰자의 시선에서 기술하고 있다.

문제는 이러한 시작 방법과 태도가 과연 새로운 가치를 지니느냐이다. 사실 이런 식의 대중문화적 발상과 어법은 이미 1990년대 초반 유하에 의해서 전면적으로 실현된 바 있다. 말할 수 없으므로 양식을 파괴한다던 황지우 식의 해체를 지나, 고급문화와 저급문화의 경계를 허무는 하위문화적 상상력을 통해 자본주의 문명과 문화의 이면에 은폐된 허위성을 신랄하게 풍자하고 전복했던 유하의 새로움은 당시 우리 시단에서 가장 설득력 있는 시작 방법이 되기에 충분했다. 다시 말해 대중문화에 대한 중독과 반성이라는 양가적 긴장으로 조직화된 유하의 시는 인사이드아웃사이더(inside-outsider)로서의 현대인들의 문화적 이중성을 가장 설득력 있게 비판했던 것이다. 이와 견주어 그로부터 십 년도 훨씬 지난 지금 권혁웅의 시작 방법과 태도는 어떠한 새로운 의미를 지닌다고 평가할 수 있을까? 복제와 아류의 문화가 지배하는 우리 시대의 허위성을 가로지르는 비판적 성찰의 태도로 읽어야 하는 것일까? 아니면 지난 시대의 역사를 후일담의 형식으로 서사화했던 소설 양식의 시적 변용이라고 말할까? 그도 아니면 더 이상 무거움이 진정성을 얻지 못하는 가벼움의 시대에 독자와 소통하는 개성적인 형식에 대한 고민의 결과일까?

시의 기술은 일정한 논리성과 시대에 대한 응전의 성격에 기반을 두어야 한다. 김수영은 그것을 두고 '양심'이라는 표현을 썼다. 양심이 있는 시의 기술은 난해성과 모호성의 레토릭에 내적 논리와 외적 의도를 부여한다. 그런데 권혁웅의 시에는 이러한 시적 기술에 대한 수사적 의미도 사회적 맥락도 크게 드러나지 않는다. 다만 기억 속의 문화적 아이콘에 대한 동일성을 부여하여 독자들이 그의 시를 익숙하게 수용하도록 만드는 힘을 지녔을 따름이다. 하지만 독자에 대한 이러한 흡입력이 가벼운 유희의 차원에 머물러서는 안 된다. 『마징가 계보학』이 아주 즐겁고 유쾌한 소통의 장을 열어주기는 하지만, 단 한 번의 소통으로 끝나는 일회성으로 전락할 위험성을 지닌 이유가 바로 이 지점에 있다. 복제기술은 대중과 더불어 아주 손쉽게 확산되는 장점은 있지만, 원본이나 진본의 가치를 넘어서는 시적 가치를 획득하지는 못한다. 지금 우리 시는 가치의 저장고로서의 역할에 대해 진지하게 고민해야 한다. 독자와의 소통은 이러한 시적 가치의 진정한 소통을 의미하는 것임을 결코 잊어서는 안 된다.

김언의 두번째 시집 『거인』(랜덤하우스중앙, 2005)을 읽는 마음 또한 내내 편치 않았다. 그의 시는 무엇 하나 확실하다고 말할 수 있는 것이 없었고(그의 시는 이래도 좋고 저래도 좋고, 이렇지도 않고 저렇지도 않고 하는 식의 어법으로 일관되어 있다), 보이는 것도 보이지 않는 것도 없는 아주 기묘한 경계에 있었고, "나는 나라고 가끔씩 싱거운 생각을 한다"(「키스」)는 너무도 싱거운 말들로 가득 차 있을 뿐이다. 이런 식의 시들을 두고 어떠한 논리를 들이대고 맥락을 짚어내는 비평적 행위 자체가 참으로 무의미한 일일 듯하다. 그도 이러한 무의미한 말들의 반복을 듣고 싶지 않은 것인지, 첫 시집 『숨쉬는 무덤』(천년의시작, 2003)에서는 그 흔한 시집 해설을 거부하고 직접 쓴 산문을 싣더니, 이번 시집에서도 부록의 형식으로 일종의 시론을 덧붙여, 억지로 끼워넣은 듯한 시집 해설을 저만치 밀어내버렸다. 하기야 불확실한 세계를 사는 시인의 불확실한 내면을 마치 속속들이 꿰뚫고 있는 듯한 비평의 자신감이야말로 지독한 넌센스이고 아이러니가 아닐 수 없다.

> 그사이 나는 아프고 늙지는 않았어요
> 그날의 햇살과 눈부신 의심 속에서
>
> 내가 유령인 것은 중요하지 않아요
> 내가 어느 시대를 살고 있느냐, 그게 문제겠지요
>
> 그렇다면 얼굴이 생길 때도 되었는데
> 얼굴 다음에 표정이 사라집니다
> 윤곽이 사라진 다음에 드디어 몸이 나타났어요
> 내 몸이 없을 때 더없이 즐거운 사람
>
> 그 얼굴이 깊은 밤의 명령을 내린다면
> 누군가는 '아프다'고 명령할 겁니다
> 그날의 태양과 눈부신 의심 속에서

감정의 동료들은 여전히 집이 되기를 거부하지요
돌, 나무, 사람들의 데모 행렬엔 한 사람쯤
흘러다니는 내가 있어요
　　_김언, 「유령-되기」(『거인』, 랜덤하우스중앙, 2005) 부분

그의 시는 "눈부신 의심"으로 가득하다. 시인의 의식 한 켠에는 언제나 "내가 어느 시대를 살고 있느냐"를 고민하는 현실 인식이 근원적으로 존재하지만, 실체를 확인할 수 없는 몸과 집이 되기를 거부하는 운명 때문에 늘 부유하는 삶의 연속일 뿐이다. 그는 결코 자신을 무엇으로 규정하려 하지 않고 "영원히 알 수 없는 나무 한 그루"처럼 어딘가에 발 딛고 서 있을 따름이다. 결국 세상의 중심으로부터 "다 비껴가는 것들 중에 일부가 나의 일부다"(「시인의 말」)라고 말하는 데서 알 수 있듯이 몸의 속박과 언어의 구속을 벗어나는 자유로운 일탈을 꿈꾸고 있는 것이다. 그의 시가 "아무도 없는 곳"(「아무도 없는 곳에서」)이나 "아무 데서나"(「쏜다」)와 같이 부재와 미지의 세계에 머무르는 이유가 바로 이 때문이다. 아니 정확히 말해 그의 시는 부재와 미지의 세계에서조차 끊임없이 미끄러지는 "말들의 꿈틀거림"(이하석) 속에 존재하고, 현존하는 세계 어딘가에 보이지 않게 "흘러다니는" "유령"과 같은 형상을 하고 있는 것이다.

이처럼 김언의 시에서는 "詩도아닌것들이" 끝끝내 시로 읽어줄 것을 강요하는 수사가 독자를 압도하고 있다. "그 사람이 그 문장을 말한다"는 그의 말은, "존재는 언어의 집"이라고 명명한 하이데거와 "문체는 곧 사람이다"라고 말한 뷔퐁을 떠올리게 한다. 이는 시와 시인의 관계를 동일성의 차원에서 인식하고자 하

는 것이다. 그래서 그는 "평론으로 순화되기 전에, 아예 국적을 바꾸기 전에 그 문장들이 시로 살아남기를" 소망한다. 그런데 문제는 여기에서 발생한다. 분명 "존재는 언어의 집"일 수 있지만, 무엇보다도 어떤 식의 언어로 구성된 집인가에 대한 최소한의 해명이 필요하기 때문이다. 자신만의 비의적 언어와 그물처럼 얽힌 문장들로 인해 독자들이 최소한의 의미조차 찾아내지 못하도록 만들어버린다면, 사실상 언어는 그 자체로 어떠한 존재도 증명할 수 없는 무용지물로 전락하고 만다. 설사 그것이 유령의 형상과 같이 형이상학적 세계를 지향한다고 할지라도 현실을 뛰어넘는 초월적 세계의 언어를 구사하는 내적 필연성이 언어에 담겨 있어야 한다. 이와 같은 최소한의 소통 방식조차 남겨두지 않은 채 꿈틀거리는 말들로만 전달된다면, 독자들은 "비정상이 어쩌면 나의 정상이다"라는 역설의 의미만을 간신히 붙들고 시 읽기라는 지독한 고통에 빠질 수밖에 없기 때문이다. 뿐만 아니라 이러한 소통 불가능성에도 불구하고 그 의미를 짚어내 새로운 가치를 부여하는 뛰어난(?) 시 이론가들의 몽상을 그저 존경의 눈으로 바라보아야만 할 것이다.

지금 우리 시단은 시와 독자의 관계에 대해 진지하게 성찰해야 한다. 아무리 모든 것이 문화로 수렴되는 시대를 살고 있다고 할지라도 이미 누군가에 의해 급격하게 확산되어 유행처럼 지나가 버린, 그래서 이제 그 시효가 만료된 발상과 어법으로 독자들을 다시 이끌어내는 것은 결코 바람직하지 않다. 또한 비의적 언어와 뫼비우스의 띠와 같은 문장들이 환상의 형식으로 치장된 시세계도 이제는 새로움과는 거리가 먼 난해함을 증폭시킬 뿐이다. 이러한 결과는 시가 점점 기술에 의해 조직화되고, 창조가 아닌

생산의 차원에서 기성품처럼 대량복제되는 운명이 되어버렸기 때문이다. 시의 기술은 양심에 의한 기술이 되어야 한다고 강조한 김수영의 난해성 비판을 다시 한 번 상기할 필요가 있다. 양심은 곧 독자와의 진정한 소통을 염두에 둔 것임에 틀림없다. 김언의 말대로 "어디선가 그 문장의 이웃들이 우르르 달려와서 에워싸는" "평론의 언어"가 굳이 필요 없는, 그래서 시 자체로 존재를 드러내는 소통이 이루어지기를 기대한다. 이 글을 쓰는 내내 시를 읽는 비평가로서의 자존심에 크게 상처가 났다. 도대체 이 정도의 시조차 해석해내지 못하는 비평가의 무능함이라니! 억지로, 힘겹게, 간신히 꺼낸 말들이 제멋대로 움직이고 있는 듯하다. 언어로부터 자유롭지 못한, 그것도 시어에 너무도 민감하게 얽혀 있는 비평가의 난처함을 타개할 방법이 전무하다. 시인들에게 욕먹을 각오를 하고 이렇게 말해본다. 차라리 시인이 되었더라면 좋았을 것을.

(『시와사상』 2006년 봄호)

제2부
서정의 현실

너무도 슬픈 너의 몸__채호기, 황병승의 시에 나타난 '성적 소수자'를 중심으로
시의 뿌리, 시의 근원__박진성, 「목숨」
동일성의 회복과 근원으로의 회귀__윤중호, 「고향 길」
집에서 떠나온 길 혹은 집으로 돌아가는 길__손택수의 시세계
풍경에 대한 응시와 존재에 대한 성찰__최영철의 「호루라기」와 유홍준의 「나는, 웃는다」

너무도 슬픈 너의 몸
_채호기, 황병승의 시에 나타난 '성적 소수자'를 중심으로

1. 문화적 이데올로기와 성적 소수자의 인권

 최근 우리 사회에서는 '왕의 여자'에 대한 관심을 넘어 '왕의 남자'에 대해 특별한 관심을 갖게 되었다. 이러한 현상은 영화 〈왕의 남자〉가 연일 흥행 기록을 갱신하며 세인들의 지대한 관심을 촉발했기 때문이다. 전통적으로 흥행하기는 어렵다던 사극(史劇)인데다 한국 사람들이 혐오할 정도로 싫어하는 동성애적 요소를 바탕에 깔고 있는 영화인데도 한국 영화 사상 최고의 흥행 기록을 남긴 저력은 도대체 어디에 있는 것일까? 필자는 이러한 물음에 자신 있게 대답할 능력이 없을 뿐만 아니라, 이 영화가 과연 동성애를 전경화한 영화인가에 대해서도 다소 의문이 남는 것이 사실이다. 다만 이 영화로 인해 우리 사회의 의식이 동성애자와 같은 성적 소수자의 내면을 조금씩 이해하는 단계로 진입했다는 사실만큼은 경이롭게 생각된다. 굳이 경이롭다는 말까지 하는 것은 그만큼 우리 사회가 전통적으로 성(性)에 대해서만큼은, 너

무도 엄격한 도덕적 금기와 종교적 관습을 지녀왔기 때문이다. 이러한 완고한 문화적 이데올로기 속에서 성적 소수자의 육체적, 정신적 삶은 인권의 사각지대에서 심한 고통과 상처를 받지 않을 수 없었다.

성적 소수자의 사전적 정의는 인종적, 문화적, 육체적, 심리적 특질로 인해 다른 사람과 구별되어 불공평한 대우를 받는 집단인 소수자 집단(Minority)의 개념에서 한발 나아가, '성적인 특질로 구별되어 차별받는 집단'을 일컫는다. 물론 성적 소수자의 범위를 어디까지 적용할 것인가 하는 문제는 사람마다 생각이 달라 명확하게 규정하기는 어렵다. 예를 들어 PC통신 하이텔의 동성애 모임 '또하나의사랑'은 정회원 자격을 동성애자, 양성애자, 성전환자로 규정하고 있는 데 비해, '한국성적소수자문화인권센터'에서는 동성애자, 이반, 양성애자, 성전환자, 양성 생식기 소유자, 레즈비언, 게이, 바이섹슈얼, 트랜스젠더, 퀴어 등 '다수'라는 논리하에서 심리적, 사회적, 정치적 편견과 차별, 억압에 대상화된 모든 이들을 통칭한다.[1] 그 범주를 어떻게 규정하든지 간에 이성애주의라는 견고한 문화적 관습을 지닌 우리 사회에서 비정상적이고 도착적인 성적 지향 혹은 성적 일탈로 인식되어 혐오와 멸시를 받는 대상이라는 점에서는 모두 동일한 처지에 놓인 존재들이다. 그래서 그들은 언제나 자신들의 성정체성을 은폐해야만 했고, 이로 인해 인간으로서 누려야 할 최소한의 성적 자유와 즐거움조차도 억압당한 채 우리 사회의 어두운 곳들만을 전전하는

---

1) 한채윤, 「성적 소수자 차별의 본질과 실제 그리고 해소 방안」, 한인섭·양현아 편, 『성적 소수자의 인권』(사람생각, 2002), 46쪽.

악순환의 고투를 감당해왔다.

　얼마 전 대법원에서 성전환자의 호적 정정 신청 사건에 대해 성별 정정을 불허한 원심을 파기하고 호적 정정을 허가하는 판결을 내려 화제가 되었다. 판결문에 따르면, 사람의 성은 신체적 외관은 물론 심리적, 정신적인 성과 이에 대한 일반인의 평가와 태도 등을 종합해 사회 통념에 따라 결정해야 하는데, 이는 사람의 성을 결정하는 데 여러 가지 요소가 존재한다는 의미이므로 출생 당시 인식하지 못했던 정신적, 사회적 성이 사회활동 과정에서 확인되기도 한다는 사실을 인정해야 한다는 것이다. 따라서 성적 소수자인 성전환자가 주변의 멸시와 신분상의 불이익에서 벗어나 온전한 사회 구성원으로 받아들여져 정상적인 삶을 살아가도록 해야 하며, 일부의 편협한 시각에서 벗어나 성전환자를 포함한 넓은 의미의 소수자에게 우리 사회가 넓은 이해와 관용을 베풀어야 한다는 점을 무엇보다도 강조한 것이다. 다시 말해 성전환자는 행복을 추구할 권리가 있고 인간다운 생활을 할 권리가 있으므로, 성적 소수자의 인권은 법적으로 보장되어야 한다는 것이다. 불과 얼마 전까지만 하더라도 성적 소수자를 마치 정신병자 취급하던 우리 사회의 의식 수준이 이만큼이나마 성숙되었다는 사실 자체만으로도 놀라운 변화가 아닐 수 없다.

　이러한 사회적 인식의 성숙은 문화산업의 획기적인 변화 과정과 맞물려 최근 더욱 가속도를 내는 중이다. 특히 영화를 중심으로 음악, 미술, 만화, 패션, 광고 등 다양한 장르의 현대 예술이 소위 '동성애 코드'를 전략적으로 부각시키고 있음을 주목해야 한다. 1997년 영화 〈해피투게더〉가 공연윤리위원회로부터 수입 불가 판정을 받았다가 1년간의 논란 끝에 개봉되었던 사례를 떠올린다면 엄청난 변화임에 틀림없다. 그런데도 문학 분야의 경우에는 아직까지도 이에 대해 진지한 문제제기조차 하지 않고 있어 상당히 의아스러울 따름이다. 그동안 문학은 어떠한 예술 장르보다도 진지하게 도덕적 차원을 뛰어넘는 자유로운 성의 문제를 쟁점화하는 데 앞장섰고, 이러한 문제를 담론적 차원에서 정치적 억압에 대한 저항의 은유적 장치로 활용한 작품을 발표하거나, 가부장적 억압 아래 놓인 여성의 정체성을 성의 해방으로 쟁점화한 작품들을 많이 창작했음에도 불구하고, 정작 성적 소수자를 주인공으로 내세운 작품이나 성적 소수자의 문제를 주제로 삼은 문학작품은 거의 찾아보기 어렵다. 최근 몇몇 소설 작품에서 본격적으로 이를 쟁점화하려는 시도를 보이고 있긴 하지만, 시문학의 경우에는 여전히 이러한 문제를 사회적 차원에서 창작의 대상이나 제재로 의미 부여하지는 않고 있다.

이런 점에서 시문학을 대상으로 우리 사회의 성적 소수자의 문제를 초점화하는 과제는 아직까지는 시기상조인 듯하다. 필자의 자료수집 능력이 부족한 탓도 있겠지만, 그나마 채호기와 황병승의 시에서 부분적으로 이러한 문제를 형상화하고 있음을 확인할 수 있었는데, 이 또한 사회적 차원의 관심이나 문제제기의 성격을 뚜렷하게 부각했다고 보기는 어렵다. 따라서 이 글에서 필자는 앞으로 우리 시단이 성적 소수자의 문제에 대해서 사회적 차

---

2) 물론 이인우 시인의 『레즈비언은 모자를 쓴다』(열린시, 2000)는 성적 소수자의 문제를 다룬 중요한 성과물로 평가되어야 할 것이다. 필자는 지역의 시인들이 이룬 미적 성취에 대해서는 다른 글을 통해 구체적으로 다룰 예정이므로, 본고에서는 성적 소수자에 대한 사회적 관심을 환기하고자 하는 뜻에서 우선, 채호기와 황병승의 작품만 검토하였음을 밝혀둔다.

원에서 더욱 많은 관심을 가져주었으면 하는 기대를 담아내는 데 목표를 두고자 한다.[2]

2. 나(주체)의 몸과 너(타자)의 몸의 소통

채호기의 시는 몸의 감각화에 대해 일관된 지향성을 드러낸다. 더 정확히 말한다면, 세계를 지각하는 몸의 움직임을 미세하게 포착하여 언어로 재현하는, 몸과 언어의 유기적 구조화에 지속적인 관심을 보여왔다. 뿐만 아니라 그의 시는 첫 시집 『지독한 사랑』(문학과지성사, 1992)에서부터 주체와 타자로 이원화된 세계를 통합하려는, 그래서 "나는 너의 몸 속으로 들어가"는 지향성을 통해 나의 몸과 너의 몸을 소통시킴으로써 "다른 나를 다른 너를 …… 다른 마음을 다른 영혼을/낳아! 다른 몸을"(「틈, 구멍」) 재현하는 세계를 모색해왔다. 그의 시가 「너의 발」, 「너의 젖가슴」, 「너의 등」, 「너의 품」, 「너의 손」, 「너의 입」, 「너의 입술」 등과 같이 유독 '너'와 몸의 일부를 연관시키는 시적 사유를 초점화한 이유도 바로 이 때문이다.

이처럼 채호기의 시는 나의 몸과 너의 몸 사이의 진정한 소통을 갈망하고, 이러한 소통의 과정에서 발생하는 몸의 진통과 타자를 향한 욕망의 문제에 주목하였다. 두번째 시집 『슬픈 게이』(문학과지성사, 1994)와 세번째 시집 『밤의 공중전화』(문학과지성사, 1997)는 이러한 시적 인식의 결과물들이다. 특히 『슬픈 게이』는 제목에서처럼 나의 몸과 다른 너의 몸에 대한 인식을 두드러지게 부각시키는데, 이는 우리 시문학에서 성적 소수자를 초점화한 거의 첫 사례가 아닐까 싶다. "잘못 든 길. 하지만 항상 잘못 든 길 위에서 삶은 시작된다"(「자서」)는 그의 말에서 유추할 수 있듯이, 주체와 타자로 이원화되어 분열된 세계의 상처의 중심에서 극단적인 타자의 위치에 있었던 성적 소수자의 문제는 이제 새로운 소통의 길을 찾아야만 한다. 비록 그들의 성정체성이 지금 우리 사회의 통념상 "잘못 든 길"로 인식된다고 할지라도, 거기에서부터 다시 "삶은 시작"될 수 있도록 새로운 길을 열어주는 것이 진정으로 인간의 권리를 존중하는 사회적 태도라고 할 수 있다.

    손바닥에 너의 두 눈
    내 눈을 빼고 그걸 끼운다.
    코와 입 귀를 지우고
    너의 코와 입 귀를 덮는다.
    머리카락을 뽑고
    너의 머리카락을
    씌운다.

    내 얼굴은 사라지고
    거울 속에 비친 네 얼굴
    웃는다 너처럼.
    너무나 생생한 예전의 너의 미소
    그걸 흉내낸다.
    내 생각이 너의 생각이도록
    반복하고 반복한다.

너를 연기하는 배우가 아냐.

네가 되어 너의 삶을 살아가는 거지.

　　__채호기, 「슬픈 게이」(『슬픈 게이』, 문학과지성사, 1994) 부분

단순히 "너를 연기하는 배우"와 같은 존재가 아니라, "네가 되어 너의 삶을 살아가는" 것이라는 인식에서처럼, '나/너'의 존재는 서로를 구별하거나 변별하는 차이적 요소를 가지고 있지 않다. "내 얼굴은 사라지고/거울 속에 비친 네 얼굴"과 같이 몸의 외형적 변화는 물론이거니와 이미 "내 생각이 너의 생각"을 공유하는 일체감을 형성하고 있는 것이다. 하지만 우리 사회에서 "나의 남성을 가지치고/너의 여성을 둥지친" '게이'로서의 삶은, "그 속에 갇혀 있던 너의 눈 너의/눈물/속으로 운다"고 매일같이 고백할 수밖에 없는 '슬픈' 운명을 꿋꿋이 견뎌내지 않을 수 없다. 이처럼 혹독한 현실은 그들에게 있어서 "무덤"과 같은 곳으로 인식되는데, 그들은 이와 같은 "무덤을 열고/네가 나온다"는 확신 속에서 편견과 억압으로 가득 찬 현실과의 싸움을 계속한다. 이러한 싸움의 끝에는 "새소리처럼 솟구치는 높은 음의/부산한 너의 뾰족구두 소리"가 "풀잎에, 나뭇잎에 맺힌 아침을 털며" "삶의 싱싱함으로/살아온다"는 굳은 믿음이 깊숙이 내면화되어 있기 때문이다.

일반적으로 우리 사회에서 '성'을 둘러싼 논의는 성(sex), 젠더(gender), 성성(sexuality)과 같은 개념으로 구분된다. 성기와 재생산 기능이라는 신체적 차이에 입각한 것이 '성'이라면, 남자다움 혹은 여자다움에 관한 문화적 접근에서 '젠더'의 개념을 찾을 수 있다. 그리고 '성성'이란 섹스에 관한 생각, 의미, 사회적 관

행들을 포괄하는 의미로 이해된다.[3] 요컨대 '성성'이란 성적 욕망이자 그것이 구현하고 있는 사회적 질서라고 할 수 있는데, 특히 인간의 '성성'은 자연적으로 주어지는 것이 아니라 사회화의 과정에서 형성되고 부단히 한 사회의 감시와 통제를 받는 행위의 코드이자 사회제도이다. 따라서 이러한 성적 지향은 인간의 젠더 정체성을 결정하는 가장 중요한 요소이므로 '성성'을 통해서 비로소 인간은 하나의 젠더를 형성하게 되는 것이다. 결국 젠더란 성염색체, 호르몬, 성기 등과 같은 자연적 성(sex)의 요소에 토대를 둔 몸의 문제만이 아니라, 사회적으로 형성된 행위에 기반한 의식, 즉 성적 지향성의 문제가 더욱 중요한 결정인자라고 할 수 있다.[4]

그런데도 우리 사회에서는 너무도 완고하게 '이성애주의'의 절대성이 강조되고, 동성애와 같은 성적 지향과 행위에 대해서는 온갖 멸시와 혐오의 시선을 보낸다. 물론 인간은 남자/여자로 이원화된 두 가지 성염색체에 의해 생물학적으로 구별되는 것은 분명한 사실이지만, "내 몸을 다/뒤지고 돌아다녀도/내 들 곳은 없어라"(「게이 1」)고 말하는 '또 다른 사람들' 역시 엄연히 존재하고 있다는 사실 자체를 외면해서는 안 된다. 이러한 사회의 매몰찬 시선 앞에서 그들은 "내 앞에 서 있는 당신은 누구신가요?"(「게이 2」)라며 자신의 정체성에 대한 깊은 회의에 빠지기도

---

3) 일부일처제, 일부다처제 등과 같은 성(sexual) 행위 혹은 관행들, 이성애자, 동성애자, 양성애자로 자신을 규정하는 성적 지향 혹은 정체성, 성적 욕망, 성적 관계 혹은 성의 정치성 등이 여기에 해당한다고 할 수 있다. 조주현, 『여성정체성의 정치학』(또하나의 문화, 2000), 133쪽.
4) 양현아, 「성적 소수자: 법사회학적 쟁점과 전망」, 한인섭·성현아 편, 앞의 책, 18~19쪽.

하지만, 결국은 "나는 내 육체의 경계를 빠져나와/네 몸으로의 험난한 벼랑을 기어"(「게이 1」)오르는, 거역할 수 없는 자신의 성적 지향과 정체성을 선택하고 만다.

내 몸이
내게 맞지 않다.

몸에 갇혀
끙끙거리는
나 아닌
몸 속에
다른 이의
애타는 목소리.

덜컹거리는 몸에 실려
나의 일생을 떠메고 가는
잘못 입은 너의
몸의
쓸쓸한 뒷모습.
　　　　　　　　　__채호기, 「게이 4」(『슬픈 게이』) 전문

　이처럼 채호기의 시는 주체의 몸에 대한 관심을 뛰어넘어 타자의 몸에 대해 관심을 기울임으로써 주체와 타자 간의 진정한 소통의 장을 열어나가고자 한다. 게다가 이러한 소통의 과정을 주체/타자의 이분법적 지형을 깨뜨리는 인식으로 끌어올려 "내 몸이/내게 맞지 않다"에서처럼 나의 몸과 너의 몸에 관습적으로 덧씌워진 정체성을 끊임없이 회의하고, 이 두 가지 지향성이 진정으로 소통하는 또 다른 몸의 감각화를 지향한다. 이것이 바로 "몸에 갇혀/끙끙거리는/나 아닌/몸 속에/다른 이"에 대한 발견이다. 이런 점에서 그의 시에 나타난 동성애적 요소는 도착적인 것이 아니라, 진정한 사랑의 소통을 방해하는 현실의 지독한 편견에 맞서는 저항 기제로 작용한다. 그가 "혁명이 세상을 바꿀 수 없는 시대에/에이즈 바이러스는 몸을 뒤바꿔버린다"는 극단적 선언을 하는 이유도 바로 여기에 있다. 그의 시가 일관되게 추구하는 '너'는 "세상이 규범 속에 있을 때" "그 누구의 것도 아닌 새로운/낯선 체제의 몸 속에 있"(「오 내 사랑 에이즈 2」, 『슬픈 게이』)는 존재인 것이다.

3. 상실된 혹은 해체된 주체의 새로운 성정체성

최근 우리 시단에서 가장 주목받는 젊은 시인 가운데 한 사람인 황병승의 시는 비주류 하위문화에 대한 탁월한 감각을 환유적으로 나열하는 소통불가능의 세계를 형상화하고 있다. 아니 그의 시를 두고 '형상화'라는 시적 용어를 사용한다는 자체가 이미 모순된 진술일지도 모른다. 그의 시는 처음부터 어떠한 대상에 대한 형상화를 지향하지 않고, 비유와 상징적 이미지에 숨겨진 의미를 찾아내는 시 읽기의 기본적인 소통 과정조차 무화하고 있기 때문이다. 그의 시가 보여주는 세계는 오로지 탈유기적인 시어들의 혼란스러운 나열과, 끝끝내 소통을 거부하는 난해한 수사학이 깊숙이 내재된 환상적 세계일 따름이다.

　이러한 그의 시적 지향은 일본 문화를 비롯한 다국적 문화를 전혀 거부감 없이 받아들이는 새로운 세대의 의식을 반영한다. 식민과 분단의 이데올로기가 오직 하나의 통일된 주체를 정립할 것을 강요해온 우리의 역사적 현실과는 달리, 지금 젊은 세대의 혼성적이고 잡종적인 문화적 감각은 분열과 해체의 정신을 바탕으로 주체의 혼돈과 상실을 경험하는 중이다. 다시 말해 결정된 주체, 혹은 선험적 주체는 처음부터 없고 끊임없이 변화하고 유동하는 주체만이 있을 뿐이므로, 분열과 해체의 정신이야말로 진정한 주체의식을 실현하는 태도라고 인식한다. 이러한 새로운 세대의 의식으로부터 황병승의 시는 출발하는데, 그의 시가 "여장남자", "트랜스젠더"를 통해 성정체성의 문제를 제기하는 것은 바로 이러한 '흔들리는 주체'의 세계를 더욱 극명하게 보여주고자 하기 때문이다. 따라서 그의 시에 나타난 양상은 한가지 의미로 수렴되는 고정적 실체가 아니라 시시때때로 변화를 거듭하면서 완고한 도덕과 관습의 벽을 허물어뜨리는 일탈과 전복을 지향하여 지극히 개인적인 윤리의 세계에 머물러 있다. 이러한 개인적 주체의 견고한 아우라를 이해하지 못한다면 그의 시는 시니피앙과 시니피에의 결합을 원천적으로 봉쇄하며 끊임없이 미끄러지는 시니피앙의 세계로 비쳐져 독자와의 최소한의 소통마저 차단되는 미궁에 빠질 수밖에 없다.

　　눈을 씻고 봐도 죄인이 없으니
　　나라도 표적이 될래요 이름도 창녀로 바꿨죠, 대야미의 소녀

이곳은 작은 마을, 그녀는 정육점에서 그럴듯한 유방을 달지는 못했네
칼솜씨는 쓸 만했지만 바느질은 형편없었죠, 대야미의 소녀
(중략)

낮고 낮은 지붕 아래, 밤낮 가릴 것 없이
참 많은 죄 없는 사내들이 다녀갔네
풍만한 가슴의 여자들처럼 뼛속까지 미움을 받진 못했지만, 대야미의 소녀
침대가 주저앉을 정도로 톡톡히 미움을 받았죠, 즐거워라
즐거워서 노래를 다 불렀죠
(중략)

이곳 대야미에 번듯한 전철역이 들어서고 공장과 건물들
각양각색의 죄 많은 눈 코 입들이 이주해오기 전까지
대야미의 소녀는 작은 마을 대야미에 살았네

한때 아무것도 모르는 소년이었을 때, 말이죠
마구 벌을 내렸죠, 오로지 용서받고 싶어서……
클린트 이스트우드를 좋아했어요 지금도 그때를 떠올리며
정육점에서 뿌리째 잘라준, 이 쬐끄만 녀석을 허리춤에 차고는
잔뜩 속상한 표정의 사내를 흉내내곤 하죠, 웃음 …… 웃음 ……
대야미의 소녀.

       _황병승,「대야미의 소녀_황야의 트랜스젠더」
       (『여장남자 시코쿠』, 랜덤하우스중앙, 2005) 부분

황병승의 시는 "어디로 가고 있는지 모른다면 어느 쪽으로 가도 상관없"(「Cheshire Cat's Psycho Boots_7th sause—여왕의 오럴 섹스 취미」)는 경계의 파괴와 분열을 드러낸다. 인용시 역시 성정체성의 혼란을 겪는 한 트랜스젠더가 화자이다. 그는 "번듯한 전철역이 들어서고 공장과 건물들"이 숲을 이룬 근대 도시와 자본의 위력 앞에서 "작은 마을 대야미"를 잃어버린 채 살아가는 "창녀"와 같은 존재이다. "그럴듯한 유방을 달지는 못"해 "풍만한 가슴의 여자들"과 같은 육체를 가지지는 못했지만, 현실은 "밤낮 가릴 것 없이/참 많은 죄 없는 사내들이 다녀갔"을 정도로 너무도 속악한 진실을 은폐하고 있다. "눈을 씻고 봐도 죄인은 없"는 자본과 문명의 도시는 그 자체로 역설적 공간인 것이다. 이 세계는 자신의 병든 육체와 그 속에 기생하는 병든 정신은 전혀 의식하지 못한 채, 타자의 다른 성정체성을 혐오의 시선으로 바라보면서도 그들의 몸을 성적으로 유린하는 이중적 태도를 즐긴다. 이러한 모순적 행동을 저지르면서도 아무런 죄의식을 느끼지 못하는 병든 세계의 현실이야말로 가장 비정상적이고 도착적인 성적 타락의 실상을 보여주는 것이 아닐까.

이러한 성적 타락의 현실은 시적 화자에게 '남근'이라는 상징적 기표를 거부하게 만든다. 도저히 죄인을 찾을 수 없다고 하는 이 세상에 "나라도 표적이 될" 거라는 화자의 아이러니한 태도는 현실에 대한 지독한 냉소를 상징적으로 표상하는 것이다. 그래서 그는 "누이의 젖은 치마를 훔쳐 입"(「너무 작은 처녀들」)기도 하고, "그대여 나에게도 자궁이 있다 그게 잘못인가/어찌하여 그대는 아직도 나의 이름을 의심하는가"(「여장남자 시코쿠」)라고 말하기도 한다. 이를 통해 그는 남근중심적 세계에 대한 환멸과,

여성이 되고자 하는 욕망의 결합을 "작은 마을 대야미"의 세계에서처럼 원초적이고 근원적인 세계 안으로 수렴하려고 한다. 즉 인간의 근원적 생명성에 대한 사회적 편견과 억압을 거세함으로써 인간의 순수한 성적 본성을 '창녀'의 욕망으로 환치해버리는 세계의 언어적 폭력에 저항하고 있는 것이다. 그래서 그는 "죽을 때까지 어떠한 이름으로도 불려지지 않으리"(「시코쿠」)라고 결심하기도 한다.

이처럼 황병승의 시는 상실된, 혹은 해체된 주체의 혼란스러운 성정체성을 새로운 성의 주체성으로 돌파하려는 제3의 시각을 보여주었다. 따라서 1이 아니면 반드시 2여야만 하는 이분법의 세계로는 그의 시를 받아들일 수 없다. 즉 그의 시에 나타난 1과 2의 세계는 앞뒤로 함께 붙어 있는 동종이형의 형상이라고 보는 편이 타당할 것이다. 이러한 형상에서 진실은 두 가지로 재현되는 것이 아니라 세 가지로 나타난다. 아니 세 가지보다 훨씬 더 많은 변종이 있을 수도 있다는 점을 간과해서는 안 된다. 결국 그의 시는 이러한 변종의 세계를 한 울타리 내에서 통합적으로 바라봄으로써 이를 차별적으로 인식하는 현실의 편견과 억압을 신랄하게 비판한다.

    나의 진짜는 뒤통순가 봐요
    당신은 나의 뒤에서 보다 진실해지죠
    당신을 더 많이 알고 싶은 나는
    얼굴을 맨바닥에 갈아버리고
    뒤로 걸을까 봐요

나의 또 다른 진짜는 항문이에요
그러나 당신은 나의 항문이 도무지 혐오스럽고
당신을 더 많이 알고 싶은 나는
입술을 뜯어버리고
아껴줘요, 하며 뻐끔뻐끔 항문으로 말할까 봐요

부끄러워요 저처럼 부끄러운 동물을
호주머니 속에 서랍 깊숙이
당신도 잔뜩 가지고 있지요

부끄러운 게 싫어서 부끄러울 때마다
당신은 엽서를 썼다 지웠다
손목을 끊었다 붙였다
백 년 전에 죽은 할아버지도 됐다가 고모할머니도 됐다가……

부끄러워요? 악수해요

당신의 손은 당신이 찢어버린 첫 페이지 속에 있어요
　　　　　　　　_황병승, 「커밍아웃」(『여장남자 시코쿠』) 전문

  성적 소수자들이 사회적으로 가시화된다고 할 때, 가장 중요한 문제는 이들의 존재에 관한 사회적 인식이 어떠한 합의를 이루어 내는가 하는 점일 것이다. 소수자의 '출현(coming out)'은 우리 사회에서 너무나 뒤늦은 것임에도 불구하고 또 한편으로는 너무 빠른 것이기도 하다. 이러한 모순이 공존할 수밖에 없는 이유는,

성적 소수자들을 바라보는 사회적 인식 속에 여전히 침묵과 불평등이 누적되어 깊숙이 존재하고 있음과 동시에, 우리 사회가 아직도 그들을 배치할 사회적·경제적 공간뿐 아니라 언어적·인식적 공간을 지니고 있지 못하기 때문이다. 따라서 우리 사회에서 성적 소수자들은 커밍아웃을 한다고 해도 여전히 외부와의 차별과 싸우면서 동시에 자기 자리를 만들기 위한 노력을 함께 수행해야 하는 이중고를 겪어야 한다.[5]

"나의 진짜는 뒤통수"이고 "당신은 나의 뒤에서 보다 진실해"진다는 말에는 앞과 뒤의 경계를 허무는 뫼비우스의 띠와 같은 시적 진실을 내포되어 있다. '항문'과 '입'의 전도 역시 이와 같은 맥락에서 구현된 것이다. 우리 사회는 이러한 진실에 대해 '겉'으로는 "혐오스럽"고 "부끄러운" 것이라고 말하지만, 그들의 '속'에 담긴 숨길 수 없는 진실은 자신들 역시 이러한 전도된 욕망에 길들여져 은밀하게 이를 즐기고 있다는 사실이다. "호주머니 속"과 "서랍"의 '안'을 들여다보면 '겉'과 '밖'의 세계와는 너무도 다른 세속적 욕망들이 가득 차 있는 것이다. 결국 앞/뒤, 겉/속, 안/밖의 세계로 이원화된 세계의 진실은 거짓 욕망이 들끓는 아수라장인 셈이다. 그럼에도 이성적 질서를 강조하는 세계의 위선은 '커밍아웃'을 마치 "부끄러운 동물"을 쳐다보듯 혐오하고 부끄러워한다. 이러한 냉담한 사회의 억압과 폭력 앞에서 성적 소수자들은 항상 "손목을 끊었다 붙였다" 하는 자해의 고통을 반복하지 않을 수 없다. 결국 황병승의 시는 우리가 살고 있는 지금 이 세계야말로 이분법적 분열과 혼란의 경계에 있는 부

---

42) 양현아, 앞의 글, 33쪽.

조리한 현실임을, 성정체성의 혼란을 통해 신랄하게 보여주고자 했다. 그가 지향하는 상실된 혹은 해체된 세계의 새로운 주체는 바로 "여장남자 시코쿠"가 자유롭게 활보하는 혼성적 성정체성의 세계인 것이다.

4. 주변인의 삶에 대한 관심과 사회적 상상력의 확대

지금 우리 사회는 그 어느 때보다 주변인의 삶에 대해 관심을 확대해나가고 있다. 비정규직 노동자에 대한 차별 철폐, 외국인 노동자의 인권 실태에 대한 문제제기, 도시 빈민들의 생활과 처우 개선, 장애인의 보다 나은 생활 여건 확립 등 산적한 난제들이 한두 가지가 아니다. 이러한 사회적 문제들은 모두 오랜 세월 중앙집중적 논리와 기득권의 득세에만 혈안이 되어 소외된 주변을 세심하게 돌아보지 않은 잘못된 정치적, 행정적 관행에서 비롯된 문제들이다. 점점 20대80의 비율로 빈부격차가 심화되는 우리 사회에서 무엇보다도 중요한 당면과제는 모두가 함께 경제적으로, 인간적으로 잘 사는 통합된 복지사회를 건설하는 것임에 틀림없다. 어쩌면 너무도 평범하고 당연한 과제인 것처럼 보이지만, 이러한 기본적인 삶의 조건조차 제대로 챙기지 못한 채 당위적 선언만 일삼았던 것이 지금까지 우리 사회의 솔직한 자화상이다. 이러한 사회 현실의 변화와 개선을 위해 문학이 과연 어떠한 역할을 해왔는지 다시 한 번 진지하게 되물어야 할 때인 듯하다. 지금이야말로 점점 개인적으로 변해감에 따라 사회적 상상력이 점점 꼬리를 내리는 우리 문학의 현실을 심각하게 걱정해야 하는 때가 아닐까?

　우리 사회 성적 소수자의 문제 역시 이와 같은 시각에서 접근해야 할 문제라고 생각된다. 지금 그들의 삶은 주변인 중에서도 가장 주변부적인 음지에서 극심한 소외를 겪으며 살아가고 있다. 그들을 위해 문학이 어떠한 목소리를 내야 할지 이제는 진지하게 논의해야 할 때이다. 이 글을 쓰기 위해 필자는 무수히 많은 시집들을 찾고 또 찾아보았다. 하지만 단순히 '성'을 소재로 삼은 시는 상당히 많았지만, 성적 소수자의 삶 그 자체를 다룬 시는 거의 찾아볼 수 없었다. 그나마 본론에서 언급한 채호기, 황병승의 시에서 어느 정도 성적 소수자의 문제를 쟁점화하고 있었는데, 이 또한 과도한 상징과 비유, 장황한 요설에 가려져 사회적 상상력의 차원에서 접근하기는 어려운 작품들이었다. 그만큼 지금 우리 시단은 성적 소수자의 문제에 대해서 거의 침묵으로 일관하고 있는 것이다.

　앞서 살펴봤듯이 최근에 이르러 우리 사회는 동성애, 트랜스젠더를 비롯한 성적 소수자의 문제를 음지에서 탈출시켜 사회적 공론의 장으로 이끌어내고 있다. 법적 불평등의 해소는 물론이거니와 영화, 광고 등 대중문화의 중요한 코드로 자리잡으면서 성적 소수자의 문제는 이제 더는 귓속말로 대화해야 할 대상으로 인식되지 않는다. 따라서 앞으로 우리 문학 역시 이들의 생활과 내면 깊숙이 들어가려는 적극적인 노력을 기울여야 할 것이다. 그들의 성(性)이 음지가 아닌 일상의 한가운데로 자연스럽게 나올 수 있도록 문학적 공론의 장을 열어나가야 한다.

　우리 사회에는 이성애가 동성애보다 더 자연스럽고 우월하다고 믿는 가치체계가 존재한다. 특히 가부장제의 특성이 강하게 반영된 우리의 문화에서는 이와 같은 이성애주의가 거의 절대적인 법칙으로 보편화되었다. 진정한 사랑은 오직 남성과 여성 사이에서만 존재한다고 믿는, 이성애적 틀에 입각한 차별과 편견이 견고한 틀을 유지하고 있는 것이다. 이러한 이성애적 차별주의는 역으로 동성애에 대한 과도한 병적 혐오로 나타나기 일쑤였다. 지난 1990년대 말 동성애 잡지 『버디(buddy)』가 창간되었을 때 마치 변태적 무리나 정신병자 집단이 출몰한 듯 바라보던 냉소적 여론은 이를 반영하는 구체적 사례이다. 결국 『버디』는 사회의 냉대 속에 경제적인 이유로 폐간되고 말았는데, 지금 우리 문학은 당시 견고한 이성애 중심 사회의 성적 억압에 대항하는 전사의 역할을 했던 『버디』의 의미를 되새겨볼 필요가 있다. 다시 말해 성적 소수자의 인권을 함께 고민함으로써 주변인의 고통과 애환을 진정으로 감싸 안는 사회적 상상력의 확대를 실현해야 한다. 필자 역시 앞으로 우리 시단이 이와 같은 의식의 변화와 개혁을 통해 진정으로 '슬픈 게이'의 삶을 이해하는 방향으로 나아가기를 기대한다.

(『작가와사회』 2006년 가을호)

시의 뿌리, 시의 근원

__박진성, 『목숨』(천년의시작, 2005)

　최근 우리 시의 극단적 변화 양상을 바라보면 시의 본질에 대한 근본적인 의문에 부딪히지 않을 수 없다. 아직도 동일성의 시학을 고집해서가 아니라 정작 반동일 혹은 비동일의 시적 논리로도 설명하기 어려운, 아니 이러한 관점으로 시를 이해한다는 발상부터가 시대착오적인 태도로 받아들여지는 오리무중의 시적 현실이 펼쳐지고 있기 때문이다. 저마다 시적 개성을 강조하고 언어적 관습의 혁신을 주장하지만 사실 그 속을 깊이 들여다보면, 외형은 그럴듯하지만 알맹이는 없는 소위 빛 좋은 개살구에 불과한 경우가 허다하다. 자아와 세계의 관계를 고민하던 주체의 자리는 사라지고 기표와 기의의 결합이 만들어내는 의미론적 기호도 실종되고 말았다. 오로지 무수한 기표들의 의미 없는 놀이가 연쇄적으로 펼쳐질 따름이다. 시적 진정성은 이미 지독하게 훼손되었고 그 자리에 새롭게 생성될 것으로 믿었던 신생의 의미도 낡고 고루한 담론의 차원으로 격하되는 실정이다. 따라서 무엇보다도 지금 우리 시단은 시적 주체를 다시 정립하고 시적 윤리에 대해 진지하게 고민해야 할 때다. 주체가 탈각된 자리에서 타자들의 기호는 아무런 소통의 장을 생산해내지 못하는 것이다. 더욱 정직하게 현실을 인식하고 긍정/부정의 낡은 이분법을 뛰어넘는 시적 긴장을 뚜렷하게 형상화해내야 한다.

이런 점에서 박진성의 시는 아주 특별하다. 그의 시는 체험의 깊이에서 아주 자연스럽게 우러나오는 실존적 현실인식과 이를 미학적으로 재구성하는 윤리적 주체를 지니고 있기 때문이다. 그의 시에서 여느 젊은 시인들과는 다른 아주 무거운 진정성을 발견할 수 있는 것도 바로 이러한 이유 때문이다. 그에게 현실은 싸워야 할 대상들로 가득 차 있다. "상습불면, 자살충동, 공황발작"(「안녕」)으로 나타나는 자신의 또 다른 내면은 온통 현실을 부정적으로 일그러뜨리고 만다. "날카롭고 뾰족한 대나무는 스스로 칼이 되고 있었다"(「대숲으로 가다」)고 말하는 것처럼 그의 무의식에는 현실에 대한 적개심과 울분들이 깊숙이 잠재되어 있다. 원인 모를 병마와의 지독한 싸움은 의학적으로 해결될 수 있는 것이 아닌 듯하다. 하지만 "(오늘 검사에서도 아무 이상이 없었다)"(「봄 밤」)는 내면의 말을 괄호 속에 묶어두었듯이, 이미 그는 자신의 병을 고치는 방법을 알고 있다. "울분을 고요로 바꾸는 힘", "텅 빈 물소리에 가득한 고요"(「적벽 가자」)를 이미 깨달았기 때문이다. 그것은 바로 근원으로 돌아가는 것이다. "붉은 다라이 안에서 나는 물고기"(「수궁에서 놀다」)였기 때문에 "어쩐지 숨 쉬는 일이 뻑뻑해서 숨을 닫아버리고 싶을 때"(「목숨—금강에서」), "환자복에 가죽점퍼 걸치고 버스를 타면/금강의 물빛이 달려들었"(「대숲으로 가다」)던 것이다.

이처럼 "이제 病은, 내가 싸워야 할 어떤 대상이 아니라 내가 끌어안고 동시에 내가 거느려야 할 뿌리"(「自序」)라는 사실을 인지하면서부터 그는 "나는 詩人이 될 거야"(「대숲으로 가다」)라고 말하기 시작한다. 그의 말대로 "病이 거느리는 이러한 원심력과 구심력은 시를 밀고 나가는 팽팽한 두 힘"(산문. 「病詩」)으로 작용한다. 죽음과 삶이 교차하는 일상의 한가운데에서도 그의 시는 "금강으로 내달리던 나의 열아홉"(「목숨―금강에서」)을 떠올리는 것이다. 이처럼 박진성의 시는 오랜 투병의 과정에서 현실에 대한 절망과 미래에 대한 불안을 내면화하기보다는 과거를 현재화하고 미래를 현재화하는 근원적 시간의식을 보여준다. 그의 시는 할머니의 죽음과 자신의 유년이 고스란히 내면화된 금강에서의 경험을 '영원한 현재'로 묶어두려는 것이다. 그에게 있어 금강은 낡고 오래된 풍경이지만 여전히 빛을 발하는 '파르테논' 신전과 같은 의미를 지닌다. 그래서 그는 "동백꽃 봄의 중심으로 지면서 빛을 뿜어낸다"는 사실에 주목하여 "내 몸 속 붉은 피에 불지르고 싶다 다 타버리고 나서도 어느 날 내가 유적처럼 남아 이 자리에서 꽃 한 송이 밀어내면 그게 내 사랑이다 피 흘리며 목숨 꺾여도 봄볕에 달아오르는 내 전 생애다"(「동백 신전」)라고 말하는 것이다.

  박진성의 시는 여러모로 우리 시의 새로운 지점을 예감하게 한다. "울분을 고요로 바꾸는 힘"과 "내 몸은 아버지보다 늙었다"(「나는 아버지보다 늙었다」)에서 드러나는 양가적 긴장이 빚어내는 사유는 시의 뿌리와 시의 근원을 새롭게 정립한다. 그의 시는 비록 '病詩'의 풍경을 하고 있지만 어디까지나 그것은 외형일 뿐 더욱 중요한 문제는 주체가 세계를 바라보는 내면화의 방식에 있다. 모든 대립과 경계를 무화하는 새로운 지점에서부터 그의 시는 내면화되고 있는 것이다. 그것은 단순한 통합이나 절충의 차원에서 이루어진 것이 아니라 체험의 깊이에서 형상화되었다는 점에서 상당한 진정성을 내포한다. 혹자는 문학을 일컬어 목매달아 죽어도 좋을 나무라고 했다. 박진성의 시 역시 목숨을 건 흔적이 역력하다. 이러한 그의 시적 진정성을 어찌 따라갈 수 있으랴. 그의 시집 표지에 선명하게 박힌 '목숨'이라는 두 글자에 담긴 시적 힘을.

(『작가가 선정한 오늘의 시』, 작가, 2006)

동일성의 회복과 근원으로의 회귀

—윤중호, 『고향 길』(문학과지성사, 2005)

지금 우리 사회는 공동체의 운명보다는 개인의 가치를 더욱 중시하는 방향으로 흘러가고 있다. 대부분의 사람들은 일정하게 구획된 자신의 삶의 틀 속에 안주하는 데 급급할 뿐 굳이 타자의 일상에 귀 기울이려 하지는 않는다. 더군다나 그것이 정돈되지 않은 남루한 모습이라면 결코 타자의 삶을 자신의 일상 속으로 끌어들이는 시도를 하지 않는다. 인간의 가치가 맹목적 속도에 종속되고 웰빙이니 하는 그럴듯한 세상의 변화를 따라가기에 바쁜 현실에서, 이웃을 돌아보고 공동체의 삶을 걱정하는 것은 자신의 삶에 전혀 보탬이 되지 않는다는 냉정한 인식이 팽배해 있는 것이다. 이러한 냉정함 속에는 화려한 세상과는 너무도 무관하게 여전히 가난의 상처를 짊어지고 살아가는 이웃들을 향한 최소한의 연민조차도 찾아보기 힘들다. 모든 견고한 것이 문화로 수렴되는, 소위 문화의 홍수 시대에 그 흔한 텔레비전을 보는 것조차 어려운 이웃들이 엄연히 존재한다는 사실을 외면하는 지독한 개인주의가 점점 만연되어가고 있는 것이다. 이런 점에서 윤중호의 시는 점점 개인화되어가는 우리 사회를 향해 던지는 진정성 있는 성찰을 깊숙이 내면화한다.

윤중호는 첫 시집 『본동에 내리는 비』(문학과지성사, 1988)에서부터 줄곧 이웃의 상처와 고통을 어루만지는 시를 썼다. 이는 지식인의 허위성과 관념성을 걷어낸 체험의 깊이에서 비롯된 것이라는 점에서 특별한 의미를 지닌다. 그는 자신의 삶터에서 일상적으로 만나는 이웃들을 관찰하거나 묘사하는 데 그치는 것이 아니라 스스로 그들의 이웃으로 동화되는 삶을 지향했다. 자신이 살았던 '본동'에서의 일상을 형상화한 「본동일기」 연작이나, 야학을 통해 이웃과의 연대를 실천한 '안면도'에서의 생활을 서술한 「안면도」 연작은, 시인과 이웃이 전혀 구별되지 않는 동일성의 세계 안에서 조화롭게 스며들고 있음을 보여주었다. 그의 시가 '안개비'나 '눈'과 같은 '물'의 이미지를 전면화한 것도 바로 이러한 이유에서이다. 부드럽게 스며들고 따뜻하게 적셔주는 물의 속성이야말로 동일성의 상실로 몸살을 앓는 우리 시의 상처를 치유하는 근본적인 상징이 될 수 있다고 인식했던 것이다.

뿐만 아니라 윤중호의 시는 언제나 '고향'의 주변을 맴돈다. 여느 시인들과 마찬가지로 유년의 기억 속에 아련히 남아 있는 고향의 모습은 그의 시의 원형이었다. 현실의 상처를 어루만질 때에도 민중적 삶을 실천할 때에도 그 중심에는 언제나 고향의 의미가 깊숙이 자리잡고 있었다. 우리 사회의 모든 병은 근본적으로 고향을 잃어버린 데서 비롯된 것이라고 보았기 때문이다. 물론 여기에서 '고향'은 단순히 물리적 장소로서의 의미만을 지니는 것은 아니다. 구체적 삶의 장소로서의 의미 위에, 인간의 근원성이 뿌리내린 원형적 공간으로서의 의미도 내재되어 있는 것이다. 이 때문에 그는 마치 삶의 끝을 예감하듯 남긴 시에서 "돌아갈 곳을 알고 있습니다"라고 말했다. 비록 미완의 유고시이지만 "모두들 돌아갈 곳으로 돌아간다는 걸" 깨달은 시인이 "이. 제. 됐. 습. 니. 다."(「가을」)라고 또박또박 말하고 있는 것이다. 이번 시집에 수록된 대부분의 시가 '고향으로 가는 길' 위에서 쓰여진 이유도 바로 여기에 있다.

　최근 우리 사회는 자연 그대로의 생태적 삶에 대한 동경이 '유행'처럼 사회문화 전반을 휩쓸고 있다. 그런데 이러한 생태적 삶에 대한 동경이 도시적 일상을 근본적으로 성찰하는 삶의 태도가 되지 못하고 일종의 취미 생활처럼 인식되고 있는 것은 문제가 아닐 수 없다. '유행'이라는 말에서 짐작할 수 있듯이 최근 우리 사회의 생태주의에는 상업적으로 포장된 허위적 가치와 담론적 차원에서의 한계가 분명히 드러나고 있기 때문이다. 생태적 삶마저 진정성을 구현하지 못하고 그럴듯한 말과 풍경으로 포장되어 버린다면 앞으로 우리 사회는 더욱 삭막해질 수밖에 없다. "이름은 어엿한 주말 농장"이지만, "무공해 채소가 어떠니, 흙을 밟는 마음이 어떠니" 하는 말 속에는 생명을 향한 진정성이 내재된 것이 아니라 사람의 생명만을 깨끗하게(?) 유지하고자 하는 인간의 개인주의적 욕망이 더욱 깊게 자리할 뿐이다. 그래서 시인은 "이런 막돼먹은 생각을 해도 괜찮을까?"(「일산에서―주말 농장」)라고 정직하게 묻고 있는 것이다.

　이러한 관념적 차원의 허위성을 걷어내기 위해서는 무엇보다도 근본적인 자기성찰의 태도를 지녀야 한다. 도시적 일상 저편에 이상적 공간을 마련하는 것이 중요한 것이 아니라 현재의 삶이 맞닥뜨린 위기를 근원적으로 치유하는 시원적 공간을 되찾아야 하는 것이다. 이런 점에서 윤중호는 고향을 향한 기억의 시선과 그곳에서 누리던 생명에 대한 기억을 소중하게 떠올린다. 그곳은 무서운 근대의 속도에 취해 점점 제자리를 잃어가고 있는 "우리 모두 돌아갈 길"이라는 근원적 의미를 지니고 있는 것이다.

산딸기가 무리져 익어가는 곳을 알고 있다./찔레 새순을 먹던 산길과/뻘기가 지천에 깔린 들길과/장마 진 뒤에, 아침 햇살처럼, 은피라미떼가 거슬러 오르던 물길을/알고 있다. 그 길을 알고 있다.//돌아가신 할머니가, 넘실넘실 춤추는 꽃상여 타고 가시던/길, 뒷구리 가는 길, 할아버지 무덤가로 가는 길/한철이 아저씨가 먼저 돌아간 부인을 지게에 싣고, 타박타박 아무도 모르게 밤길을 되짚어 걸어간 길/웃말 지나 왜골 통정골 지나 당재 너머/순한 바람 되어 헉헉대며 오르는 길, 그 길을 따라/송송송송 하얀 들꽃 무리 한 움큼씩 자라는 길, 그 길을 따라/수줍은 담배꽃 발갛게 달아오르는 길/우리 모두 돌아갈 길/그 길이 참 아득하다.
_「고향 길 1」 전문

'고향 길'의 정경은 여느 곳과 마찬가지로 "아침 햇살처럼" 유년의 기억이 고스란히 간직된 따뜻한 자연의 풍경으로 다가온다. 뿐만 아니라 그곳에는 육신과 영혼이 결코 분리되지 않고 진정한 합일을 이루기를 기원하는, 영원성의 의미를 오래도록 간직하며 살았던 고향 사람들의 모습이 소중한 기억으로 남아 있기도 하다. 삶과 죽음이 그 자체로 자연의 질서를 형성함으로써 죽음의 길마저 아름다운 것이 '고향 길'이다. 지금은 "그 길이 참 아득하다"고 느끼지만, "우리 모두 돌아갈 길"로서의 근원적 공간임에는 틀림없다. 삶과 죽음의 경계를 뛰어넘어 근원적 생명의 의미를 되찾을 수 있는 곳이 바로 그곳이기 때문이다. 하지만 근대적 삶은 이러한 근원적 고향의 의미를 쉽게 발견하지 못하게 한다. "어두워질수록 더욱 또렷해"진다는 사실을 모른 채 언제나 밝고 환한 것에 집착하고 미래적 가치에 사로잡혀 고향을 돌아보지 않다가 "그리운 사람들 하나 둘 비탈에 묻힌 이 나이가 되어서야"(「영목에서」) 비로소 그 길을 알게 된다. 따라서 시인은 이 "고향 길"에서부터 다시 시의 길을 열어 나가고자 한다. "사람들이 떠난/빈 상엿집 같은", "철새들이 버리고 떠난, 빈 둥지 같은"(「다시 금강에서」) 곳에서부터 시의 생명을 다시 움트게 하려는 것이다. 이런 점에서 이번 시집의 서시인 「시」를 주목하지 않을 수 없다.

외갓집이 있는 구 장터에서 오 리쯤 떨어진 九美집 행랑채에서 어린 아우와 접방살이를 하시던 엄니가, 아플 틈도 없이 한 달에 한 켤레씩 신발이 다 해지게 걸어다녔다는 그 막막한 행상길./입술이 바짝 탄 하루가 터덜터덜 돌아와 잠드는 낮은 집 지붕에는 어정스럽게도 수세미꽃이 노랗게 피었습니다./강 안개 뒹구는 이른 봄 새벽부터, 그림자도 길도 얼어버린 겨울 그믐밤까지, 끝없이 내빼는 신작로를, 무슨 신명으로 질수심이 걸어서, 이제는 겨울바람에, 홀로 센 머리를 날리는 우리 엄니의 모진 세월.//덧없어, 참 덧없어서 눈물겹게 아름다운 지친 행상길.

—「詩」 전문

"아플 틈도 없이 한 달에 한 켤레씩 신발이 다 해지게 걸어다

녔"던 "우리 엄마의 모진 세월"을 "시"라는 제목으로 형상화한 것은 시인이 지향하는 우리 시의 방향을 제시한 것에 다름 아니다. 즉 "눈물겹게 아름다운 지친 행상길"에 대한 기억을 내면화하고 이를 토대로 가난한 이웃들의 삶의 한가운데를 마음으로 감싸 안는 시적 태도를 지녀야 한다는 것이다. 그래서 시인은 "흙바람벽에 기대어/빨간 웃통 드러낸 채/누더기에서 이를 잡고 있는/늙은 거지의 희미한 미소"(「고향, 또는 늦봄 오후」)에서 "고향"을 발견하고, 「전댕이 할머니」, 「황새말 당산나무 할아버지」, 「노루목 우리 김형」, 「경은이 성님」과 같은 시를 통해 고향 사람들과 풍경들의 내면을 들여다보려 한다. 결국 시인은 "고향 묘목밭에서 아파트 단지로 팔려온/내 꼬라지"(「꽃사과나무꽃」)가 진정으로 돌아갈 곳은 "고향"밖에 없다는 근원적 자기성찰에 직면하게 된다. 시인이 "새벽마다, 오릿길 텃밭을 다녀"(「텃밭에서 1」)오는 이유도, "터덜터덜 주말 농장에 가면/어쩔 수 없이 가슴이 설"(「일산에서」)레는 이유도 바로 여기에 있다. 그는 직접 "거둔 완두콩으로/아침을 지어 먹"으며, "막 따온 청상추/아삭아삭 소리"를 들으며 "참 행복합니다"라고 고백한다. 한편으로는 이런 삶에서 행복을 느끼면서도 정작 도시를 버리고 고향의 자연으로 돌아가지 못하는 자신을 "생각해보니/참 불쌍합니다"(「텃밭에서 1」)라고 말하기도 한다.

  이처럼 생명의 가치와 행복을 누구보다도 잘 알고 있으면서도 정작 그 길로 돌아가지 못하는 것이 바로 현대인들이다. 고작 주말 농장을 꾸미고 텃밭을 가꾸는 데서 '웰빙'을 외치고, 유기농 채소를 먹으며 생태적 삶을 산다고 자부하고 있을 뿐이다. 하지만 이러한 삶의 속성이 허위적이라는 사실을 깨닫기란 결코 쉽지 않다. "아무것도 이룬 바 없"는 삶을 지향해야 진정으로 "흔적 없어 아름다운 사람의 길"(「영목에서」)을 찾을 수 있는데, 인간의 개인주의적 욕망은 무엇이든 이루어야만 한다는 집착으로 가득 차 있기 때문이다. 결국 생태적 삶과 웰빙의 가치도 남들이 가지지 못한 것을 이루겠다는 허위적 욕망의 산물이라고 할 수 있다. 윤중호의 시선은 이러한 현실의 허위성을 도저히 용납할 수 없었을 것이다. 그가 생태적 가치보다 더욱 근본적인 "돌아갈 곳"을 강조한 것은 이 때문이다. 따라서 이번 시집에서 그의 시는 삶과 죽음의 철학적 배경에 관심을 기울이면서 더욱 근본적이고 근원적인 탐색에 주력하였다.

윤중호에게 '고향'은 생명의 본성이 온전히 간직되어 있는 곳이다. 그의 고향 의식은 잃어버린 생명의 본질적 가치를 찾아가는 근원으로의 회귀라고 할 수 있다. 너무 앞을 향해 달려만 가는 현대인들의 삶에 비추어 그는 이제 비로소 "너무 멀리 떠나온 것은 아닐까"(「고향, 옛집에서」)라는 스스로에 대한 근원적 질문을 던진다. 고향을 잃어버리고 삶의 원형을 상실한 채 삭막한 도시에서 육신의 병을 앓고 쓰러진 자신의 내면을 가장 진실되게 뒤돌아보는 시인의 말은 이미 죽음을 예감한 자의 유언과 같은 의미를 지닌다. 신산한 삶의 흔적인 "균열"조차 아름다울 수 있다는 사실을 깨닫는 것은 결코 예사롭지 않은 시선이다. 백자 항아리의 진정한 아름다움은 텅 빈 몸이 만들어내는 "맑은 소리"와 "쩍쩍, 금 간 틈새에서/푸르른 산바람 소리를 키우고 있"기 때문이라는 것이다. 그런데 시인은 지금 "금 간 나이가 됐는데/세상의 뜨거운 맛에 망가졌는데/소리 하나, 틈새 하나 키우지 못한" 자신을 원망하지 않을 수 없다. "오십 줄의 술대접, 이 투박한 막사발에/무엇을 담을꼬?"(「균열」)라는 자조적인 말 속에는 지독한 근대를 살아오면서 생명의 본성과 질서마저 잃어버린 자신의 삶에 대한 근본적인 반성이 깊숙이 내재되어 있는 것이다. 그래서 그는 도심 한복판에서 간신히 생명을 지키고 있는 "느티나무 세 그루"에게 시선을 놓지 않는다. 특히 "때맞게 연녹색 잎을 틔"우는 두 그루의 모습보다는 "아직 추위를 타는지, 긴 겨울꿈에서 깨어나지 못하"는 한 그루를 깊이 응시한다. 그리고 어느 날 "곁가지 죄 잘리고" "황사 바람에 뿌옇"게 죽어가던 나무가 "봄비 그친 그 다음 날/몸통에서 파랗게 돋은 잎눈 세 마리"(「백마역 앞 느티나무 세 그루」)를 보고서는 "아, 이것 좀 봐!"라는 탄성을 거두지 못한다. 바로 이러한 탄성의 순간이야말로 도시적 자아가 비로소 생명의 본성을 깨닫는 절정의 순간이 아닐 수 없다.

    그는 생전에 마지막 시집에 담길 시를 쓰면서 자꾸만 "돌아갈 곳"에 관한 말을 되풀이했다. 그리고 잠시 자신의 삶을 정리하듯 "잠깐만요. 마지막 저/당재고개를 넘어가는 할머니/무덤 가는 길만 한번 더 보구요"라면서 이별의 시간을 갖기도 했다. 그 무덤가에는 이미 "돌아갈 곳"의 진실을 먼저 깨달은 자들이 묻혀 있었으므로 시인은 그들을 버리고 도시로 떠난 자신의 삶에 대해 진정으로 용서를 구하고자 한 것이다. 그는 마지막으로 고향과 이웃을 내면으로 끌어안고 생명의 본성과 자연의 질서를 따라 서둘러 가버렸다. 지금도 우리는 "무공해 채소"와 "흙을 밟는 마음"에 집착하는 "막돼먹은 생각"(「일산에서」)을 하고 있지만, 여전히 "고향 가는 길 옆, 그대 무덤가에/움쑥 자라는 봄풀을 ……"(「엎드려 절하며 쓰는 글」) 걱정했던 그의 마음을 온전히 헤아리지 못하고 있다. 그의 말대로 우리는 지금 너무 멀리 떠나온 것은 아닐까. 이제는 돌아갈 곳을 어렴풋이 알게 되었지만, 돌아갈 길은 너무 멀고 그 길이 참 아득하게 느껴질 뿐이다.

(『실천문학』 2005년 겨울호)

집에서 떠나온 길 혹은 집으로 돌아가는 길
_손택수의 시세계

1. 시인의 집에서 잠시 머물다

　누군가 시인은 근원적으로 집이 없는 존재라고 말했다. 소설가(家), 평론가(家)들은 모두 제 이름에 온전한 집 한 채 갖고 살아가지만, 유독 시인만이 집을 지니지 못한 채 떠돌며 살아간다는 것이다. 시(詩)를 일컬어 말〔言〕의 사원〔寺〕이라고 한다면, 사원〔寺〕이 집〔家〕을 대신한다고 볼 수는 없을까. 아니 시인은 따로 집을 필요로 하지 않는, 그 자체로 온전한 한 채의 집을 이루고 있다고 말해도 되지 않을까. 손택수의 시집을 읽으며, "내 이름자 한가운데 집을 지어주신 강쟁리 할아버지와 할머니 두 분을 추억하며"라고 적힌 「시인의 말」에 오래도록 시선이 머문다. 그의 이름 한가운데 소설가, 평론가들의 집〔家〕과는 다른 집〔宅〕을 갖고 살아온 내력이 예사롭지 않기 때문이다. 그러므로 그의 시를 이해하려면 잠시만이라도 그의 집에 머물러야 할 것 같다. 오랜 친구의 집에 머물며 그가 살아온 가계(家系)를 들여다보는 것은 여간 어려운 일이 아니다. 그의 삶의 속살이 까발려지는 기억의 시간을 거슬러 오르는 일은 어쩌면 그에게 또 다른 상처로 각인될 수 있기 때문이다. 그래서 너무도 조심스러운 마음으로 친구에게 이렇게 말해본다. 시인의 집에 잠시 머물렀다 가도 되겠느냐고.

손택수의 시는 집을 떠난 자가 다시 집으로 돌아가는, 아니 집으로 돌아갈 수밖에 없는 길 위의 시간들을 내면화하고 있다. 그에게 집은 "먼지를 덕지덕지 처발라/망가져가는 제 얼굴을 흐릿하게 뭉개"(「버려진 집 속에 거울조각이 있다」, 『호랑이 발자국』, 창작과비평사, 2003)듯 지워버리고 싶은 기억인 동시에, "모래밭 위에 무수한 화살표들,/앞으로 걸어간 것 같은데/끝없이 뒤쪽을 향하여 있"(「물새 발자국 따라가다」, 『호랑이 발자국』)는 것처럼 결코 떨쳐버릴 수 없는 근원적인 상징성을 지닌다. 이러한 양가적 지표는 그의 시에서 "어디로도 날아가지 못하는, 시읫줄처럼/팽팽하게 당겨진"(「화살나무」, 『호랑이 발자국』) 시적 긴장을 보여준다.

그의 시는 근래 찾아보기 힘든 언어의 긴밀한 조직이 구현해내는 힘이 아주 남다르다. 언어의 안(in)과 밖(ex)을 모두 감싸고 있는 긴장(tension)에서 발산되는 시적 에너지가 깊숙이 내재되어 있는 것이다. 그것은 할아버지와 할머니가 살았던 고향집의 정서와 아버지와 어머니가 새롭게 터를 잡았던 도회적 삶이 관통하는 내밀한 울림으로 드러난다. 이러한 울림은 "한낮 대청마루에 누워 앞뒤 문을 열어놓고 있다가, 앞뒤 문으로 나락드락 불어오는 바람에 겨드랑 땀을 식히고 있다가,//스윽, 제비 한 마리가,/집을 관통했"을 때 "내 몸의 숨구멍이란 숨구멍을 모두 확

열어젖히"(「放心」, 『목련 전차』, 창비, 2006)는 것 같은 소통의 장을 열어준다.

  요즘 시에 대해 이런저런 말들이 많다. 무엇보다도 최근에 발표된 시들에서 좀처럼 '집의 정서'를 발견할 수 없다는 것이 가장 큰 불만이다. 애초에 시에는 집이 없기 때문이라고 말할 수도 있겠지만, 시 아닌 것들이 은근슬쩍 시인 것처럼 행세하며 버젓이 시집 속에 자리를 차지하고 있는 것이 더욱 문제다. 그동안 시를 일컬어 시시한 것이라고 자조하던 시인의 넋두리에는 내면의 성찰이 깊숙이 담겨 있었는데, 이제는 이러한 성찰적 태도를 기대한다는 것조차 사실상 불가능하다. 더 이상 시는 윤리적일 필요도 없고 사회적일 필요도 없다는 지독한 개인주의와 유폐의식이 전통적인 시의 자리를 대신하는 극단적 양상이 만연되고 있기 때문이다. 이러한 변화에는 숨구멍이란 숨구멍을 활짝 열어젖혀 몸과 바람과 시가 자유롭게 소통하고 그 속에서 새로운 의미를 생성하는 즐거움을 찾을 길이 전혀 없다. 저마다 자신만의 언어와 구조로 문을 꼭꼭 걸어 잠그고 있어서 독자들이 시인들의 집을 어깨 너머로 바라보는 것조차 힘든 실정이다. 요즘 이런 시들이 높이 쌓아놓은 벽 속에 갇혀 사는 데 익숙하기 때문인지, 필자 역시 아주 잠시 손택수의 시집에 머물렀는데도 제비 한 마리 집을 관통하는 듯한 시적 울림을 느낀다. 그의 시가 내 몸속의 막힌 숨구멍을 열어젖히며 시나브로 이미 내 몸속으로 들어와 있는 것처럼.

2. 아버지가 그랬다, 시란 쓸모없는 짓이라고

대부분의 성장과정이 그러하듯, 시인에게도 아버지와의 싸움은 일종의 통과의례와 같은 것이었다. 고향을 떠나 도시로 삶터를 옮긴 아버지와 마찬가지로 그의 시 역시 아버지로부터 벗어나 새로운 집을 마련하고자 하는 이주(移住)의 여정이었다고 할 수 있다. 그에게는 어린 시절 "노름꾼 아버지의 발길질 아래/피할 생각도 없이 주저앉아 울던/어머니"(「소가죽북」, 『호랑이 발자국』)의 삶이 뼛속 깊이 상처로 남아 있다. 그래서 그는 "아무렇게나 함부로" 아버지를 비난하고 원망했고, 성장과정에서 어떻게든 아버지의 집을 벗어나기 위해 자신과의 힘겨운 싸움을 계속해야만 했다. 그것이 힘겨운 싸움일 수밖에 없었던 것은, "죽어서도 매를 맞는" "소가죽북"처럼, "버드나무처럼 쥐여뜯긴/머리를 풀어헤치고 흐느"끼면서도, "병든 사내를 버리지 못하"는 어머니를 남겨두고 아버지의 집을 떠날 수는 없었기 때문이다. 이처럼 '아버지/어머니'의 양가성이 존재하는 집에서 어떤 선택도 확신도 가질 수 없었던 내적 갈등과 긴장을 "청승맞은 가락"(「소가죽북」)처럼 술술 풀어낸 것이 바로 그의 시다. 게다가 그의 시의 대부분이 처연한 가을 저녁의 풍경을 보는 것 같은 스산한 느낌을 주는 것도 이러한 가족사의 아픔에서 비롯된 내적 풍경으로 이해할 수 있다.

그의 아버지는 "시란 쓸모없는 짓"이라고 말했다. 어쩌면 그의 시는 아버지의 말을 거스르기 위한 일종의 위반이요 모험이었는지도 모른다. 아버지의 말대로, 쓸모없는 시를 남겨서는 안 된다는, 그래서 시야말로 가장 쓸모 있는 것임을 항변하기 위해서라도 자기와의 지독한 싸움을 하듯 시를 쓰지 않을 수 없었던 것이다. 그런 아버지가 어느 날 "기왕 시작했으니 최선을 다해보라고" 말하면서부터 그의 시는 더욱 깊어지고 넓어졌다. 아버지의 말처럼, "쓸모없는 짓에 최선을 다하는 것,/이게 나의 슬픔이고 나를 버티게 한 힘"(「시인의 말」, 『목련 전차』)이라는 시인의 역설적 운명을 그는 이미 잘 알고 있었기 때문이다.

아버지의 스무살은 흑백사진, 구겨진 흑백사진 속의 구겨진 느티나무, 둥치에 기대어 있다 무슨 노랜가를 부르고 있는지 기타를 품고, 사진 밖의 어느 먼 곳을 바라보고 있는지 젖은 눈으로, 어느 누군가가 언제라도 말없이 기대어올 것처럼//한쪽으로 비스듬히 누운 느티와 함께 있다 나무는 지친 한 사람을 온전히 받아주기 위하여 그렇게 기울어간 것은 아닌지, (중략)//그 사람들 등의 굴곡에 가장 알맞은 모습으로 기울어가기 위하여 한평생을 고단하게 쓰러져갔을 나무, (중략)//언젠가 구겨진 선처럼 내 몸에도 깊은 주름이 패이면, 돌아갈 수 있을까 저 생생한 한 그루 아래로, 돌아가서 당신을 쏙 빼닮았다는 등허리를 아름드리 둥치에 지그시 기대어볼 수가 있을까//(중략)//나무는 이내 알게 될 것이다, 약간 굽은 내 등의 굴곡을 통해, 무너져가는 가계를 떠맡은 채 일찌감치 그의 곁을 떠나간 청년 하나를, 그가 꾸다 만 꿈과 슬픔까지를//어쩌면 흑백의 저 푸른 느티나무 아래서 부를 노래 하나를 장만하기 위하여 나의 남은 생은 온전히 바쳐져도 좋을는지 모른다 사진 안에 미처 들어오지 못한 어느 먼 곳을 향하여 아버지의 스무살처럼 속절없이 나는 또 그 어느 먼 곳을 글썽하게 바라보아야 하겠지만//한줌의 뼈를 뿌려주기 위해, 좀더 멀리 보내주기 위해, 제 몸에 돋은 이파리를 쳐서 바람을 불러일으켜주는 한 그루, 바람을 몰고 잠든 가지들을 깨우며 생살 돋듯 살아나는 노래의 그늘 아래서
　　―「아버지와 느티나무」(『호랑이 발자국』, 창작과비평사, 2003) 부분

"아버지의 스무살"과 지금 시인의 삶은 "구겨진 흑백사진 속의 구겨진 느티나무"를 통해 서로를 응시하면서 내면의 동일성을 이룬다. "쓰러질 듯 기울어가면서도 기울어가는 둥치를 끌어당기느라 뿌리를 잔뜩 긴장하고 서 있는" 느티나무의 생태는, 아버지와 그가 살아온 삶의 흔적들을 고스란히 보여주며 아버지의 삶과 자신의 삶을 생명의 순환으로 잇고 있는 것이다. "아버지는 단 한 번도 아들을 데리고 목욕탕엘 가지 않았"(「아버지의 등을 밀며」, 『호랑이 발자국』)을 정도로 겉으로는 너무도 냉정한 사람이었다. 그러나 "한쪽으로 비스듬히 누운 느티"와 같은 가족들 "등의 굴곡에 가장 알맞은 모습으로 기울어가기 위하여 한평생을 고단하게 쓰러져갔"을 만큼 언제나 가족을 위해 온몸을 희생하는 가장의 지위를 결코 저버리지는 않았다. 이러한 나무의 숨겨진 내면을 이해하기까지 시인은 참으로 오랜 세월 아버지에 대한 미움과 원망을 견디며 살아야 했다. 하지만 지금은 "아들놈이 하는 짓을 늘 못마땅해하는/아버지의 지문을/언젠가 내 글이 실린 잡지에서 본 적이 있"(「지장」, 『호랑이 발자국』)는 것처럼, 그도 "해 지면 달 지고, 달 지면 해를 지고 걸어온 길 끝/적막하디적막한 등짝에 낙인처럼 찍혀 지워지지 않는 지게자국"(「아버지의 등을 밀며」)을 보며 "내 몸에도 깊은 주름이 패이"는 것 같은 아픔을 내면화하게 된다. 그래서 그는 "어느 먼 곳을 바라보고" "젖은 눈으로" "무슨 노랜가를 부르고 있"었던 "아버지의 스무살 흑백

사진"에서처럼, "흑백의 저 푸른 느티나무 아래서 부를 노래 하나를 장만하기 위하여 나의 남은 생은 온전히 바쳐져도 좋"다고 말한다. 이 노래가 바로 "쓸모없는 짓에 최선을 다하는" 그의 "슬픔"이요, "힘"인 '시'의 세계요, '시인'으로서의 삶인 것이다.

이처럼 손택수의 시는 "당장에라도 뛰쳐나가고 싶어/뒤틀리고 비틀어진"(「그해 여름의 방」, 『호랑이 발자국』), 그래서 오래된 기억을 버리고 집을 떠나온 데서부터 시작되지만, "세상에 어미를 두고 온 나" "뼛속을 감돌며 우는 바람소리" 들으며 "으스스 비를 긋는"(「骨窟寺」, 『호랑이 발자국』) 시원(始原)을 향한 근원적 그리움을 차마 저버리지 못하며 다시 집으로 돌아가는 길 위에서 서성거린다. 마치 죽음을 향해 마지막 생을 거슬러 오르는 은어 떼들의 움직임처럼, 그 역시 제 이름 속에 지어진 영원의 무덤, 집〔宅〕을 향해 휘어진 길을 굽이굽이 오르고 있는 것이다.

　대숲 속으로 강물이 흘러들어간다 하류에서 상류까지 마디마디 몇 개의 둑을 지나온 것일까 어로도 없는 둑 너머로 은어가 튄다 담양 댓이파리 미끈한 어족이 휫휫 허공을 가른다 가로지른 칸칸 숨가쁘게 건너뛰며 할딱거리는 강물 속으로 은어는 그냥 흘러온 것이 아니다 장애물경주 주자처럼 푸파푸파 전력을 다해 뛰어온 것이다 하류에서 상류까지 영산강 강파른 물줄기를 휘이며 매달리는 은어떼, 대숲을 타고 오른다 수문을 닫아놓은 대나무 속으로 죽죽 몇 개의 둑을 더 건너뛰어야 할까 추월산 굽이 돌아 가마골 등푸른 은어가 튄다 강의 시원지 용소까지 대숲이 진저리, 진저리치며 휘어진다
　　　　　　　　　　　　＿「강이 휘어진다―江爭里」(『호랑이 발자국』) 전문

휘어진 강물을 거슬러 "장애물경주 주자처럼 푸파푸파 전력을 다해 뛰어온" 시인의 삶은 "강의 시원지"를 향한다. 그곳은 그가 태어나고 자란, 할머니와 할아버지의 삶이 아름답게 간직되어 있는 곳이다. "사람이 없을 때도, 집을 찾아온 이는 누구나/밥부터 먼저 먹이고 봐야 한다는", 그래서 "자물쇠 대신 숟가락을 꽂고 마실을 가는"(「외할머니의 숟가락」, 『호랑이 발자국』) 할머니, "지린 오줌 한 방울도 아무 데나 흘리지 않던/쇠똥구리들, 똥장군 지고/밭일 가시던"(「쇠똥구리는 다 어디로 갔을까」, 『호랑이 발자국』) 할아버지가 지금이라도 당장 달려와 어린 손자를 따뜻하게 맞아주실 것 같은 곳이 바로 고향이다. 그래서인지 시인은 "고향에 가면 신기하게 설사가 멎"고 "뒤란에서 시원하게 엉덩이를 닦아주고 가는 댓바람 소리가 들려온다"고(「腸으로 생각한다」, 『호랑이 발자국』) 말한다. 이곳이야말로 아버지를 원망하며 집을 떠나온 시인이 어머니의 빈자리를 보듬어 안을 수 있는 탯줄과 같은 근원적 힘을 지니고 있는 곳이기 때문이다.

> 아이를 처음 가졌을 때 어머니는 유난히 입덧이 심했단다
> 어느 날은 뜬금없이 홍어가 먹고 싶었는데
> 두엄더미 속에서 푹 곰삭은 홍어회를
> 오도독오도독 씹어먹고 싶은 마음에 안달이 다 났는데
> 아기가 홍어처럼 납작해지기라도 할까 봐 엄두를 내지 못했단다
> ─「닭과 어머니와 나」(『호랑이 발자국』) 부분

> 어느 날인가는 시큼한 홍어가 들어왔다
> 마을에 잔치가 있던 날이었다

(중략)
홍어를 먹으면 아이의 살갗이 홍어처럼 붉어지느니라
지엄하신 할머니 몰래 삼킨 홍어
불그죽죽한 등을 타고 나는
무자맥질이라도 쳤던지
영산강 끝 바닷물이 밀려와서
흑산도 등대까지 실어다줄 것만 같았다
죄스런 마음에 몇 번이고 망설이던 어머니
채 소화도 시키지 못한 것을 토해내고 말았다는데
역류한 바닷물이 눈으로 넘쳐나고 말았다는데
요즘도 나는 어쩌다 그 홍어란 놈이 생각나는 것이다
세상에 나서 처음 먹는 음식인데
언젠가 맛본 기억이 나고
무슨 곡절인지 울컥 서러움이 치솟으면
어머니 배 속에 있던 열 달이 생각나곤 하는 것이다
　　　　　　　　　　　_「홍어」(『목련 전차』, 창비, 2006) 부분

　어머니와 시인의 탯줄은 "홍어"를 매개로 이어져 있다. 어머니의 "죄스런 마음"과 시인의 "서러움"이 세월을 뛰어넘어 "무슨 곡절"처럼 한 몸의 기억으로 다시 재생되는 것이다. 여기에는 시간의 단절도 공간의 벽도 있을 수 없다. 어머니와 시인을 잇는 영산강 강줄기가 있고, "세상에 나서 처음 먹는 음식인데/언젠가 맛본 기억이" 둘 사이를 한 몸으로 묶어줄 뿐이다. 그래서 시인은 "乙, 乙, 乙 강이 휘어지는 아픔으로 등굽은 아낙 하나 아기를 업고 밭을" 매는 것을 보고서도, "까딱하면, 저 속으로 첨벙 뛰어들"(「강이 날아오른다」, 『목련 전차』) 것 같은 생각에 잠긴다. "청둥오리떼 파다닥 멀어지기 직전, 오오 바로 그 직전 나는 잠시 청둥오리 몸속에 있다 청둥오리 몸속 가장 깊은 곳에 닿았다 떨어"(「청둥오리떼 파다닥 멀어지기 직전」, 『목련 전차』)지는 것도 마찬가지다. 그가 두번째 시집에서 "목련 전차"를 타게 된 것도, 어머니의 탯줄에서 비롯된 '생명'에 대한 근원적인 이해에 다가서고 싶었기 때문이 아니었을까. 뭇 자연과 생명의 활기를 느끼며 새로운 시의 세계를 열어나가고 싶은 시인의 소망을 소박하게 형상화하고 있는 것이다. "목련 전차"를 타면 "레일은 사라졌어도, 사라지지 않는/생명의 레일을 따라/바퀴를 굴리는 힘을 만날 수 있"(「목련 전차」, 『목련 전차』)다고 믿기 때문이다. 그래서 그는 강쟁리의 추억과 지금의 현실이 갈등하면서 빚어내는 시적 긴장에 더욱 몰두한다. "쉬―, 쉬―, 하고 이어지는 할머니의 오줌 뉘는 소리"가 "무슨 주술처럼 시―, 시―," 하며 들리는, "몸과 마음을 이어주는 소리"를 가만히 듣고자 하는 것이다.

3. 할머니가 있는 풍경에서 오래된 미래를 보다

손택수의 시는 할머니가 있는 풍경에서 새롭게 시작되고 있다. 아니 어쩌면 할머니의 눈으로 세상을 바라보는 시선이 시인의 감각으로 재현되어 나온 것이 그의 시의 풍경이 아닐까 싶다. 그래서 그의 시는 여느 또래의 시인들이 구사하는 알쏭달쏭한 언어들과는 너무도 다르게 오래전부터 조로(早老)한 느낌을 지울 수가 없었는데, 최근 들어서는 아예 할머니의 언어 혹은 할아버지의 언어로 시가 무르익어가고 있음을 느낀다. "앞으로 걸어간 것 같은데/끝없이 뒤쪽을 향하여 있"는 "물새 발자국을 따라가"듯이, 그의 시 역시 "뒷걸음치며 나아가는 힘, 저 힘으로" "날개를 펴"고 "가뜬히 지상으로 떠오르는"(「물새 발자국 따라가다」, 『호랑이 발자국』) 연습을 하고 있는 것이다. 결국 그가 바라보는 풍경은 너무나 낯익고 오래된 풍경이지만, 그것은 과거로의 퇴행도 막연한 귀향도 아닌, 더 나은 미래를 향한 새로운 출발이라고 할 수 있다. 그가 바라보는 할머니가 있는 풍경이야말로 오래된 미래를 지향하는 서정시의 역설적 힘이 깊숙이 내장되어 있는 것이다.

    매달 스무여드렛날이었다
    할머니는 밭에 씨를 뿌리러 갔다

    오늘은 땅심이 제일 좋은 날
    달과 토성이 서로 정반대의 위치에 서서
    흙들이 마구 부풀어오르는 날

    설씨 문중 대대로 내려온 농법대로
    할머니는 별들의 신호를 알아듣고 씨를 뿌렸다

    별과 별 사이의 신호를
    씨앗들도 알아듣고
    최대의 發芽를 이루었다

    할머니의 몸속에, 씨앗 속에, 할머니의 주름을 닮은 밭고랑 속에

별과의 교신을 하는 무슨 우주국이 들어 있었던가

　　매달 스무여드레 별들이 지상에 금빛 씨앗을 뿌리던 날
　　할머니는 온몸에 별빛을 받으며 돌아왔다
　　　　　　　　―「달과 토성의 파종법」(『목련 전차』) 전문

　"땅심이 제일 좋은 날"을 골라 "밭에 씨를 뿌리는" 할머니는 이미 자연과 우주의 원리를 이해하고 있다. 그것을 터득하는 데 필요했던 것은 "설씨 문중 대대로 내려온 농법"을 자연스럽게 귀동냥한 것이 고작일 뿐, 파종법에 관한 특별한 기술을 전수받은 것도 아니었다. 이러한 문명적 교과서보다 더욱 중요한 것은 "별과 별 사이의 신호를" 알아듣는 "씨앗"의 마음을 헤아리는 것이고, "할머니 주름을 닮은 밭고랑"의 생리를 몸으로 느끼는 데 있다. 할머니의 몸과 밭과 씨앗과 별들이 온전히 한 몸이 될 때 "최대의 發芽를 이루"게 된다는 평범한 진리를 할머니는 한 번도 거스르며 살아본 적이 없기 때문이다. 그래서 시인은 "구름 우는 소리가 들"리고, "비를 불러"오고, "천문을 품고 있었던" "상할머니의 몸"(「구름의 가계」, 『목련 전차』)의 변화로부터 자연의 이치를 발견하려 하고, "지렁이 울면 낭창한 대 하나 꺾고 낚시를 가시던 할아버지"(「내 목구멍 속에 걸린 영산강」, 『목련 전차』)의 예지를 되찾으려 한다. 당신들의 몸과 마음에는 인간과 자연의 경계를 넘어서는 빛나는 소우주가 펼쳐져 있다는 사실을 시인은 너무나 잘 알고 있는 것이다.
　그런데 언제부턴가 우리는 할머니와 할아버지를 뒷방으로 내몰고 당신들의 마음자리조차 빼앗아버렸다. 자식들 살림살이에

평생 온몸 맞대며 함께 살아온 논이며 밭이며 모두 팔아버리고 쫓겨나오듯 고향을 떠나 도시로 나온 당신들은 어디에도 정붙일 곳 없어 우두커니 빈 하늘만 쳐다보기 일쑤였다. 그나마 고향집 마당을 안쓰럽게 대신해주던 것이 골목길 "평상"이었을 텐데, 그곳에 마주 앉아 "국수내기 민화투"라도 치면서 하루를 보내는 것이 유일한 즐거움이었을 텐데, "평상을 몰아내고 주차금지 앙큼한 꽃"(「앙큼한 꽃」, 『목련 전차』)이 피어 있는 지금의 골목에는 매일 같이 싸움과 소란이 커져갈 뿐 할머니들의 자잘한 이야기는 전혀 들리지 않는다. 그의 시가 가장 안타까워하는 것은 바로 이 대목이다. 할머니의 이야기, 고향집 마당에서 모깃불 피우고 밤이며 고구마며 감자며 온갖 먹거리를 먹으며 듣던 할머니의 이야기가 몹시도 그리운 것이다.

할머니는 사람의 콧구멍 속에 쥐 두 마리가 살고 있다고 했다. 세상모르고 곯아떨어진 동생의 얼굴에 연필 수염을 그려놓고 키득대고 있노라면, 에그 망할 놈, 나갔던 혼쥐가 딴 구멍으로 들어가겠구나 혼쭐을 내시곤 가만가만 아기가 깨지 않게 수염을 지워주곤 하였다. (중략) 내 콧구멍 속 혼쥐란 놈들이 달아나버리면 어떡하나 누가 잠든 내 얼굴에 가면을 씌워놓은 사이 고 새까만 눈을 두리번거리다 딴 구멍을 찾아가버리면 어떡하나 잠이 오지 않는 날들이 있었는데, 그런 날이면 어김없이 쥐가 나는 것이었다. 꿈속에도 달아난 혼쥐 생각에 다리가 뻣뻣이 굳어오는 것이었다.
_「혼쥐 이야기」(『목련 전차』) 부분

사립문으로 들어온 바람이 고가메 북쪽으로 씨러들어 가면 그날은 영락없이 비가 내린다, 한마을 한집에서 칠십년을 산 할머니의 말씀이다 볕이 저렇게 쨍쨍하기만 한데 말리던 고추를 거둬들이시고 논에 물꼬를 보러 간다, (중략) 요즘은 시어머니에게서 물려받은 가새각시 통 말을 듣지 않는다고, 가새각시 작두날에 녹이 슬기 시작했다고, 걸음걸음 벌렸다 오므린 발을 다시 떼기조차 힘겹다는 당신 설 앞날 서른다섯 손주를 마당에 업고 포대기처럼 빙 두른 흙담 곁 채마밭에서 들려주신다 아가, 별이 달을 뽀짝 따라가는 걸 보면은 내일 눈이 올랑갑다 꼭 이런 날 늬 할아비가 오셨구나 (중략) 가위를 매달던 명주실 올올 흰 눈이 뿌리는 밤 가윗날에 흰 눈이 싹둑싹둑 베어지는 밤 할머니 이제 가위점은 치지 않고 무덤 이야기만 들려주신다 가세 가세 일찌감치 떠난 할아버지 곁에 지어둔 가묘 이야기를 들려주신다 한마을 한집에서 일흔 해를 살고 한몸에 여든 일곱해를 머문 뒤의 일이다

　　　　　　　　　　　─「가새각시 이야기」(『목련 전차』) 부분

시인에게 할머니는 영험한 주술사와 같다. 할머니의 말과 몸의 감각은 어떤 천문의 과학보다도 정확하게 현실로 나타난다. 그 속에는 삼촌의 죽음과 할아버지의 죽음이라는 애절한 체험이 담겨 더욱 신통한 힘을 지니고 있다. 문명적 세계의 합리성으로는 도저히 받아들이기 어려운, 할머니가 구술해내는 전근대적인 설화에는 할머니와 할아버지, 그리고 아버지와 어머니로 이어진 삶의 내력이 고스란히 시인에게까지 전해지는 자연의 질서가 내면화되어 있다. 그래서 시인은 "꿈속에도 달아난 혼쥐 생각에 다리가 뻣뻣이 굳어오는" 체험을 하게 되는 것이다. 그러던 할머니가 이제는 "무덤 이야기", "가묘 이야기"를 할 뿐 더 이상 주술성에

기대어 세상을 바라보려 하지 않는다. 문명의 속도가 할머니의 주술을 빼앗아가버린 때문일까, 이제는 세상 어디에서도 조마조마하며 귀를 쫑긋 세우게 했던 할머니의 이야기는 찾아볼 수 없다. 그 문명의 자리에는 "어디로도 귀향하지 못한 철새들을 하룻밤에 혼자서 다 받아주었"(「추석달」, 『목련 전차』)던 누이의 눈물과, "낮술에 취해/술병처럼 쓰러져/잠이 든 사내"의 "벗겨지지 않는 구두"(「살가죽구두」, 『목련 전차』)만이 덩그렇게 남아 있을 뿐이다. 할머니가 없는 풍경은 그렇게 삭막했다. 그래서 시인은 도심 한가운데 사라진 터만이 남아 있는 곳에서부터 "목련 전차"를 타고 삭막한 도시를 한바퀴 돌고 싶었는지 모른다.

목련이 도착했다
한전 부산지사 전차기지터 앞
꽃들이 조금 일찍 봄나들이를 나왔다
나도 꽃 따라 나들이나 나갈까
심하게 앓고 난 뒤의 머릿속처럼
맑게 갠 하늘 아래,
전차 구경 와서 아주 뿌리를 내렸다는
어머니 아버지도 그랬겠지
꽃양산 활짝 펴 든
며느리 따라 구경 오신 할아버지도 그랬겠지
나뭇가지에 코일처럼 감기는 햇살,
저 햇살을 따라가면
나무 어딘가에 숨은 전동기가 보일는지 모른다
전차바퀴 기념물 하나만 달랑 남은 전차기지터

레일은 사라졌어도, 사라지지 않는
생명의 레일을 따라
바퀴를 굴리는 힘을 만날 수 있을런지 모른다
지난밤 내리치던 천둥번개도 찌릿찌릿
저 코일을 따라가서 動力을 얻진 않았는지,
한 량 두 량 목련이 떠나간다
꽃들이 전차 창문을 열고 손을 흔든다
저 꽃전차를 따라가면, 어머니 아버지
신혼 첫밤을 보내신 동래온천이 나온다

—「목련 전차」(『목련 전차』) 전문

'목련'과 '전차'의 소통은 참으로 이질적이다. 하지만 목련꽃이 개화하는 시간과 속도를 따라, 그리고 목련이 피어 있는 전찻길을 따라 '봄나들이'를 떠났던 할머니와 할아버지, 아버지와 어머니의 살아온 길이 그곳에서 다시 피어나는 듯하다. 지금은 "전차 바퀴 기념물 하나만 달랑 남은 전차기지터"지만, "나뭇가지에 코일처럼 감기는 햇살"을 따라 그때의 전찻길을 알려주는 '목련'의 개화는, 마치 낡은 전차를 타고 그때의 풍경으로 돌아가는 마음을 느끼게 한다. 비록 기계적 '動力'은 없지만, 가슴 깊숙이 간직된 마음의 동력은 그 어떤 힘보다 강하게 시인을 압도한다. 게다가 목련꽃 길을 따라가면, 탯줄을 찾아 본능적으로 움직이는 작은 생명이 움텄던 "어머니 아버지/신혼 첫밤을 보내신 동래온천"에 이르기도 한다. 그가 문명의 첨단을 달리고 있는 세상의 속도를 외면한 채 굳이 "목련 전차"를 선택한 궁극적 이유는 바로 여기에 있다. 그에게 지금 진정으로 필요한 것은 '할머니가 있는 풍경'이고 탯줄로 이어진 '어머니의 집'이다. "목련 전차"는 그곳으로 가는 가장 빠르고 가장 편안한 길임에 틀림없다.

4. 시인의 집에서 나오다

손택수는 "부산에 눈이 내리면 나도 따라 울고 싶어진다"(「부산에 눈이 내리면」, 『목련 전차』)고 조금은 감상적으로 말한다. 하지만 그의 감상은 감정을 절제하지 못한 데서 오는 다분히 통속적인 눈물로 생각되지는 않는다. 필자는 술에 취해 흐느적거리며 흘리는 그의 눈물을 몇 번인가 본 적이 있지만, 그 순간 감상보다는 오히려 강한 결기(結氣)를 느꼈던 것이 사실이다. 유난히 감수성이 예민했던 시절, 집을 떠나며 그가 흘렸던 눈물이 벼리고 벼린 언어로 다시 창조되기까지 얼마나 많은 상처와 고통을 견뎌야 했을까. 그의 눈물에는 "소금기에 절고 삭아서 어느새 둥그래진 상처"(「바다를 질주하는 폐타이어」, 『호랑이 발자국』)가 만들어낸 결기로 충만한 언어가 푹푹 곰삭아 있다. 겉으로는 여린 서정의 세계를 보여주는 듯하지만, 그 속을 들여다보면 어떤 강한 어조보다도 깊숙이 몸속을 파고드는, 모진 세상살이의 끝에서 이루어낸 성숙한 시의 힘이 느껴지는 것이다.

아주 잠시 그의 시집에 머물렀지만, 이제는 그곳을 떠나야 한다. 그가 태어난 집과 그가 살았던 집, 그리고 그가 살고 있는 집을 두루두루 며칠 같이 살아본 필자의 마음은 한결 가벼우면서도 한편으로는 몹시 무겁다. 할머니와 할아버지, 어머니와 아버지로부터 물려받은 그의 세월을 "스윽, 제비 한 마리" 관통하듯 뻥

뚫어버린 건 아닐까. 게다가 시인의 방심을 이용한 비평가의 속내를 보고서 "잠시 어안이 벙벙"(「放心」)한 채로 말문을 닫고 있는 것은 아닐까. 그의 집에 머무르는 동안 시의 진정성을 지니고 사는 사람들의 모습을 발견할 수 있었다. "자물쇠 대신 숟가락을 꽂고 마실을 가는" 할머니의 마음이 따뜻했고, "삼계탕에 닭발을 넣는", 그래서 "고깃점은 아들놈에게 다 몰아주고/흐물흐물 녹은 닭발을 뜯으며" "진국은 닭발에서 우러나온다고"(「닭발」, 『목련 전차』) 말씀하신 어머니를 만난 것만으로도 행복했다. 그의 시를 읽으며 적당한 거리 조정이 필요하다는 식의 시론을 들먹이기는 싫었다. "물고기들이라고 뭍으로/꽃놀이 오지 말란 법 없"듯이, "남해 삼동 촘촘한 그늘 가득 퍼득대는 물고기를/잎잎이 어깨에 메고 우뚝 선 어부림"(「어부림」, 『목련 전차』)처럼, 그렇게 그의 시를 읽고 싶었다. "어부림"이란 장소의 이름이 참으로 정겹다. 차라리 '어부림'을 '어불림'으로 읽는 편이 좋을 듯하다. 그래, 시는, 그렇게, 시인도, 비평가도, 어불려 읽어야 제 맛을 느낄 수 있는 것이 아닐까.

바쁜 일상 속에서 잊을 만하면 전화를 걸어오는 친구가 있다. 그것도 약간 술 냄새 나는 목소리로 문득 친구가 보고 싶어 전화를 걸었다고 말하는 뜬금없는 친구가 있다. 며칠 전에도 그는 다짜고짜 필자에게 전화를 걸어 부산으로 간다고, 지금 만날 수 있겠느냐고 했다. 이처럼 불쑥, 대책 없이, 찾아오는 친구가 바로 손택수이다. 이런 친구의 시집을 나서면서, "아무도 들어오려 하지 않는 단칸집", "시름시름 기울어가던 처마 끝"(「제비에게 세를 주다」, 『목련 전차』)이라도, 시인의 집에 세 들어 살면 정말로 행복할 것 같다는 생각을 했다. "나무와 사람은 이름을 통해서 만난다/이름 때문에 한몸이 된다"(「목도장」, 『목련 전차』)라고 했던가. 그의 이름 한가운데 있는 집[宅] 옆에 내 이름 석 자 목도장으로 또렷이 찍은 전세계약서라도 하나 만들어달라고 해볼까. 그의 집에 세 들어 살면서, 나도 따라 "목련 전차"에 몸을 싣고서 까마득히 잊고 살아온 시 한 편 쓸 수 있다면, 그것이 진정 행복한 삶이 아닐까.

(『오늘의 문예비평』 2006년 겨울호)

풍경에 대한 응시와 존재에 대한 성찰
__최영철의 『호루라기』(문학과지성사, 2006)와 유홍준의 『나는, 웃는다』(창비, 2006)

1. 일상의 풍경과 기억의 존재성

요즘 들어 시가 너무 어렵다. 전문적인 비평가들조차 해석이 불가능한 알쏭달쏭 외계어들이 시의 새로움을 주장하며 우리 시단의 변화를 주도하고 있다. 특히 2000년대에 등단한 젊은 시인들의 발상과 어법은 마치 서정의 전통을 조롱이라도 하듯 통사론적 언어의 해체와 이질적인 이미지의 조합, 그로테스크한 상상력으로 우리 시의 극단적인 변화를 선도하고 있다. 물론 모든 문화가 그러하듯 시 역시 달라진 시대의 흐름을 반영하지 못한다면 이내 정체되고 말 것이므로 '변화' 자체를 외면하거나 두려워해서는 안 된다. 중요한 문제는 이러한 변화의 양상이 우리 시의 미래를 열어가는 데 있어서 얼마만큼 유효성을 지니는가에 있다. 다시 말해 우리 시의 극단적 변화 양상이 단지 새로움에 대한 지독한 강박으로 시적 유희에 빠진 결과는 아닌지, 젊은 시인들의 하위문화적 상상력이 중심에 대한 전복의 정신을 망각하고 있는 것은 아닌지에 대한 객관적인 검증이 필요하다는 것이다. 하지만 요즘 젊은 시단의 대체적 경향은 이와 같은 문제제기에 대해 어떠한 논리를 내세우거나 적극적인 대응을 하기보다는 오로지 묵묵부답으로 일관하기 일쑤다. 즉 구태여 시가 이러한 생각과 목적을 염두에 두어야 할 이유가 무엇인가라는 식의 지독한 냉소를 드러내는 것이다. 이처럼 지금 우리 시는 지나치게 주관적이고 자의적인 폐쇄성 속에서 자기증식의 세계를 끊임없이 재생산하고 있어서 문제가 심각하다.

이러한 변화의 한가운데에서 최영철, 유홍준, 두 시인의 시집을 만나는 것은 참으로 소중한 일이다. 변화의 시대에 너무도 민감하게 반응하는 우리 시단의 유행적 흐름을 냉정하게 질타하듯, 오히려 변하지 않는 시의 품성을 유감없이 보여주는 두 시인의 시세계는 조용하지만 울림이 아주 크고, 일상적이지만 너무나 깊은 세계를 함축하고 있다. 최영철의 시는 우리 주변의 일상적 사물들과 풍경들을 세심하게 들여다보고 따뜻하게 감싸 안는 내면의 자기성찰을 보여주고, 유홍준의 시는 어두운 삶의 기억을 죽음 의식이라는 실존적 고투를 통해 변주해내는 개성적인 면모를 보여준다. 이들의 시에는 오랜 세월 지독하게 달라붙은 삶의 무게가 짓누르는 언어의 힘이 깊숙이 내장되어 있다. 상처와 고통으로 단련된 내면으로부터 솟아오르는 구체적인 현실 인식과, 죽음을 통과한 자만이 삶의 의미를 깨달을 수 있다는 실존적 성찰에 이르기까지 두 시인은 아주 견고한 시의 집을 짓고 있다. 이들의 집에는 삶의 비애와 냉소를 뒤집어놓는 웃음이, 자본주의적 삶의 문명적 폐해를 가로지르는 공동체적 생명의식이 자리잡고 있다. 또한 기억의 구술을 통해 현재의 삶을 냉정하게 돌아보는 진정성 있는 문제제기가 담겨져 있다. 이런 점에서 이들의 시는 앞을 내다보기보다는 뒤를 돌아보는 상상력에 크게 의지한다. 느릿느릿하고 어눌하고 자꾸만 뒤를 돌아보는 시적 행보야말로 우리 시대를 감싸 안는 진정한 서정의 힘이다.

2. 주변부적 삶의 내면화와 허위적 생명의식에 대한 비판

최영철은 시를 통해 소외된 이웃에 대한 연민과 그들을 바라보는 내면의 자기성찰을 일관되게 추구해왔다. 우리 주변의 일상적 풍경을 따뜻한 시선으로 감싸 안는 그의 시는, 언제나 거창한 문학담론을 내세워 작품을 분석하고자 하는 비평가들의 욕망과 허세를 신랄하게 배반한다. 그의 시는 평범한 일상의 한가운데, 어쩌면 전혀 시가 될 것 같지 않은 소재들을 통해 우리 사회의 모순을 날카롭게 비판하고 있는 것이다.

우선, 최영철의 시는 우리 사회의 중심부를 어슬렁거리기보다는 주변부적 삶의 풍경에 더욱 가까이 다가간다. 첫 시집 『아직도 쭈그리고 앉은 사람이 있다』(열음사, 1987)에서부터 이번 시집에 이르기까지 그의 이러한 시적 지향은 너무나도 한결같다. 소외되고 상처받은 민중들의 삶을 어루만지는 지난 1980년대의 민중지향성이 이제는 추상적인 구호도 오래된 기억으로 사라져버렸지만, 그의 시는 그때나 지금이나 변함없이 현실의 중심으로 들어오지 못하고 변죽을 맴도는 주변인 혹은 소수자들의 상처와 고통을 의미 있는 시선으로 바라보고 있는 것이다.

코딱지만 한 단칸방 가득 피어나던

따습던 저녁이 없다

오랜만에 걸어보는 길

희미한 외등만이 비추는 철거지는

여남은 집 어깨 나란히 하고 오순도순 살던 곳

쌀 한 됫박 연탄 한 장 빌리러 갚으러 가서

절절 끓는 아랫목에 발 집어넣던 곳

한글 막 깨친 아이 하나

밥상 위에 턱 괴고 앉아 소리 높여 글 읽던 곳

희미한 외등 따라 내 그림자 길게 늘어져

고단한 생의 흔적이 말끔하게 지워진 길

한 발 두 발 내 구두 소리만 흥얼댄다

일가족 칼잠으로 누웠던 머리맡

책 읽던 아이 책 잠시 덮고

그 위에 더운 국 한 그릇 차려지던

밥상을 밟으며 간다

차 조심해라 선생님 말씀 잘 들어라

그 아침의 당부와 언약을 밟으며 간다

―「철거지를 지나며」(『호루라기』, 문학과지성사, 2006) 전문

인용시에는 이제는 주변부적 삶의 영토마저 잃고 쫓겨난 민중들의 삶터를 돌아보는 화자의 목소리가 형상화되어 있다. "철거지"라는 말 속에 이미 황폐화된 삶터의 이미지가 충분히 투영되어 있듯이, 지금 현실은 개발과 문명이라는 미명 아래 "쌀 한 됫박 연탄 한 장 빌리러 갚으러 가서/절절 끓는 아랫목에 발 집어

넣던" 소박하고 따뜻한 삶의 풍경을 모두 허물어버렸다. "바다이 질편하던 막걸리 냄새"가 "자취도 없"이 사라진 "문화호텔 뒷골목의 막걸리집"(「막걸리북」, 『호루라기』, 문학과지성사, 2006)과, "국군통합병원이 헐리고/이 도시에서 가장 비싼 아파트 공사가 시작되면서" 비로소 모습을 드러낸 "다 부러진 골조를 엉성하게 내보이고 있"는 "보리수여인숙"(「보리수여인숙」, 『호루라기』) 역시 문명의 자리에 남은 깊은 상처를 보여주는 것이다.

세상의 놀랄 만한 변화와 더불어 흔적도 없이 사라져버린 공동체적 삶의 장소는 이제 추억으로만 호명되는 아련한 기억의 대상일 뿐이다. 이러한 추억의 풍경은 근원적이고 본질적인 삶을 회복하고자 하는 시인의 열망에서 비롯된 것이다. 최영철의 시가 '생명'의 문제를 일상의 풍경 안으로 이끌고 들어오는 것도 이러한 지향성 때문이다. 하지만 그의 시는 생명에 대한 외경을 인간적 시점으로 획일화해버린 우리 시단의 반생명적 생명의식을 비판하고 있다는 점에서, 기존의 생명시가 안고 있는 문제점에 대한 메타적 성격을 드러낸다.

드넓은 김해평야에서 잘 자란 모 한 판
집 옥상에 옮겨 심어놓고
욕심이 과했던가 보다
아침마다 물 대고 쓰다듬고 말을 붙이는데
벼는 가을이 오기도 전에 비실비실 말라가고 있었다
그 가녀린 벼에 무슨 힘이 있다고
제 몸 하나 버티기도 힘든 놈 모가지에 매달려
나는 마구 무엇인가를 애원하고 있었던가 보다

어서어서 커서 쑥쑥 밥이 되어 걸어나가라고
늦은 봄에서 여름까지 줄기차게 물 대고 말 시킨 죄
날마다 쇳덩어리 하나씩 가슴에 안긴 꼴이었을까
도시의 찌든 어둠과 불빛을 비료로 받아먹고
벼는 가을이 오기도 전에 하얗게 머리가 세고 있었다
이럴 바엔 빨리 늙어 먼저 죽어버리는 게 낫겠다고
벼는 밤새 쿨럭거리며 해소 천식을 토하였다
아무려면 수십 년을 견딘 가슴앓이만 하겠냐고
이부자리의 나는 말라가는 벼를 모른 체했고
그렇게 여름이 다 가도록 벼는 여물지 않았다
자꾸만 하얗게 말라 고꾸라져 고개 떨군 쭉쟁이들을 수습하며
오랜 가슴앓이만 남은 가을이 오고 있었다
　　　　　　　_「이른 가을의 수습」(『호루라기』) 전문

　과거 민중시를 쓰던 많은 시인들이 요즘 소위 생명의식에 대한 집중적인 탐구로 전환하는 모습을 쉽게 볼 수 있다. 물론 그들의 생명시는 지식인의 관념적 생명의식과는 다른 생활적 구체성을 지녔다는 점에서 상당히 의미가 있다. 그런데 지금 우리 시에 구현된 생명의식은 자연의 질서와 조화를 이루기 위한 노력이라기보다는 오히려 자연을 관찰하고 즐김으로써, 소위 웰빙의 가치로 변화시키려는 인간 중심의 왜곡된 의식이 깊이 내재되어 있어 문제이다. 이런 점에서 「이른 가을의 수습」이 상당히 문제적인 시로 다가온다. 인간의 생명의식이란 자연 그대로의 생명조차도 인간의 질서 속으로 편입시켜 인공적으로 관리하고 통제하려는 욕망에 다름 아닌 것이다. 인간의 욕망은 "김해평야에서 잘 자란

모 한 판/집 옥상에 옮겨 심어놓고"서는 "아침마다 물 대고 쓰다듬고 말 붙이기"만 하면 저절로 쑥쑥 자랄 것이라고 생각하는 허위성에 길들여져 있다. 이러한 허위적 생명의식으로 인해 자연이 "가을이 오기도 전에 비실비실 말라가는" 현실이 초래되는 것이다. 이처럼 최영철의 생명시는 생명 자체를 노래한다기보다는 반생명적 생태의식을 조장하는 인간 사회에 대한 비판적 문제제기를 실천적으로 보여주고 있다고 할 수 있다.

3. 어두운 삶의 기억과 죽음의 통과의례

유홍준의 시는 첫 시집 『喪家에 모인 구두들』(실천문학사, 2004)에서부터 '죽음'의 이미지를 중심으로 한 어두운 기억의 세계를 보여주었다. "넘길 때마다 핏물이 묻어나오는 시집을 묶어 팔고 싶다"(「식육코너 앞에서」)라는 그로테스크한 시적 욕망은 이번 시집에 와서도 가장 중요한 이미지로 심화된다. 그의 시에서 죽음은 어두운 삶의 기억을 통과한 자가 존재론적 성찰을 하는 일종의 통과의례와 같은 의미를 지닌다. 인간이야말로 "주검을 다는 저울 위에 올라가 보고서야 겨우/제 몸뚱어리 무게를 아는 백열 근짜리/사지 덜렁거리는 인육"(「저울의 귀환」, 『나는, 웃는다』, 창비, 2006)에 불과한 존재라는 사실을 그의 시는 일깨운다. 그래서 그의 시는 어두운 삶의 기억을 죽음을 꿈꾸는 것과 같은 환상의 세계로 재현해낸다.

내가 태어나고 자란 낡아빠진 기와집이

한 마리
검은 물고기 같다

노을에 물드는 옛집 기왓장들, 비늘처럼 반짝이는 때

잡초 우거진 마당에 우두커니 서서 바라보면
아가미 같은 부엌문은 덜렁거리고
헐어빠진 옆구리로 저녁바람은 빠져나간다

(중략)

꿈을 꾸었다 지느러미 같은 용마루를 곧추세우고
옛집이
한 마리 커다란 물고기 되어 유유히 헤엄쳐가고 있었다

보름달처럼 환한 할아버지 할머니 아버지
근심 걱정 없이 옛집 물고기 등에 올라타시고
아득하고 먼 茫茫
大海, 흘러
흘러가고 있었다
　　　　　　　_「물고기 꿈」(『나는, 웃는다』, 창비, 2006) 부분

낡고 오래된 옛집은 "육남매의 좌심방 우심실 두 칸 방은 허물어졌"던 것처럼, "살을 모두 발라먹고 남긴 생선뼈다귀처럼 앙상한 서까래들"의 흔적으로만 남아 있을 뿐이다. 유년의 상처와 아

픈 기억들을 떠오르게 하는 옛집의 모습은 현실의 눈으로는 치유할 수 없다. 그래서 화자는 "낡아빠진 기와집"을 "검은 물고기"의 세계로 변용하고, 꿈속에서 "한 마리 커다란 물고기 되어 유유히 헤엄쳐가"는 "보름달처럼 환한" 이미지로 전이시킨다. 이처럼 그의 시는 환상적 이미지를 통해 죽음의 세계를 새로운 의미로 육화하는 개성적인 상상력을 보여준다. 특히 '웃음'은 부조리한 현실에 저항하는 심리적 기제를 반영하는 중요한 역할을 담당한다. 최현식의 말대로, "웃음은 삶의 그로테스크함을 더욱 부감하게 하는 영혼의 형식이자 그런 삶을 강제하는 일상에 대한 조소"(「꽃피는 시절을 울고 웃다」)라고 할 수 있는 것이다.

    깜박,
    눈을 붙였다
    깼을 뿐인데 누가
    내 머리를 파먹은 거야
    아주 잠깐 눈을 감았다 떴을 뿐인데
    누가 내 눈동자를 쪼아먹은 거야 수박덩어리처럼
    누가 넝쿨에서 내 꼭지를 잘라낸 거야 배꼽이
    빠지도록 웃는다 숟가락으로 파먹다 만
    뒤통수를 감추고 웃는다
    이렇게 파먹힌 얼굴
    이렇게 파먹힌 뒤통수로
    이렇게 쪼아먹힌 눈 이렇게 갈라터진 흉터로
    누가 내 뒤통수에 빨간 소독약 묻힌 솜뭉치를 쑤셔넣다 놔둔 거야
    누가 내 웃음에 주삿바늘을 꽂아놓은 거야 누가

내 웃음에 링거 줄을 꽂고 포도당을 투약하는 거야

누가 바퀴 달린 이 침대를 밀며 달리는 거야

복도처럼 아득하게 웃는다 미닫이처럼

드르륵 웃는다 하얀 시트가 깔린 이 수술대 위에서

배를 잡고 웃는다 이 흉터 같은 입술

이렇게 붙었다 떨어졌다 하는

흉터 같은 입술로, 누가

흉터 위에

립스틱을 바르는 거야

누가 이 흉터끼리 뽀뽀를 시키는 거야

_「나는, 웃는다」(『나는, 웃는다』) 전문

인용시에서 화자가 살아온 삶의 내력은 "파먹히"고 "쪼아먹히"고 "쑤셔넣"어 온몸에 "갈라터진 흉터"의 연속이었던 듯하다. 아무리 "누가 ~ 거야"라는 식으로 세상을 향해 항변해봐도 결국 돌아오는 건 여기저기 흉터뿐이었다. 그런데 이러한 흉터를 바라보는 시선이 "배를 잡고 웃는" 행동을 유발한다는 사실에 유홍준 시의 아이러니가 있다. 즉 표면적으로는 "흉터"에 대해 지독히 거부하는 태도를 드러내지만, 본질적으로는 "흉터"를 어루만지고 감싸 안아 어두운 삶의 기억을 웃음의 세계로 이끌어내는 것이다. 여기에서 울음과 웃음의 세계는 이미 하나의 세계로 연결되어 있다. "외부에서 열지 못하는 뚜껑"(「그의 흉터」)처럼 완고한 벽을 세우고 있는 한 어두운 상처의 기억은 결코 치유될 수 없다. 따라서 "흉터끼리 뽀뽀를 시키는" 것은 어두운 기억의 세계에 움츠려 있는 본질적인 웃음의 세계와 만나기 위한 노력의 일환이다.

유홍준의 시에서 어두운 기억과 죽음 이미지는 종종 '가족'의 모습과 함께 나타난다. "중풍을 앓던 아버지"(「도화동 공터」), 독에 갇힌 어머니(「어머니 독에 갇혀 우시네」)에서처럼, 그의 시에서 가족은 언제나 병들거나 갇힌 형상으로 그려져 있다. 그래서 그는 이들을 일컬어 "반쪼가리 아버지 반쪼가리 어머니"(「반쪼가리 노래」)라고 명명하기도 한다. 그의 시가 죽음을 지향하는 이유는 반쪼가리에 불과한 현실의 상처를 온전한 몸으로 바꾸려는 영원성의 표상이라고 할 수 있다. 그래서인지 그의 시는 그로테스크한 세계를 형상화하지만 전혀 혐오스럽지 않고, 환상적 세계를 그려내지만 전혀 환상적이지 않다. 이와 같은 그로테스크와 환상은 그의 시가 웃음의 세계를 찾아가는 주술적 언어로 작용한다. 그는 지금 "정확히 무언지도 모를 나의 무언가를 감쪽같이 붙이고 싶"(「아교」)다고 말한다. 온전한 육체로부터의 이탈과 찢김은 어두운 기억을 표상하는 흉터를 남겨놓았지만, 이제는 이러한 흉터끼리 살을 맞대고 위무하여 한 몸으로 다시 태어나기를 기대한다. 어차피 '죽음'은 진정한 삶을 찾기 위한 통과의례에 지나지 않는다는 것이 그의 생각이다. 그래서 그는 아무렇지도 않게 "나는, 웃는다"라고 말하고 있는 것이다. 그의 시에 형상화된 웃음을 가볍게 지나칠 수 없는 이유도 바로 여기에 있다. 지금 그의 시는 "평생 우는 손으로 살"지 않기 위해 "동그랗게 말아진 아이의 손아귀"(「시인의 말」)에 붙잡힌 매미를 놓아주는 방법을 고민하고 있는 것이다.

4. 서정시가 새롭게 가야 할 길

서정시의 자리가 점점 위태롭게 느껴지는 요즘, 최영철의 「뒷간이 멀어서 생긴 일」은 상당히 중요한 문제의식을 드러낸다. 그는 유년의 삶을 결코 잊지 못하고 지나간 기억 속에서 오늘의 삶을 성찰하고자 한다. 여기에서 "요강"이라는 소재는 한 가족의 몸과 마음을 하나로 통합시켜주었던 지난날의 평범한 일상을 보여주는데, 이는 서정의 본질을 이해하는 중요한 의미를 내포한다. "뒷간이 멀어서 생긴 일"이지만, 요강에 가득 찬 가족들의 오줌을 아침마다 개울가에서 비워냈던 지난 시절의 기억은, 뒤를 돌아보는 상상력으로서의 서정의 본질을 상징적으로 형상화하고 있는 것이다.

이에 반해 요즘 젊은 시단의 시적 지향은 모든 면에서 너무 앞서 달려가는 듯하다. 앞만 보고 내달리는 서정의 운명은 무수히 많은 일탈과 변종들 앞에서 점점 무력해지고 있다. 이러한 변화에는 진부한 서정이라는 매너리즘에 깊이 빠져 미래를 사유하는 시적 갱신을 보여주지 못하는 우리 시단을 향한 비판적 성찰 또한 담겨 있다. 하지만 서정에 대한 성찰은 서정 자체를 중심에 놓고 사유해야지 서정의 본질을 방기하는 방향으로 논리화되어서는 안 된다. 이런 점에서 최영철, 유홍준의 시는 앞으로 우리 서정시가 지향해야 할 새로운 방향을 뚜렷이 보여준다고 하겠다. 이들의 시가 진지하게 형상화하는 '풍경에 대한 응시와 존재에 대한 성찰'이야말로 서정시의 미래를 새롭게 사유하는 본질이 되어야 가야 할 것이다.

(『딩하돌아』 2007년 봄호)

제3부
해석과 판단

비평의 소통과 미래
시의 미래를 사유하는 비평_구모룡, 「시의 옹호」
세대론의 권위와 탈정치성의 오류_이광호, 「이토록 사소한 정치성」
해석과 판단, 비평의 윤리_고봉준, 「반대자의 윤리」
시의 열정으로 충만한 죽음의 영원성_우대식, 「죽은 시인들의 사회」
콜로노스 숲으로 들어간 비평_강유정, 「오이디푸스의 숲」

비평의 소통과 미래

1. 비평과 독자

'미래파'를 둘러싼 논쟁이 더 이상 생산적인 논의가 되지 못한다는 비판이 여기저기서 들려오고 있다. 그동안의 논쟁이 젊은 시인들의 작품을 체계적으로 분석하고 평가하여 시적 갱신의 의미를 도출하는 차원으로 나아가지 못한 채, 소위 '미래파'와 관련된 몇몇 논자들의 비평에 대한 비판과 반비판으로 증폭되는 소모적인 논쟁을 되풀이하였다는 것이다. 작품과 동떨어져 위계화된 비평담론의 재생산은 궁극적으로 우리 시의 미래를 여는 비평적 사유가 될 수 없다는 점에서 이러한 비판은 충분히 설득력을 지닌다. '서정시' 혹은 '시적인 것'의 본질에 관한 규명은 반드시 작품과의 유기적 관련 속에서 논의되어야 근본적인 성찰에 도달할 수 있기 때문이다.

하지만 이러한 비판적 입장에도 전혀 문제가 없는 것은 아니다. 비평과 작품의 관계를 지나치게 이분법적으로 바라보는 잘못된 관행이 깊숙이 내재되어 있기 때문이다. '미래파'를 둘러싼 비평담론은 '미래파'적 경향의 시 혹은 시적 발언을 대상으로 작품의 형식과 내용을 전면적으로 고찰한 것이었다. 따라서 이를 두고 작품을 배제한 지점에서 일방적으로 논의된 비평적 인정 투쟁의 양상으로만 평가하는 것은 결코 타당하지 않다. 상당수의 시인들이 명명과 분류의 방식으로 유포되는 비평의 위험성에 휘둘리고 있다는 사실을 비판적으로 쟁점화한 논의가 오로지 비평'만'의 문제였다고 말할 수는 없는 것이다.

비평이란 무엇인가? 문학의 위기 혹은 종언이 심심찮게 거론되고 있는 지금, 비평의 기능과 역할이 더욱 중요한 문제로 부각되는 것은 너무도 당연하다. 문학 지형의 변화를 선도하고 작가와 독자 사이의 가교 역할을 해야 하는 비평의 본질이 심각하게 왜곡되고 있는 것이 엄연한 현실이기 때문이다. 지금 비평이란 장르는 '비평가도 안 읽는 비평'이란 자조적인 논평마저 감당해야 할 정도로 극심한 소외를 겪고 있고, 생경한 이론과 관념적 용어들로 장식된 과잉 수사로 인해 독자들과 단절된 사각지대로 내몰리고 있다. 게다가 최근에는 작품과 독자 사이의 진정한 소통에 대해서는 전혀 고려하지 않은 채, 오로지 분석이나 해석과 같은 그럴듯한 언어적 기술만으로 비평의 이름을 유포하고 있어서 '비평의 위기 혹은 종언'을 더욱 구체적으로 실감하지 않을 수 없다.

이러한 현실에서 비평을 읽고 쓴다는 것은 도대체 어떤 의미를 지니는 것일까? 한 사람의 비평가로 살아가면서 지금 비평의 본질에 대한 근본적 문제의식이 더욱 절실하게 요구되는 이유는 바로 여기에 있다. 독자와의 소통을 고려하지 않은 채 관념적이고 추상적인 지식의 각축장으로 변질되어버린 비평, 독자와 점점 괴리되는 작품의 현실에 대해서는 너무도 관대한 비평(비평가들이 온갖 이론을 끌어들여 그럴듯하게 작품을 해석한다고 해도, 그러한 과정이 독자들에게 충분히 전달되지 못한다면 무슨 의미가 있을까), 독자의 의식과 실천적 태도의 정립에 아무런 영향력을 미치지 못하는 비평. 이것이 바로 지금 우리 비평이 직면한 숨길 수 없는 현실이 아닌가?

최근 필자가 지속적으로 제기한 바 있는 '미래파' 비판의 핵심은 이와 같은 문제의식에서 비롯되었다. 처음부터 '미래파'라는 명명은 있을 수 없는 것이었음에도 불구하고, 명명과 분류의 권위에 기대어 서둘러 우리 시단의 미래(아무리 이것이 유파적 명칭이 아니라 단순한 미래를 의미하는 것일지라도)를 예단하기에 급급했던 비평의 위험성을 경계하지 않을 수 없었던 것이다. '미래파'라는 용어가 "다른 어떤 용어로 대체해도 상관없는 '텅 빈 기표'"에 불과했다면, 굳이 이러한 명명을 해야만 하는 비평적 당위성은 어디에서도 찾을 수 없다. 그런데 이제 와서 이러한 명명은 단지 "서정시의 경계를 확장하려는 시도"였으며, "서정시의 범위를 넓히려고 했던 것"[1]이었을 뿐이라고 말하는 것은 너무도 궁색한 변명이 아닐까. "미래파는 없다"라고 다시 선언하는 것도 우스운 일이거니와, 그럼에도 불구하고 "정확히 말해서, 통념이 제공하는 바와 같은 '그런 미래파는 없다'"[2]는 식으로 또다시 자신의 명명을 합리화하는 것은 더더욱 문제가 아닐 수 없다. 그동안의 논쟁이 오로지 자신의 명명을 잘못 이해한 데서 비롯되었

---

1) 권혁웅, 「미래파 2」, 『문예중앙』 2007년 봄호, 10~11쪽.
2) 위의 글, 14쪽.

고, 이러한 오류만 걷어낸다면 '미래파'라는 명명은 여전히 유효하다는 자기중심적 태도 앞에서 비평의 윤리는 결국 실종되고 마는 것이 아닐까.

2. 비평과 소통

요즘 들어 상당수의 독자들(여기에는 일반 독자뿐만 아니라 전문적인 문학 수업을 받은 독자들도 포함된다)로부터 시가 너무 어렵다는 말을 많이 듣고 있다. 물론 내포와 감춤을 미학적 기반으로 하는 시 장르의 특성상 최소한의 난해성은 불가피하므로, 시가 어렵다는 사실 자체를 일방적으로 문제 삼을 수는 없다. 하지만 이들이 말하는 어려움은 단순히 '해석가능/해석불가능'의 이분법적 차원의 문제로 단순화할 문제가 아니다. 이러한 시들이 상정하는 독자가 도대체 누구이며, 이러한 시적 양상이 독자에게 어떤 시적 기능을 하고 있는지에 대한 근본적인 문제제기가 요구된다. 이와 같은 문제를 성찰하기 위해서는 무엇보다도 비평의 기능과 역할에 대한 첨예한 논의가 있어야 할 것이다. 난해성의 본질을 파악하고 이것이 독자와의 관계를 새롭게 열어나가는 미학적 기획인가 그렇지 않은가에 대한 객관적인 분석과 판단을 내리는 것이 비평가들의 몫이다. 지금 비평 혹은 비평가들의 모습을 바라보는 솔직한 시각은 '시가 너무 어려워 비평을 읽으면 좀 이해될까 하고 비평을 읽었더니 오히려 시가 더 어려워지고 말았다'라는 아주 신랄한 비판에 놓여 있음을 반드시 기억해야 한다.

지금 우리 평단은 이러한 위기의 현실을 타개해나가는 비평의 지혜를 새롭게 모색할 필요가 있다. 이를 위해서 무엇보다도 먼저 깊이 고민해야 하는 것이 '소통'의 문제이다. 요즘 시가 정말 독자와의 소통을 고민하고 있는지에 대한 성찰은 물론이거니와, 지금 비평이 과연 독자와 소통하고 있는지에 대한 문제의식도 철저하게 규명되어야 한다. 비평을 독자들이 읽을 수 있는 평문으로 만드는 작업이야말로 앞으로 비평가들이 진지하게 고민해야 할 가장 중요한 문제이다. 비평이 누구에게나 읽히는 평문이 될 때, 비평의 자리는 어느 정도 지켜질 수 있을 것이다. 그동안 비평가들은 상아탑의 논리에만 빠져 비평 독자를 확산해나가는 외적 실천에 대해서는 크게 관심을 기울이지 않았다. 따라서 지금 우리 비평은 '대화적 비평론'과 같은 실천적인 비평의 방향에 대해 더욱 깊이 있는 논의를 펼쳐가야 할 것이다.[3]

비평가(갑) 암호 코드라고 하셨는데, 코드가 서로 맞지 않으면 의사소통은 불가능하죠. 그러니 코드를 이해하기 위한 독자의 노력을 전제하지 않고 일방적으로 비평가들만 새로운 코드를 바꾸는 식의 비평적 글쓰기의 발상전환은 원래 목적을 제대로 실현시킬 수 없다고 봅니다. 글쓰기 역시 하나의 의사소통 행위라는 측면을 배제할 수 없는데, 의사소통이 이루어지기 위해서는 비평언어의 공유가 우선 필요하죠.

비평가(을) 비평언어를 공유해야 의사소통이 가능하다는 점은 인정합니다. 그것이 전제되어야 하죠. 그런데 그 언어의 공유라는 점

---

[3] 이러한 비평의 대중화 문제에 대한 지속적인 관심과 실천의 결과물로 남송우의 『대화적 비평론의 모색』(세종출판사, 2000)과 『비평의 자리 만들기』(산지니, 2007)를 주목할 필요가 있다.

에서 비평가들만의 전문 언어를 좀 일반화된 언어로 바꾸어보자는 거죠. 비평이란 전문 영역에서만 통용되는 언어들을 일반대중들이 사용하는 언어로 바꾸어 볼 수는 없겠느냐 하는 말입니다. 그럴 때 비평문도 소설처럼 읽힐 수 있지 않을까 하는 기대를 하기 때문이죠.[4]

인용문에서 언급한 '소설처럼 읽히는 비평'이란 말의 내포적 의미는, 이제 비평가들도 독자들이 재미를 느낄 수 있는 비평의 대중화에 대해 충분히 고민할 필요가 있고, 이를 위해서는 비평 창작에 대한 근본적인 발상의 전환이 필요하다는 문제의식이다. 남송우가 부버의 개념을 원용해 밝힌 바에 의하면, 대화는 크게 세 가지로 나누어 설명할 수 있는데, ①진정한 대화 ②기술적 대화 ③대화로 위장된 독백이 그것이다. ①은 대화의 참여자가 상대자를 온전히 인정하고 그들의 의도에 전적으로 귀를 기울이는, 그래서 양자 간에 생동하는 상호성이 생기는 대화를 말하고, ②는 타자성을 인정하지 않고 사실적인 내용을 이해하고 따지기 위한 필요성에서 하는 대화이며, ③은 모두가 서로를 향해 무슨 말을 하고 있지만, 자기의 사상이나 관점에서 전개되는 일방적인 대화이므로 진정한 의미에서 대화라고 보기 어렵다.[5] 이런 점에서 우리가 지향해야 할 대화의 참모습이 '진정한 대화'를 지향해야 하는 것은 너무도 자명하다. 비평의 대화와 소통은 ②와 ③의 대화가 지닌 허위성을 걷어내고 ①의 대화로 나아가는 방법에 대

---

4) 남송우, 「대화적 비평론의 모색」, 『대화적 비평론의 모색』, 5쪽.
5) 남송우, 「비평의 대화적 구조」, 위의 책, 13쪽.

해 더욱 구체적인 논의를 이어가야 할 것이다.

　지금 우리 시단에서는 소통불능의 언어를 무차별적으로 나열하는 괴물들의 외계어가 점점 더 주관적인 개인성의 함정을 깊숙이 파고들어가고 있다. 따라서 그들의 언어를 해독하는 과정은 무수히 많은 함정들에서 허우적대는 고통의 연속일 뿐이다. 시를 이해하기 위해 이토록 '어렵고 힘든' 해독의 과정을 거쳐야 한다면, 더 이상 시와의 소통을 기대하는 독자들은 찾을 수 없을 것이다. 게다가 시인들조차 어떠한 독자도 상정하지 않는 자족적인 세계에 안주함으로써 시인과 독자의 관계는 단절적 관계로 전락하고 말 것이다.
　그렇다면 그들이 말하는 시의 미래는 도대체 어디를 향하고 있는 것인가? 이러한 어려움에도 불구하고 그들의 언어놀이에 너무나 즐겁게 참여하고 정교하고 논리적인 해석까지 늘어놓는 비평가들이 있어 정말 놀랍고 신기할 따름이다. 기본적인 해독조차 불가능한 시들 앞에서 망연자실하고 있는 필자와는 다르게, 몇몇 비평가들은 그들의 시가 너무나 "재미있다"고까지 말한다. 그들은 시와 비평을 겸하는 양수겸장의 능력을 갖고 있어서, 비평가로만 살아가는 필자와 같은 사람이 갖지 못한 특별한 시안(詩眼)이 있는 것일까?[6]

　지금 서정시는 지독한 수난의 시대를 살아가고 있다. 서정시를 읽기도 어려울뿐더러 서정시를 쓰기도 어려운 시대가 바로 지금이다. 서정시의 수난이라는 이 난경(難境)을 슬기롭게 헤쳐나가는 일이야말로 앞으로 시 비평이 감당해야 할 몫이다. 지금이야말로 서

---

6) 하상일,「'미래파'들의 '다른 서정'」,『애지』2006년 가을호, 56쪽.

정시를 읽기 어려운 독자들과 서정시를 쓰기 어려운 시인들 모두에게 열린 비평이 절실하게 요구되는 때인 것이다. 가뜩이나 알쏭달쏭 외계어들이 난무하는 우리 시단에, 덩달아 이러한 외계어들을 정교하게 해석하고 '미래파'라는 멋진 수사를 달아주기에 분주한 자기중심적 비평의 한계를 철저하게 성찰해야 한다. 시도 읽혀야 하고, 비평도 읽혀야 한다. 독자를 염두에 두지 않는 우리 시문학의 오만한 권위의식을 청산해야 한다.[7)]

이상과 같이 필자가 지속적으로 문제제기한 '미래파' 비판 역시 비평의 소통이라는 맥락에서 이해할 필요가 있다. 즉 독자들과의 소통이 요원한 '미래파'적 경향의 시를 해석하고 분석하는 능력의 유무가 비평의 본령인 것처럼 변질되어가고 있는 시 비평의 현실을 냉정하게 비판하고자 했던 것이다. 작품에 대한 정교한 해석만 있을 뿐, 이에 대한 분명한 가치판단을 결여한 비평의 미래는 암담할 따름이다. 우리 비평의 현실은 점점 더 비평의 감옥 안에 갇혀 독자들과의 진정한 소통을 시도하지 못하고 있는 실정이다. 너무도 난해한 시를 아주 그럴듯하게 해석해내는 비평, 하지만 비평가들조차 그 독법의 과정을 쉽게 따라갈 수 없는 비평, 그것은 비평이라기보다는 '대화로 위장된 독백'에 지나지 않는다. 비평은 이렇게 문학판 안에서 스스로 소외를 조장하거나 오히려 이러한 소외를 무슨 특권인 양 내세우는 잘못된 권위의식에 사로잡혀 있어 심각한 문제가 아닐 수 없다.

---

7) 하상일, 「'다른 서정'과 '다른 미래'」, 『신생』 2006년 가을호, 206~207쪽.

3. 비평의 감옥

『문예중앙』 2007년 봄호 특집 〈미래파, 그 이후〉[8]를 보면서 필자는 비평 읽기의 괴로움을 견뎌야만 했다. 이번 특집은 그동안의 '미래파' 논쟁에서 여러 논자들이 이미 언급한 바 있는 "이제 이들의 시가 가진 지형을 차분히 탐색하는 일이 필요할 것이다. 비난과 공격을 위한 비평이 아니라, 진정한 '소통'을 위한 비평 말이다"[9]라는 식의 문제제기에 대한 해답으로서의 성격을 지니고 있다. 그런데 이번 특집의 언술들을 자세히 들여다보면, 정작 자신들이 철회할 것을 강력하게 주장했던 '비난과 공격'의 방식을 오히려 그들 스스로가 그대로 보여주고 있어 비판의 진정성을 심각하게 의심하지 않을 수 없다. 이 기획이 애초에 생산적인 비판과 토론을 기대하거나 작품에 대한 객관적인 분석과 평가를 목표로 했다면, 필자의 구성에서부터 균형적인 시각과 세심한 주의를 기울였어야 했다. 하지만 특집에 참여하고 있는 권혁웅, 조강석, 신형철, 함돈균의 관점이 '미래파'에 대한 객관적인 평가를 내릴 만한 위치에 있다고 생각하는 사람은 소수에 불과할 것이다. '미래파'적 시 쓰기에 대해 공개적으로 비판적 입장을 표명한 어느 누구에게도 지면을 제공하지 않은 채 일방적 기획을 펼쳐놓고서, "비난과 공격을 위한 비평이 아니라, 진정한 소통을 위한 비평"을 하자고 말하는 것은 그 자체로 모순이다. 이는 자신들의 발언만을 정당화하려는 편향된 의도에서 비롯된 자가당착이 아

---

8) 이하 3장에서 인용한 평문은 모두 특집에서 인용한 것이므로 서지사항은 생략하고 제목만 밝히기로 한다.
9) 권혁웅, 앞의 글, 31쪽.

닐 수 없다. 그들의 논법을 그대로 따라가보면, 비판론자들의 견해를 '비난과 공격'이라는 범주 속에 무조건 가두어버림으로써 우리 시단의 변화와 혁신에 대한 비판의 목소리를 속악한 논리로 재단하고 있음을 알 수 있다. 이러한 폐쇄적 태도는 열린 비평 자체를 봉쇄하는 것이고, 그 결과 독자들에게 비평은 일방적으로 전달되는 독백적 발화로 각인될 뿐이다.

필자는 이 글에서 더 이상 '미래파'에 대한 소모적인 논란을 증폭시키는 논의를 하고 싶지는 않다. 이미 여러 편의 글을 통해 핵심적인 문제제기는 거의 다 했다고 생각한다. 참으로 안타까운 것은 이러한 비판적 문제제기가 전혀 소통되지 못하고, 한낱 '욕설'(권혁웅의 말)의 수준에 불과하다는 식의 인신공격으로 돌아오는 것을 보고 우리 비평의 미래에 절망하지 않을 수 없다. 비판의 내적 진정성을 찾으려 하지 않고 오로지 말꼬리 잡기, 아전인수식 논리를 펴는 비평을 두고 무슨 말을 더 할 수 있겠는가. 그들은 비판론자들을 향해 항상 작품으로 들어가서 논의하자고 말하면서도 정작 자신들은 작품을 떠난 논의를 되풀이하고 있는 것에 대해서는 뭐라고 말할 것인가. 필자는 이 글에서 비평의 소통 문제에 대해서만 집중적으로 논의하고자 한다. 그들의 비평이 '외계어'로 인식되는 요즘, 시 작품의 현란함만큼이나 심각한 소통부재의 상황에 놓여 있는 비평의 현실을 비판적으로 살펴보고자 하는 것이다.

권혁웅의 「미래파 2—2007년, 젊은 시인들을 위한 변론」을 읽는 내내 필자는 지식인의 위계에 갇힌 비평의 위험성에 대해 다시 한 번 생각하지 않을 수 없었다. 지젝, 메를로퐁티, 들뢰즈, 레비스트로스, 라캉, 아도르노, 칸트, 프로이트, 바르트 등 한 편의 평문 속에 이렇게 많은 이론가들과 철학자들의 견해가 들어 있어야 한다면, 도대체 비평의 자립성은 어디에서 찾을 수 있는 것일까. 자신의 주장을 설득력 있게 전달하기 위해 권위 있는 이론가의 견해에 기대는 소견논거의 방식은 아주 보편적인 논증의 방법이라는 점에서 인용 자체를 비판할 필요까지는 없을 것이다. 하지만 한 편의 짧은 평문에서 지적 편력만을 두드러지게 부각시킨다면, 비평과 독자의 관계는 처음부터 형성되기 어려울 수밖에 없다. 이 글은 소위 '미래파'로 불리는 젊은 시인들의 시적 양상과 의미를 적극적으로 변론하기 위해 쓴 것이다. 그런데 정작 이 글은 젊은 시인들의 시에 대한 변론이 주된 목적이라기보다는, 오히려 그동안 자신의 비평에 대해 쏟아졌던 비판을 논박하기 위한 논거로 비평이론과 철학적 사유를 전시하는 데 집중하고 있어서 글의 초점이 분명하게 드러나지 않는다.

　이러한 과정에서 비평을 읽는 독자의 몫은 어디에 있는 것일까. 이 글이 그동안 전개된 '미래파'에 대한 논란을 충분히 해소해주고 있는가, 아니면 그가 주장한 대로 비판론자들이 제대로 파악하지 못한 '미래파' 시의 핵심을 소상하게 분석하고 있는가. 도대체 독자는 이 글에서 무엇을 읽어야 하는 것인가. 소통, 감각, 추(醜), 환상, 고통, 주체 등의 용어를 통해 미래파 문제를 해명하고 있는 이 글에서 독자들은 일방적인 개념의 주입을 강요당하고 있지는 않은가. 이러한 지적 편력을 따라가면 미래파적 경향의 시를 분석하고 이해하는 최소한의 소통 지점이나 가치판단의 영역을 발견할 수 있는가. 그렇다면 미래파의 시를 올바르게 이해시키기 위한 전제가 깔린 이 글에서 독자의 위치는 어디에 있다고 할 수 있는가. 차라리 이제부터 비평이라는 장르는 비평가들 중에서도 문학과 철학 등의 이론에 해박한 사람 정도가 되어야 겨우 읽을 수 있는 장르로 그 범주를 제한해버리는 것이 나을지도 모르겠다. 권혁웅의 비평을 읽으며 독자들은 다시 한 번 비평의 난해함과 현란함에 절망하며 비평 읽기 자체를 포기해버릴지도 모른다. 이렇게 비평은 스스로를 극심한 소외의 궁지로 내몰고, 시와 독자와의 관계를 매개하는 비평의 최소한의 기능은 송두리째 사라져버리고 있는 실정이다.

조강석의 「삶의 아포리아와 시적 현실」 역시 비평의 지적 위계로 인해 비평 읽기의 괴로움을 가중시키기는 마찬가지이다. 이 글 역시 수전 손택, 츠베탕 토도로프, 들뢰즈, 코수스, 라인하르트, 아도르노, 한스 제들마이어 등의 생각과 이론들이 그의 주장을 논증하는 중요한 근거로 제시되어 있다. 그런데 조강석의 논의는 이러한 이론적 근거와 미래파 비판론자들의 입장을 무조건 상충되는 것으로 획일화해버리는 이분법적 오류가 심각하다. 예를 들어 수전 손택의 견해에 기대어, "예술작품이 '말하는 바'를 놓고 도덕적 시비를 가리는 데 드는 공력을 개별 작품들이 성립하는 데 행사된 고유의 '힘'들을 적극적으로 읽어주는 노력으로 전환"(34~35쪽)해야 한다는 주장에는 이분법적 논리가 깊숙이 내재되어 있다. 즉 이러한 언술방식의 내적 의도를 살펴보면, 자신은 비교적 객관적인 시각에서 작품의 본질을 찾음으로써 미래파의 시를 이해하고 있는데, 대부분의 비판론자들은 감정적 태도에 치우쳐 작품의 호불호(好不好)를 따지는 도덕적 기준에 지나치게 얽매여 있다는 식으로 주장하는 것이다. 하지만 어느 누구도 미래파의 문제를 도덕적 시비의 차원에서 언급한 적은 없다. 미래파 비판의 핵심은 이러한 시적 경향을 새로움에 들린 명명과 선언의 방식으로 무조건 감싸 안고 있는 비평의 윤리성 부재를 질타하는 데 있다. 지금 우리 시단은 새로움에 대한 강박관념이 너무나 과도하게 유포되어 있다. 변화는 언제나 새로움의 가치로 포장되기에 급급하고, 전통은 시대착오적인 논리로 폄하되기 일쑤다. 이러한 새로움을 어떻게 이해하고 평가할 것인가의 문제는 앞으로 우리 비평이 짊어져야 할 중요한 과제가 아닐 수 없다. 필자가 미래파 비판, 정확히 말해 미래파를 일방적으로 옹호하는 비평에 대한 비판을 통해 궁극적으로 성찰하고자 한 것은 바로 이러한 비평의 윤리성 회복에 있었다.

이제 장황한 연역적 논리 뒤에 소략하게 펼쳐진 작품에 대한 논의의 타당성에 대해 살펴보자. 조강석은 김근, 장석원, 김경주의 시에서 "바깥의 삭제와 폐색(閉塞)의 실감 그리고 그로부터 비롯된, 기성의 가치나 관점에 대한 전면적 회의와 '선험의 봉인'에 따른 귀납적 가치 판단 태도"(48쪽)를 공통의 내적 연관성으로 파악한다. 그리고 이러한 시적 특징을 "삶의 아포리아에 대한 수사적 아포리아의 웅대가 아니라 바깥을 잃고 아포리아에 처한 삶에, 지성에, 지금의 것이 아닌 방식으로도 충분히 존재할 수 있는 세계를 환기시키는 도덕적 행동"(52~53쪽)이라고 말한다. 이러한 평가를 바라보면서 필자는 담론과 실제의 괴리를 절감하지 않을 수 없다. 비평이 실제에 대한 귀납적 분석을 바탕으로 설득력을 제고하는 데 주력하지 않은 채(이는 비평과 독자의 관계에 있어서 가장 필수적인 부분이다), 연역적으로 제시한 이론에 맞추어 당위적이고 추상적인 담론을 과장되게 의미화하는 데 집중하고 있기 때문이다. "바깥의 삭제와 폐색의 실감"을 "기성의 가치나 관점에 대한 전면적 회의"로 읽어내고 싶은 것은 비평가의 욕망일 뿐이다. 실제 작품이 이와 같은 전복의 정신을 구현하고 있는지도 의문스러울뿐더러, 설사 이러한 비판적 현실 인식을 담고 있다 할지라도 이를 논리적으로 증명하기란 결코 쉬운 일이 아니다. 아무리 전문적인 독자라 할지라도 상당히 복잡한 해독과 해석의 과정을 거치지 않는다면 시에 담긴 내포적 의미의 본질을 제대로 파악하기 어렵기 때문이다.[10] 게다가 이미 결정된 논리에 맞춰 시를 분석하고 해석하는 것은 비평의 정당한 소통 과정이라고 말할 수도 없다. 정해진 경로를 따라 시를 읽도록 암묵적으로 요구하는 비평은 비평 독자의 자리를 처음부터 설정하지 않는 너무도 권위적인 언술이다. 이러한 비평의 무의식적인 권위로 인해 시인과 작가들 그리고 심지어 비평가들조차도 비평 읽기를 점점 꺼리는 현상이 초래되는 것이 현실이다. 이런 상황에서 비평을 읽는 독자를 기대한다는 것은 어불성설이 될 수밖에 없다.

---

10) 이러한 문제의식의 연장선상에서 엄경희는, 가장 대표적인 미래파 시인으로 평가되는 황병승의 시에 대해 아래와 같이 비판적인 입장을 표명한 바 있다. 이상적 담론과 실제 작품 사이에 가로놓인 소통의 장벽을 분명하게 지적하고 있다는 점에서 주목된다. "황병승의 시가 가짜 지배질서를 공격하는 전복적 상상력을 지녔다 할지라도 한 편의 시를 다 읽을 때까지 독자의 시선을 붙잡아놓을 수 없다면 그의 의도는 실패할 수밖에 없다. 재독을 요구하는 것이 그의 긴 시에서만 발생하는 현상은 아니지만 특히 그의 긴 시들은 치밀한 재독을 성실하게 시행하지 않고서는 의미 해석이 거의 불가능하다. 사실 모든 시 자체가 정도의 차이는 있지만 재독을 하지 않고서는 그 의미와 미감을 제대로 간파하기 어려울지도 모른다. 문제는 황병승의 시가 난독이나 재독의 과정을 거쳐야 한다는 데 있는 것이 아니라 그러한 독서의 과정이 얼마만큼의 보람을 독자에게 되돌려줄 것인가에 있다. 수수께끼를 풀듯 맥락의 혼란을 끈질기게 견뎌낸 독자의 수고에 그의 시는 제대로 값하는가? 그가 실현하고자 하는 주제의식은 그가 지금까지 견지해왔던 장황한 형식과 필연적 관계인가? 아니면 자신의 시작 방식에 시인 자신이 도취해 있는 것은 아닌가?"(엄경희, 「난독(難讀)의 괴로움을 넘어서 독자는 무엇을 얻는가?―황병승론」, 『오늘의문예비평』 2007년 봄호, 79~80쪽.)

비평과 독자의 단절을 "비평의 한계상황"으로 인식하는 함돈균의 관점은 더더욱 비평의 악순환을 되풀이하고 있다. 그는 「균열, 불면, 기화, 그리고 여백은 어떻게 정치적인 것이 되는가 — 시적 형이상학의 정치적 존재론에 관하여」에서, "'미래파' 논쟁을 유심하게 지켜보면서 든 생각은, 오히려 우리의 시적 상황을 규정하고 있는 유물론적 토대에 대한 정치사회학적 성찰만큼이나 지금 우리에게 필요한 것은, '시적인 것' 자체에 대한 '형이상학적' 원론이 아닌가 하는 생각"(74쪽)이라고 말했다. 또한 "시비평의 영역에서 그동안 관성적으로 제기되어온 '소통'에 대한 요구가 지닌 본질적 문제점은, 개인과 사물 세계를 '자명한 것'들로 번역하려는 '투명성'에 대한 욕망을 숨기지 않는다는 점에 있다"(98쪽)고 밝혔다. 결국 그는 "오늘의 비평적 상황은 이제 우리에게 '읽을 수 있음'이 아니라 '읽을 수 없음'이라는 비평의 '한계상황'에 대한 원초적 물음을 제기하고 있다"(99쪽)고 주장한다. 이 무슨 궤변인지 모르겠다. 지금 비평이 여러 가지 점에서 소통의 근본적 한계를 지니고 있다면, 이러한 한계상황을 뛰어넘을 수 있는 인식과 방법에 대한 첨예한 논의가 있어야지, 오히려 이러한 비평의 한계상황을 형이상학적 물음 속으로 가두어버린다면 독자는 끝끝내 '아무나 읽을 수 없음'이라는 고압적 태도에 주눅 들고 말 것이 아닌가. 지금 '시적인 것' 자체에 대한 근본적 성찰이 무엇보다도 필요하다는 견해 자체에 대해서는 필자 역시 전적으로 동의한다. 다만 그것이 형이상학적인 차원으로 나아가서는 절대 안 되고, 독자와의 소통을 고민하는 방향에서 구체적인 논의가 이루어짐으로써 '대화적 비평'을 모색할 수 있어야 할 것이다.

4. 비평의 미래

『문예중앙』 2007년 봄호 특집 "미래파, 그 이후"에는, 지면 관계상 이 글에서 언급하지 못한 신형철의 「감각이여, 다시 한 번—'감각으로 사유하는 종(種)'을 위한 단상」을 포함하여 네 편의 글이 게재되어 있다. 그런데 이 네 편 모두가 '미래파'에 대한 귀납적 분석이라기보다는 철학적 사유를 앞세워 비평가의 주장을 연역적으로 논증하고 있다. 아마도 '미래파 비판에 대한 비판'이라는 기획 의도를 효과적으로 수행하기 위해서 어쩔 수 없이 선택한 전략적 방법이었을 것이다. 몇 가지 단서를 달긴 했지만, 이번 특집을 통해 권혁웅은 그동안 자신의 주장과는 달리 '미래파는 없다'라고 '선언'함으로써 소모적인 논쟁에 종지부를 찍으려 했다. 그가 지젝의 논법을 빌려 비판론자들을 비판한 방식으로 그에게 비판을 되돌려준다면, '미래파는 없다'라는 사실을 이미 알고 있으면서도 굳이 왜 '미래파는 없다'라고 다시 한 번 강조하고 있는 것일까.

역시 말꼬리 잡기는 참 초라한 논법이다. 더군다나 아리스토텔레스, 플라톤, 데카르트, 헤겔을 넘나드는 철학적 사유를 거쳐 미래파의 적실성을 주장하는 그들의 논법을 따라잡기란 역부족인 것 같다. 비평과 철학의 관계 자체를 의심하는 것은 결코 아니다. 철학적 사유가 바탕이 될 때 비평의 지혜는 더욱 풍성해질 것임에 틀림없다. 하지만 이러한 철학적 사유가 작품에 대한 해명의 열쇠로 작용하는 것이 아니라 오히려 작품을 더욱 미궁 속으로 빠뜨리는 역기능을 하거나, 비평가의 연역적 논리를 일방적으로 전달하기 위한 지침서와 같은 권위를 조장한다면, 이것은 철학적 사유라기보다는 비평의 난해성만을 더욱 부추기는 부작용을 초래할 따름이다. 다시 비평의 본질로 돌아가서, 비평은 작가와 독자의 관계를 적극적으로 맺어주는 소통의 기능을 담당해야 한다. 철학은 이러한 소통에 보탬이 될 때 의미가 있는 것이지, 이를 저해하는 방해 요소로 작용한다면 비평의 요소가 될 수도 없고 되어서도 안 된다. 이런 잘못된 관행으로 인해 그동안 우리 비평은 관념적이고 추상적인 지식의 현란함을 강조하는 특별한 영역으로 인식되어왔다는 사실을 직시할 필요가 있다.

　이제 우리 비평은 명명의 권위를 걷어내고 문학의 새로움을 실체적으로 분석하고 이해하는 가치평가의 척도를 찾아야 한다. 이것은 도덕적 시비를 가리자는 차원의 말이 결코 아니다. 새롭다면 도대체 무엇이 새로운 것인지를 말해야 하고, 그 새로움에 대해 분명한 평가를 내리는 것이 비평이 견지해야 할 뚜렷한 목표가 되어야 한다는 것이다. 미래파를 옹호한 비평가들 대부분은 이들을 섹트화하고 새로운 명칭을 부여하고 생경한 이론을 내세워 이들의 새로움을 과장되게 포장하는 데 급급했다. 게다가 "우리의 문학비평이 오래된 지도에 의거하여 실제의 성취들을 깎고 낮추고 비껴가고 있다"고 말하면서, 미래파 비판론의 내적 진정성을 이해하려 하기보다는 "입법 비평의 저 허망한 가르침", "지도 비평의 저 낡은 계몽적 수사"[11]라는 식으로 폄하하는 데만 계속해서 열을 올리고 있는 것도 사실이다. 이런 점에서 이번에 기획된 『문예중앙』 특집은 미래파 논쟁이 지향해야 할 생산적인 논점을 전혀 열어내지 못하고 오히려 논쟁을 더욱 퇴보시키고

---

58) 「봄호를 내면서」, 『문예중앙』 2007년 봄호, 2쪽.

말았다.

  비평의 미래가 암담하고 참담하다. 박제화된 비평의 장을 바깥으로 끌고 나와 대중들의 말과 언어로 대화를 나눌 수 있을 때 비평의 진정한 소통은 성취될 수 있을 것이다. 이를 위해서는 어떠한 비판적 메시지도 공적 담론의 차원에서 수용될 수 있는 열린 비평의 자세가 무엇보다도 필요하다. 비평의 미래는 이러한 문제의식으로부터 다시, 새롭게 시작되어야 할 것이다.

(『애지』 2007년 여름호)

시의 미래를 사유하는 비평
__구모룡, 『시의 옹호』(천년의시작, 2006)

1. 서정의 근원을 사유하는 비평 전략

최근 우리 시단에는 시의 유령들이 나타나 너무나 어수선하다. 그것도 한두 명이 아니라 떼를 지어 나타난데다 기존 시학의 전통을 낡고 진부한 것으로 치부하고 젊은 시인들의 알쏭달쏭한 감각과 외계어들을 추종하고 있어서, 자칫 세대론적 논쟁으로 흐를 위험 또한 잠재되어 있다. 그런데 참 아이러니한 것은 그들의 시가 전통적인 '시'의 형식과는 다소 거리가 있고 '시적' 언어나 구조에 있어서도 일정한 차이를 지니고 있음에도, 끝끝내 그들은 자신들을 일컬어 '시인'이라고 하고 그들의 감각과 내면의 흐름에 대해 주저 없이 '시'라고 강변한다. 그런데 자신들도 좀 석연찮은 구석이 있긴 하는지, 전통적인 '서정'이란 말 대신 '다른 서정'이라고 명명하기도 하고 '불행한 서정'이라고 부르기도 하지만 어쨌든 '서정'이라는 말 자체를 버리지는 않는다. 그들 말대로라면 우리 시단에 '서정' 아닌 것은 전혀 없을 듯하다. 즉 그들의 논법대로라면 모든 시는 형식이나 구조가 좀 다를 뿐 '서정'으로 귀속되지 않는 경우는 없다고 볼 수 있기 때문이다. 지금 시의 유령들은 실재보다 더욱 실재처럼 시단을 장악해가고 있을 뿐만 아니라, 젊은 시인들로부터 전폭적인 신뢰와 지지를 확보하고 있다. 그들이야말로 진정으로 우리 시의 '미래'를 새롭게 열어가는 시인들임을 선언하는 듯, 자신들을 일컬어 '미래파'라고 부르면서 말이다.

그런데 지금 우리 평단에는 그들의 민첩함과 세련됨에 맞서 적극적으로 논쟁하는 이를 찾아보기 어렵다. 이미 그들의 세력이 너무 커져버린데다 어설프게 대응했다가는 새로운 감각과 논리에 역행하는 시대착오적 비평가로 낙인찍힐까 두려워서인지, 좀처럼 그들의 실체에 대해 왈가왈부하지 않는다. 고작해야 그들의 '미래'만 있는 것이 아니라 '다른 미래'도 있다는 정도에서 논의를 펼치고 있을 뿐, 시의 유령이 유포하는 환상적 구조와 언술방식의 근본적 한계와 문제점에 대해서는 묵묵부답으로 일관하고 있다. 결국 우리는 '서정의 권위'를 극복해야 한다는 논리를 앞세우면서도 정작 자신들조차 시의 유령들이 은밀하게 파놓은 함정에 깊숙이 갇혀버림으로써 또 다른 시적 권위를 형성하려고 한다. 지금이라도 그 깊은 함정에서 빠져나올 길을 찾아야 하고, 그들이 유포하는 잘못된 미래의 청사진과 맞서 싸울 시적 논리를 정립해야 한다. 진정한 시의 미래는 무조건 '미래'를 향해 달려가는 데 있는 것이 아니라, "시학적 전통과 유산을 재인식하는" "법고창신(法古創新)"(13쪽)의 정신을 실천하는 데 있음을 깨우쳐야 한다. "진정한 새로움은 전통의 부정에 있기보다 전통의 쇄신에서 발생"(66쪽)하기 때문이다.

이처럼 근대시학의 모순과 왜곡을 극복하기 위해 오래전부터 일관되게 새로운 시학을 정립하는 데 헌신한 비평가가 바로 구모룡이다. 그의 시학은 유기론과 제유적 사유방법을 제시한 『한국문학과 열린체계의 비평담론』(열음사, 1992)에서부터 『제유의 시학』(좋은날, 2000)을 거쳐 최근 『시의 옹호』(천년의시작, 2006)에 이르렀다. 그의 시학은 전통과의 단절과 연속을 가로지르는 '사이'에서 새로운 시학의 '긴장'을 찾아내고자 한다. 이런 점에서 그의 비평은 당위적이고 기계적인 시의 유령들이 유포하는 그들만의 '서정'을 물리칠 수 있는 진정한 '서정'의 힘을 내장하고 있다. 그가 강조하는 것처럼, '시의 옹호'야말로 진정으로 시의 미래를 사유하는 가장 근본적이고 실천적인 비평 전략이라고 할 수 있다.

2. 근대시학의 극복과 생명시학의 지평

구모룡이 제시하는 새로운 시학의 길은 "강제된 보편주의에 의한 왜곡"(13쪽)을 바로잡는 데서부터 출발한다. 이를 위해 근대시학이 추구해온 "새로움의 미학적 준거에 대한 반성"으로 "근대와 전통의 관계 규명"(14쪽)에 대한 폭넓은 시야를 열어간다. 그에 의하면, 근대미학의 새로움의 추구에는 독자를 미학 안으로 끌어들이려는 "미적이고 정치적인 의도"(15쪽)가 내재되어 있다. 또한 "자본이나 기술의 논리와 무관하지 않다"(16쪽)는 점에서 새로움의 추구는 언제나 시적 진정성의 문제와 부딪힐 수밖에 없다. 특히 새로움에 대한 강박관념은 전통에 대한 부정과 기존 형식에 대한 부정 등, 부정의 부정을 거듭함으로써 "더 이상 새로울 것이 없는 새로움의 폐허 상태", 즉 "새로움의 고갈 현상"(15쪽)에 직면하게 된다. 뿐만 아니라 자본에 포위된 하위문화적 주체의 재생산은 결국 "자본의 논리를 내면화하는 과정과 분리되지 않는"(16쪽) 난맥상을 초래하기도 한다. 이를 극복하기 위해서 그는 "어떻게 전통과 근대를 회통시킬 수 있을 것인가?"(19쪽)라는 비교시학적 방법을 통해 전통과 근대의 교섭과 동서시학을 결합하는 비평적 관점을 정립하고자 한다. 이에 대한 답으로 그가 제시하는 것은 '화(和)와 제유 혹은 도(道)의 시학'이다. 이는 '자아중심주의', '동일성', '은유'로 체계화된 주체중심적 시학의 완고한 틀을 비판적으로 성찰함으로써 가능하다.

우선, 근대시가 주체의 과잉으로 자기만을 표현하는 개성으로부터 벗어나 "더 큰 세계로 나아가고 나아가서 궁극적인 도의 세계를 지향"(22쪽)해야 한다고 강조했다. 여기에서 도는 "생명의 본성을 추구하는" 것으로, "본성에 대한 탐구 없이 그 어떠한 희망을 말하는 것에도 한계가 있"(43쪽)다는 것이다. 다음으로, 동일성에 대한 비판은 '세계의 자아화'가 초래한 타자의 지배와 이에 따른 주체 중심의 논리가 지닌 문제점을 지적하는 데 있다. 그는 동일성은 항상 차이의 부재 상태로 움직여감으로써 결국 공통의 이름으로 환원되지만, 유사성은 차이를 경유하여 모임으로써 서로 다른 것이 한 부류에 속한다는 하이데거의 관점에 주목하였다. 이러한 구별은 기계론과 유기론의 차이와 연결되고, 틈과 사이를 필요로 하는 유기론적 사유로부터 동일성을 극복하는 '화(和)'의 지평을 열어갈 수 있다는 사실을 발견하게 한다. 마지막으로, 그는 "은유중심주의에 대한 해체"(25쪽)를 위해 '제유'

를 제시한다. "생명은 은유적인 것(유사성)과 환유적인 것(인접성)에 걸쳐 있"(26쪽)으므로, '은유'와 '환유'를 중층적으로 내포하는 '제유'가 "유기적 전체성과 시적 연속성 그리고 생명적 역동성을 해명하는 기본 수사법"(27쪽)이라고 할 수 있는 것이다. 결론적으로 "주관과 객관, 주체와 객체, 의식과 사물, 시인과 우주를 융합하는 원리인 '도'는 '화(和)'를 실현하는 시의 세계를 통해서 성취될 수 있다. 그가 근대시학의 극복을 위해 '제유의 시학'을 입론화하고, 궁극적인 '도'의 탐색을 위해 '생명시학'의 확장을 주장한 것은 바로 이러한 시정신에서 비롯된 것이다.

모더니즘과 리얼리즘의 이분법적 대립으로 체계화된 우리의 시학적 전통은 여러 가지 문제를 내포한다. 전통을 부정함으로써 새로운 세계로 나아가려는 미학적 쇄신은 모더니즘 시학의 근본적 태도이다. 여기에서 미학은 대체로 기법주의적인 것으로 사회적 관습과는 무관한 개성적이고 자유로운 자아의 내면을 표상한다. 물론 모더니즘 역시 사회적 모순에 대한 저항으로서의 부정성을 전면화하기도 했지만, 사회적 소외를 극복해낼 만큼의 실천적인 태도를 보여주지는 못했다. 이러한 모더니즘의 한계를 극복하는 방편으로 리얼리즘의 중요성이 강조되었지만, 사회와 역사를 담아내는 그릇으로서 시의 위상은 리얼리즘을 수용하는 데 있어 소설에 비해 상당히 역부족이었다. 이런 점에서 구모룡은 "민중시 이후의 김지하와 해체시 이후의 황지우에게서 공통적으로 나타나는 현상"에 주목한다. 즉 그들은 "서정 본연의 양식을 통하여 새로운 관계론의 지평"을 여는 "생명시학"을 공통적으로 지향했던 것이다.

구모룡에 의하면, "생명시학은 모더니즘의 자아중심주의, 전통

부정, 인간적 주체 등의 문제의식을 넘어 자아에서 타자로 근대에서 전통으로 인간에서 자연으로 그 관심을 확대"하는 것이다. 따라서 "근대 이후 잘못된 시적 지향인 자기 표현의 문제"(54쪽)를 극복함으로써, 진정으로 타자와 소통하고 우주적 차원의 조화와 질서를 모색하는 근본시학과 만나게 된다. 그가 인용하고 있는 나희덕, 장석남, 고재종 등의 시는 "새로움을 추구한다는 명목으로 기술(tecnology) 숭배"에 빠져 "근본주의를 망각"(55쪽)하면서까지 자본에 포섭된 현대시의 모순과 폐단을 깊이 성찰하게 한다. 뿐만 아니라 그들의 시는 "인간을 주체로 두고 자연과 생명을 타자로 만드는 시적 원리"(61쪽)로서의 근대시학의 모순을 극복하는 대안적 미래로서의 위상을 지닌다. 그들의 시는 "그동안 지배적인 시학의 원리인 자아 동일성과 자기표현의 테제를 극복하고 관계론적 창작 미학을 확립하"(63쪽)는 방향으로 나아가고 있다. 구모룡의 말대로 "자기표현이나 새로움에 들린 근대시의 주류적 흐름에서 벗어나 전통을 복원하면서 생태학적 실천의 장에 나서는 시적 갱신"(64쪽)이야말로 앞으로 우리 시가 새롭게 열어가야 할 진정한 시적 미래임에 틀림없다. 이런 점에서 생명시학의 지평을 새롭게 열어가고 있는 구모룡의 시론은 대안적인 시학의 정립을 모색하고 있다는 점에서 중요한 의의를 지닌다.

3. 비평의 주체성과 실천적 지식인의 자세

생명시학의 올바른 정립과 더불어 구모룡이 일관되게 실천하는 비평적 과제는, 중심의 타락에 맞서는 비평의 주체성 확립과 종속적 지역문학의 한계를 뛰어넘는 비판적 지역주의의 체계화이다. 이는 1980년대 초 등단 이후부터 지금까지 줄곧 지역을 지키며 비평 활동을 전개해온 중견 비평가로서 당연히 책임져야 할 의무이자 사명이라고 할 수 있다. 그의 말처럼 "출판자본과 결합된 해석공동체의 형성이 나쁜 비평권력을 만들고 있는 것"은 우리 평단의 오래된 관행이요 병폐이다. 이에 대한 저항적 실천의 결과는 온갖 현실적인 상처와 피해로 돌아올 수밖에 없는 것이 엄연한 현실이므로, 상당수의 비평가들은 우리 문단의 잘못된 현실을 분명히 알면서도 섣불리 이러한 문제에 대해 논평하기를 꺼려한다. 또한 이러한 중심의 논리에 희생된 지역문학의 소외 또한 점점 더 골이 깊어가고 있는 것이 사실이다.

구모룡의 비평은 이와 같은 중앙중심적 문학권력의 논리에 정면으로 대응하는 용기 있는 실천의 자세를 견지해왔다. 필자는 이러한 그의 비평 의식에 상당히 많은 영향을 받았음을 솔직히 고백하지 않을 수 없다. 그를 통해 중심의 타락을 논리적이고 체계적으로 들여다보는 시야를 확보할 수 있었고, 이에 맞서는 실천적 비평의 방법과 의의를 뚜렷이 견지할 수 있었다. "비평은 주체 중심의 원근법으로 의미들을 배제하지 않아야 한다. 그것은 궁극적인 타자성에 이르는 반성적 회로가 되어야 한다"(6쪽)는 그의 비평 의식이야말로, 이론 과잉의 텍스트주의 비평과 아전인수식 주례사 비평의 한계를 극복하는 주체적 비평의 자세임에 틀림없다.

그는 이론과 실천을 가로지르는 행동가적 비평가이다. 그의 비평은 문학의 테두리에 머무르지 않고 문학과 삶을 온전히 이어주는 가교로서의 역할을 지향한다. 따라서 그의 시학은 지식인의 이론중심주의를 철저히 경계하면서 끊임없이 지역문학의 문제점을 비판하는 실천적 자세를 유지한다. 다시 말해 그의 시학 이론은 강단에서나 통용되는, 혹은 비평적 글쓰기를 통해서만 전달되는 추상적 담론이 아니라, 오늘날 우리의 생명을 온전히 보존하고 가꾸어 나가는 구체적이고 실천적인 담론의 성격을 지니고 있는 것이다. 이런 점에서 『시의 옹호』는 이론과 실천을 온전히 아우르는 새로운 비평문화의 장을 유감없이 펼쳐 보이고 있다. 좀처럼 시가 읽히지 않는 요즘, 그동안 그가 읽었던 시집들을 함께 읽어가는 필자의 마음 한켠에 즐거움이 가득 차오른다. 그가 오정환의 「강물」이라는 시에서 "희망과 평화"(414쪽)를 발견했듯이, 그의 시평에서 필자는 '희망과 평화'를 새롭게 열어가는 우리 시의 미래를 발견한다. 그가 걸어가는 것처럼, 필자도 이제 그가 닦아놓은 '생명'으로 난 길을 향해 다시 비평의 방향을 재정립해야겠다.

(『내일을여는작가』 2006년 겨울호)

세대론의 권위와 탈정치성의 오류
__이광호, 『이토록 사소한 정치성』(문학과지성사, 2006)

1. '사소한 정치성'에 대한 성찰

　문학과 정치의 관계는 아주 특별하다. 특히 한국문학은 역사적으로 정치적 상황과 변수에 너무도 쉽게 휘둘려온 문학 정치의 양상을 노골적으로 드러냈다는 점에서 더욱 그러하다. 식민지, 해방정국, 한국전쟁, 4월혁명, 광주민주화운동 등 격동의 근현대사를 관통해온 한국문학의 주제는 현실 정치에 대한 협력 혹은 저항의 모색이었다고 해도 과언이 아니다. 물론 문학이 정치와 역사를 반영하는 중요한 매개체가 되었다는 사실 자체를 문제 삼을 필요는 없다. 문학이 정치와 역사를 외면한 채 자기만의 세계를 증식하는 데 혈안이 되어서는 더더욱 안 될 뿐만 아니라, 오히려 정치적 변화에 가장 민감하게 대응하며 사회의 변화를 선도하는 기능을 담당할 필요가 있기 때문이다. 이런 점에서 문학과 정치는 동종이형의 모습으로 현실에 깊숙이 개입한다는 점에서 유사한 측면이 많다.

그런데 1990년대 이후 한국문학은 동유럽 사회주의 국가의 해체와 자본주의 국가 모순의 심화 등으로 인해 정치이데올로기에 대한 염증과 회의가 극에 달해 점점 탈정치의 양상을 드러냈다. 이러한 변화의 중심에는 불확실한 정치적 미래에 문학의 운명을 내걸어서는 안 된다는 자기성찰이 깊숙이 담겨 있다. 한편으로 생각할 때, 이러한 탈정치적 지향성이야말로 오히려 가장 정치적인 태도일지 모른다는 역설적 인식도 가능할 듯하다. 무엇보다도 정치를 제도적 차원의 문제로만 바라보지 않고 생활의 일부로 받아들이는 소위 '일상의 정치학'을 주목해야 하기 때문이다. 즉 문학의 '정치성'은 여전히 유효한데, 다만 그것이 "가족, 성, 라이프스타일, 직업, 대중문화와 문화적 소비 등 비정치적인 것으로 취급되던 영역들이 정치의 대상으로 부각"되는 "정치 영역의 일상화"(이광호, 「이토록 사소한 정치성의 발견」, 『이토록 사소한 정치성』, 문학과지성사, 2006, 78쪽. 이하 이 책에서 인용한 경우 책명은 밝히지 않고 소제목과 페이지만 밝힐 것임)가 실현되었다고 보는 편이 타당할 것이다.

이러한 관점은 지금 우리의 문학적 현실을 비교적 객관적으로 읽어냈다는 점에서 필자 역시 충분히 공감한다. 하지만 정치의 일상화를 모두 "사소한 정치성"의 세계로 환원해버리는 비평 전략에 대해서는 결코 동의하기 힘들다. 즉 "사소한"이라는 수식어에 내포된 비평적 의도는, 이제 한국문학에서 '진중한' 정치성의 세계는 무의미하다는 인식과 '정치성'을 이데올로기적 차원의 문제로 한정하거나 환원해서는 안 된다는 논리가 전제되어 있기 때문이다. 다시 말해 민족문학론과 리얼리즘론으로 한국문학을 이해하고 평가하는 종래의 방식은 폐기되어야 한다는 논리가 짙게 깔려 있다고 할 수 있다. 게다가 이러한 인식의 변화를 1990년대 문학을 평가하는 핵심적인 기준으로 삼고 있다는 사실 자체도 문제이다. 물론 변화를 두려워하면 진정한 문학의 미래를 열어갈 수 없음은 자명하다. 그러나 변화만을 추종하는 나머지 무조건 새로움에 편승하려는 태도 역시 결코 바람직하지 않다. 문학의 본질은 '변하는 것'과 '변하지 않는 것' 사이의 긴장을 놓치지 않는 데서 비롯된다는 사실을 결코 간과해서는 안 된다.

결국 지금 우리 사회의 정치성에 대한 문학의 입장은, 정치의 의미가 "사소한" 것으로 변화되었다는 현상 자체를 주목하는 데 그쳐서는 안 되고, "사소한" 것으로 전락할 수밖에 없는 인식의 불구성과 외적 현실의 문제점을 발견하는 데 더욱 중요한 의미가 있다. 따라서 "공적인 차원에서 탈정치적이면서, 사적이고 문화적인 혹은 미학적인 층위에서는 매우 정치적인 발견을 통해, 문학성과 정치성의 저 진부한 이분법을 돌파할 수 있다"는 이광호의 논법이야말로 철저하게 이분법적인 한계를 드러낸다. 그의 논법에는 탈정치적인 역사인식과 정치적인 미학적 구조라는 모순의 간극을 통합하려는 그럴듯한 구호가 도드라진다. 하지만 "1990년대 문학이 보여준 새롭고 다원적인 정치학"(「이토록 사소한 정치성의 발견」, 81쪽)이라는 그의 세대론적 전략은 참으로 공허하다. 뿐만 아니라 이를 통해 2000년대 문학의 새로움을 호명하려는 그의 태도는 문단의 새로움에 선편을 잡으려는 상당히 권위적인 선언으로 들리기까지 한다.

지금 한국문학이 탈정치적인 방향으로 흘러가는 것은 분명한 사실이지만, 그것을 구현하는 미학적 구조만큼은 정치적이라는, 그래서 "사소한 정치성"의 세계는 '미학적 근대성'을 실현하는 뚜렷한 인식과 방법론을 내재하고 있다는 논리는 과도한 수사이다. 대부분의 젊은 시인들이 정치와 역사로부터 멀리 떠나려 하는데, 이러한 그들의 탈정치적 지향을 정치적인 문제의식을 지닌 것으로 읽어내려는 태도는 지나치게 권위적인 독법의 한계를 보여주는 것이 아닐 수 없다. 사실상 요즘 젊은 시단의 흐름을 살펴볼 때 그들의 시에서 '정치적'인 의도를 발견한다는 것은 사실상 불가능하다. 젊은 시인들의 시에 나타난 전통적인 시형식과 내용으로부터의 일탈에는 말할 수 없으므로 형식을 파괴한다던 지난 1980년대 황지우식 해체의 진정성마저 상실된 지 오래다. 따라서 지금 우리가 진정으로 문제 삼아야 할 것은 "사소한 정치성"이라는 현실을 '미적 근대성'의 차원으로 환원시켜 해석하는 것이 아니라, 왜 정치를 사소하게 바라보게 되었는가에 대한 분명한 문제제기를 하는 데 있다. 이미 정치가 일상의 한가운데에 들어와 있는 것이 사실이라면, 그것을 유희적 장치로 인식하거나 대중문화적 구조로 편입시키려는 논리를 옹호할 것이 아니라, 일상의 사소함이 간과하고 있는 전혀 사소하지 않은 정치적 진실을 밝히는 데 치중해야 한다는 것이다. 반면 정치가 말 그대로 일상적 사소함의 차원으로 떨어져버린 것이 사실이라면, 그것을 경계하고 비판하는 논리를 구축하는 것이 오늘날 비평이 선도해야 할 중요한 방향성이다.

대부분의 시대가 그러했듯, 새로운 세대의 문학은 '새로움'이라는 이유 하나만으로 무조건 높이 평가되는 경우가 대부분이었고, '미적 근대성'의 실현을 강조하는 상당수의 평론가들은 그들의 새로움에 대한 추상적 명명과 분석을 통해 문학의 새로움을 선점하려는 권위를 내세우기에 급급했다. 1990년대의 '신세대문학론'이 그러했고, 2000년대의 '미래파'가 또 그러하다. 특히 이광호의 비평은 이와 같은 새로움의 징후를 일목요연하게 정리하고, 이를 문학사적으로 "과장되게 호명하는"(류보선 외, 「좌담—'문학의 시대' 이후의 문학비평」, 『문학동네』 2006년 가을호, 156쪽) 역할을 자임해왔다. "첫 시집이나, 첫 창작집에 대해 비평하는 것을 선호"하는 이유가 "아직 아무런 비평적 선례가 없기 때문에 일종의 모험을 동반하지만 비평적 발견의 의미를 가질 수 있"(위의 글, 183쪽)기 때문이라는 이광호의 비평의식에는, 새로운 것에 대한 과도한 집착과 새로운 세대의 변화된 지향을 선점함으로써 이를 담론화하려는 의식이 짙게 투영되어 있다. 이러한 의식이 그의 비평을 '세대론'의 지형 속에 오래도록 가두어둔 것이 아닐까? 최근 출간된 그의 비평집 『이토록 사소한 정치성』은 이러한 그의 비평적 욕망을 더욱 분명하게 보여준다. '입장—징후—명명—맥락'의 순서로 정리된 비평집의 차례에서부터 그의 비평적 욕망은 가감 없이 드러나고 있다.

2. '징후'의 독법과 '명명'의 권위

이광호의 비평만큼 새로운 세대의 변화에 민감한 경우도 없을 듯하다. 지난 1990년대 이후 소위 386세대의 문학적 담론 분석과 그 의의성을 강조하며 신세대문학론을 주도했던 장본인이 바로 그였던 터라, 최근 들어 그가 2000년대 문학의 새로움에 대한 정리를 시도하는 것은 너무도 당연해 보인다. 이제 그는 또다시 '포스트 386'에 주목함으로써 세대론의 지평을 넓혀가고자 한다.

그의 비평은 무엇보다도 어떤 '징후'를 발견하고 이를 문학사적 질서 속에 편입시켜 새로운 '명명'의 방식으로 조직화하는 데 공을 들인다. 이번에도 그는 "'포스트 386'은 좀더 '문화적으로 진보적이고 다원주의적' 세대의 출현을 예고한다"(「혼종적 글쓰기, 혹은 무중력 공간의 탄생」, 87쪽)고 말하면서 새로운 세대의 문학사적 지형을 읽어내려 한다. 즉 개인주의적이고 감성적이며 문화자본의 세례를 받고 성장한 새로운 세대들의 의식이 앞으로 우리 문학의 다양한 변화를 이끌어낼 것이므로, 그의 비평은 이러한 '징후'를 적절하게 읽어내는 독법을 찾는 데 기여하고자 한다는 것이다.

문학의 생산과 소비를 둘러싼 제도적 변화의 방향을 설정하고 이를 선도하는 데 있어서 비평의 기능과 역할은 아주 중요하다. 그런데 여기에는 문학의 진정성과 바람직한 문학의 미래를 사유하는 비평가의 윤리의식이 깊숙이 내재되어 있어야 한다. 따라서 '징후'를 읽어내는 것도 중요하지만, 이러한 '징후'를 어떻게 판단할 것인가 하는 점은 더욱 본질적인 비평의 몫이 아닐 수 없다. '징후'를 해석하고 의미를 부여하고 이를 미래적 방향으로 이끌고 가기 위해서는 더욱 객관적인 윤리의식이 전제되어야 한다. 그리고 만일 우리 문학의 새로운 '징후'가 미래를 사유하는 올바른 방향이 아니라고 판단된다면, 비평은 이러한 '징후'를 비판적으로 논의하는 지적 고투를 과감하게 펼쳐야 한다. 더 이상 작품의 뒤를 좇아 해석하고 분석하고 과장된 지형도를 새롭게 설정하는 데 비평이 동원되는 일은 없어야 한다. 비평은 그 자체로 제목소리를 지켜내야 한다는 사실을 결코 잊어서는 안 되는 것이다.

이광호가 파악하는 2000년대 문학의 새로운 '징후'는, "다양한 문화적 텍스트들과의 접속을 통한 상호 텍스트적인 글쓰기", 즉 "1990년대 후반 이후의 젊은 작가들의 소설에서 드러나는 대중문화적 상상력과 하위 장르적인 문법의 차용"을 통한 "혼종적 글쓰기"(「혼종적 글쓰기, 혹은 무중력 공간의 탄생」), "새로운 문화적 현실과 만나는 소설의 전략적 주체 혹은 탈주체의 문제"를 초점화한 "'1990년대 이후'의 우리 소설의 화법과, 그 미학적 정치성"(「굿바이 휴먼」), 그리고 "서정적 형식의 중심으로서의 시적 자아를 지우고 그것을 탈주체화하는 것을 시 쓰기의 전선으로" 삼는 젊은 시단의 "탈중심화된 언어" 혹은 "분열증적인 언어"(「시의 아나키즘과 분열증의 언어」)로 정리된다. 물론 그가 제시한 2000년대 문학의 새로운 지형도는 이미 많은 논자들에 의해 언급된 것들이란 점에서 그리 새로울 것은 없다. 문제는 그의 비평이 이러한 변화를 2000년대의 새로운 '징후'로 파악하면서도, 이에 대한 비판적 분석은 대부분 생략한 채 과장된 '독법'과 '명명'의 과정에서 형성되는 비평적 '권위'를 확보하려는 데 집중되어 있다는 사실이다.

90년대의 시에서 대중문화를 다루는 방식이란 유하의 시가 보여주는 것처럼 주류 대중문화에 대한 매혹과 그 반성적 거점을 동시에 보여주는 것이었다. 한편으로 주류 대중문화에 침윤되어 있으면서, 그것에 대한 비판적 거리를 유지하려는 시적 자아가 등장했다. 그런데 2000년대의 젊은 시인들은 하위문화적 상상력을 실존적 존재 방식의 하나로 육화하고 있으면서, 경계를 무화하는 혼종적 글쓰기의 놀이를 보여준다. 하위문화적 글쓰기는 주류 대중문화라는 새로운 문화적 권력의 주변부에서 꿈틀거리고 흘러넘치는 무제한적이고 탈경계적인 움직임이다. 거기에는 대중문화에 대한 비판적 거리와 반성적 자아가 존재하지 않는다. 이들은 하위문화적 공간의 상대편에 다른 서정적 공간을 만들지 않는다.

비유적으로 말한다면, 그 이전 세대의 전위적인 시학이 '망명 정부'의 그것에 가까웠다면, 이 세대의 문법은 '무정부주의'의 것에 훨씬 가깝다. '망명 정부'로서의 시학에서 중요한 것은 '저항'과 '반성'의 코드이고, 현실의 억압과 타락을 대체할 시적 공간을 만드는 작업이었다. 그러나 '무정부주의' 시학에서 이제 지상의 순결한 서정적 공간은 어디에도 없다. 서정적 주체화 작업 자체를 거부하기 때문이다. 서정시의 미학적 위계와 인식론적 주체를 무화한다는 맥락에서, 이들의 시적 '아나키즘'은 2000년대 시의 가장 첨예한 미학적 전선을 이룬다. (「시의 아나키즘과 분열증의 언어」, 129쪽)

2000년대 우리 시의 새로움을 '혼종적 글쓰기', 혹은 '아나키즘'으로 명명하는 것은 일면 타당성이 있다. 1990년대 이후 젊은 시단의 변화는 서정적 자기동일성의 해체에 상당히 매달려 있었고, 대중문화의 주변에서 하위문화적 상상력을 극대화하는 환상적이고 그로테스크한 세계를 창출하고자 했기 때문이다. 이광호는 이러한 변화에 주목하여 '1990년대/2000년대'를 구분하는 특유의 세대론적 관점을 견지하면서, 1990년대의 전위성에는 '저항'과 '반성'의 코드가 있었지만, 2000년대의 새로움에는 더 이상 비판적 거리와 반성적 자아가 없다는 점을 강조하였다. 문제는 바로 여기에서부터 발생한다. '비판적 거리와 반성적 자아'에 대한 고민 없이 오로지 하위문화적 상상력의 확장을 위해서 동원되는 언어적 유희와 탈주체적 미학에 대한 이광호의 비평적 관점이 다소 모호하거나 긍정적으로 해석되는 부분이 강하다는 점이다. 물론 이런 식의 계몽적 판단을 앞세우는 것은 그동안 비평의 권위를 조장하는 부정적 태도로 악용되기 일쑤였다는 점에서 상당히 조심스러운 접근이 요구되는 것이 사실이다. 하지만 지금은 오히려 이러한 외적 현상에 대한 분석과 해석을 바탕으로 변화된 문학지형을 체계적으로 정리하려는 과도한 욕망이 더욱 '권위적'인 태도를 조장하고 있다고 보는 것이 타당하지 않을까?

이광호의 말대로, 소위 '미래파'로 명명되는 탈중심적 시학에는 "순결한 서정적 공간"과 "서정시의 미학적 위계와 인식론적 주체"를 전혀 찾아볼 수 없다. 그럼에도 불구하고 미래파를 지지하고 옹호하며 이론적 뒷받침까지 제공하는 몇몇 비평가들은, 끝끝내 자신들이 주장하는 미래파의 시학을 '서정'의 범주 속에 놓고자 욕망한다. '다른 서정'이라는 명명의 방식은 바로 이러한 모순된 전략에서 비롯된 허위적 용어이다. 결국 비평에서 '명명'의 언술은 가장 권위적인 방식이 될 수밖에 없고, 이러한 '명명'의 과정은 화려한 새 옷을 입혀주는 역할을 담당한다는 점에서 젊은 시인들의 전폭적인 지지를 얻게 된다. 이러한 과정이 의도된 전략에서 비롯된 것이든 그렇지 않든 간에, '명명'은 이와 같은 위험성을 전혀 배제할 수 없으므로 윤리적인 기준과 방법에 대해 더욱 세심한 주의를 기울여야 할 것이다.

만약 '90년대 문학'이라는 개념이 가진 근본적인 문제점에도 불구하고 그 이름을 용인할 수밖에 없다면, '2000년대 문학'이라는 명명 역시 가능할 것이다. 그러나 이 명명은 '80년대/90년대'의 단절론을 반복하면서 앞 세대를 캄캄한 과거 속으로 밀어넣는 세대론

전략 이상의 것이 되어야 한다. 그러면 지금 무엇을 할 수 있을까? 우선은 90년대 문학의 작업을 섬세하게 읽어주는 독법, 그리고 그로부터 '시작'된 미학적 주체들을 더욱 다양한 방식으로 실현하려는 시도가 중요하다. 그것은 90년대라는 '기억'을 현재화하는 일이며, 그 기억의 시간을 '새롭게 사는' 일이다.

나는 이 글에서 90년대 이후의 문학을 '사생활의 발견'이라는 개념으로 호명했다. 그런데 이 '발견'의 미학은 나름의 한계를 갖는 것이다. 가령 90년대 문학이 과연 사생활을 일차원적으로 드러내는 차원을 넘어서, 사생활의 '정치학'을 적극적으로 탐구했다고 볼 수 있을까? 일상적 삶의 세부가 어떻게 사회적 힘들의 자장 속에 놓여 있는가를 보여주는 것이 90년대 문학의 하나의 가능성이었다면, 90년대 문학은 그 가능성을 얼마만큼 적극적으로 실현했는가 하는 의문을 가질 수 있다. (「사생활의 발견」, 283~284쪽)

다행히도 이광호는 1990년대 이후 한국문학의 변화가 일상과 문화의 자장 속에서 새로운 지점을 찾았다 하더라도 이를 '정치학'의 차원으로까지는 심화하지 못했다는 명백한 한계를 지적한다. 이는 자신을 비롯한 미적 근대성론자들이 범하는 '명명'의 비합리성과 추상성을 성찰하는 것이란 점에서 문제적이다. 즉 조그만 변화에도 너무 민감하게 반응하고 이를 새로운 이름으로 호명하려는 전략에 은폐되어 있는 허위적 욕망을 성찰하고 있기 때문이다. 그가 말한 대로, 2000년대 문학의 의미는 1990년대 문학을 섬세하게 읽어주는 독법에서 출발해야 하며, 이는 1980년대 문학과의 긴장 속에서 읽혀야 한다. 그럼에도 불구하고 2000년대 문학을 호명하는 최근의 명명들은 1980년대, 1990년대,

2000년대의 단절을 지나치게 과장하거나 확대함으로써 여러 가지 오류를 범하고 있다. 이광호 역시 2000년대 문학에 대한 이러한 성찰에도 불구하고 "새로운 문법과 언술"이 필요하다는 점만을 부각시키는 자기모순에 빠져 있다. 오히려 지금 우리 문학의 미래적 방향은 1980년대로부터 이어온 '연속성'과 '단절성'을 아우르는 변증법적 시각이 요구된다. 특히 '연속성'의 차원에서 생각해야 할 문제들을 폐기되어야 할 것으로 오해하거나 시대착오적인 것으로 인식해서는 안 된다. 이러한 '연속성'의 지점이야말로 지금 우리 문학이 가장 간과하고 있는 결핍된 부분이라는 사실을 비판적으로 쟁점화해야 한다. 비평의 윤리는 바로 이러한 의식과 태도로부터 형성될 수 있을 것이다.

3. 하위문화와 미적 근대의 탈정치성

한국문학에 수용된 하위문화의 논리는 1970년대 영국의 하위문화 논의와 프랑스 철학, 특히 들뢰즈와 가타리의 탈주의 철학이 결합된 '저항성'에 주목할 필요가 있다. 무엇보다도 하위문화의 현재적 가치는 중심의 권력을 무너뜨리고 해체하는 위반과 전복의 실천성에 있기 때문이다. 하위문화의 본래적 성격은 주류문화에 저항하거나 그것을 전복하여 새로운 문화적 정체성을 확립하는 데서 찾을 수 있는 것이다. 그런데 현재 한국문학 작품 속에 수용된 하위문화의 성격은 이러한 저항성과 전복성의 논리가 실종된 상태이다. 문화의 상품화 혹은 상품의 문화화가 이루어지는 문화산업적 메커니즘에 대해서는 상대적으로 덜 주목함으로써 대중문화에 대한 근거 없는 낙관주의를 조장하고 있기 때문이다. 이처럼 한국문학 속의 하위문화는 자본의 논리에 깊숙이 침윤되어 저항성과 전복성 대신에 대중적인 문화상품으로서의 욕망을 극대화하는 지향성을 드러낸다.

이광호는 "2000년대의 문학 공간에서는 '저항'과 '위반'의 전선 자체가 설정될 필요가 없는 문학적 모험의 시간이 도래"할 것이라고 보았다. "'포스트 386'의 존재는 역사적 기억의 뿌리에 얽매이지 않고 문화적 텍스트와의 접속을 통해서 성장한 세대"이므로, "역사적 트라우마와 공동체의 모럴의 강박으로부터 상대적으로 자유로운"(「혼종적 글쓰기, 혹은 무중력 공간의 탄생」, 89쪽) 위치에 있다는 것이다. 이러한 견해는 새로운 세대의 현재적 상황을 정확하게 읽어냈다는 점에서는 의미가 있지만, 그들의 문학적 지향에 내재된 하위문화의 왜곡된 수용을 비판적으로 인식하지 않는다는 점에서는 상당히 문제가 있다. 특히 새로운 세대의 문학이 표방한 하위문화적 상상력이 결여하고 있는 저항성과 전복성에 대해, 이미 그들의 문학이 저항과 위반을 필요로 하지 않기 때문이라는 식의 합리화를 덧씌우는 태도는 좀처럼 이해하기 어려운 발상이다. 그렇다면 그의 비평은 '사소한 정치성'의 세계를 지향하는 것이 아니라, '실종된 정치성'의 세계를 옹호한다고 보는 것이 더욱 타당하지 않을까?

그것이 전위의 미학을 가지는 것은 문학과 장르에 대한 근본적인 질문을 통해 문법과 미학이 갱신되고 전복될 수 있기 때문이다. 그런 문학은 전통적인 장르 개념이나 미학적 규율을 고수하는 문학이 아니라, 그것에 대해 근본적으로 질문하는 문학이며, 그 질문의 과정에서 본격문학에 편입되지 못했던 하위적이고 주변적인 장르와 언어들과 혼종적 접속을 통해 장르의 순결성을 넘어설 수 있다. (중략) 그러나 문화적 '소수화'를 실천하는 문학은, 소집단의 문학이라거나 대중과 문학 시장으로부터 고립된 문학이라는 의미만을 보유하는 것이 아니다. 문학과 장르에 대한 근본적인 자의식과 질문을 내장한 문학은, 시장주의와 보수적 문학 이념의 결합으로 나타난 다수성·주류성·평균성·획일성의 문학에서 이탈하는, 스스로 이방인이 되는 문학이다. 그것은 주류의 미학을 합법화하는 문학 제도로부터 비껴나가는 문학이며, 이때 비로소 문학은 '문학의 이름으로' 자신의 척도를 부정하고 동시에 재생성할 수 있다. (「'본격문학', 죽은 시인의 사회」, 28~29쪽)

인용문에서 이광호가 강조하는 것은, 어떠한 이념과 제도로부터도 자유로운 문학의 자율성을 확립하는 것이야말로 진정으로 문학이 지향해야 할 방향이라는 것이다. 이는 "전통적인 장르 개념이나 미학적 규율"을 전복하고, 중심 담론에 포섭되지 않은 "하위적이고 주변적인 장르와 언어들과 혼종적 접속"을 시도함으로써 "스스로 이방인이 되는 문학"을 말한다. 이러한 그의 비평적 입장은 하위문화론의 본질인 저항성과 전복성의 의의와 가치를 더욱 강조하려는 데 있다. 이런 점에서 이광호는 최근 두드러지게 발표되는 젊은 시인들과 소설가들의 하위문화적 상상력에는 탈주의 정치성이 내재되어 있다고 보고 있는 것이다. 그렇다면 1990년대 시의 전위성이 '저항'과 '반성'의 코드에서 비롯된 반면, 2000년대의 시는 이러한 전략조차도 무의미하다고 본 그의 논리는 도대체 어디에서 비롯된 것인가? 결국 이광호의 하위문화론에 대한 입장은 이론과 실제의 모순과 괴리를 넘어서지 못하는 명백한 한계를 드러낸다. 이는 탈주체의 하위문화적 상상력을 미적 근대성의 징후로 받아들임으로써 이를 한국문학의 미래로 설정하려는 편향된 담론 전략을 지나치게 앞세운 데서 비롯된 문제가 아닐 수 없다.

사실 '미적 근대성'의 문제는 그의 문학이 형성된 토대라고 해도 과언이 아니다. 그동안 그의 비평은 '미적 근대성'에 대한 이론적 천착과 이를 구체화하는 방법론의 확립, 그리고 이를 실현한 작품의 미학적 구조와 의미를 분석하는 데 총동원되었다. 이런 점에서 이번 평론집의 제목인 "사소한 정치성" 역시 미적 근대성이라는 개념의 연장선상에 있다는 김영찬의 지적은 아주 정확하다.(앞의 좌담, 182쪽) 그런데 문제는 이광호가 의도한 대로, 미적 근대성의 양상이 하위문화적 상상력을 통해 충분히 구현되고 있느냐 하는 데 있다. 앞서 언급한 것처럼, 하위문화적 상상력에 기반한 젊은 세대의 문학적 실상은 저항과 전복의 이유조차 외면한 채 부르주아 근대성과 공모하는 부정적 양상을 더욱 노골화하고 있다는 점을 어떻게 설명할 수 있겠는가? 아무리 하위문화의 본질은 이런 것이 아니라고 강조한다 해도, 이미 잘못된 길로 달려가고 있는 하위문화적 기법에 바탕을 둔 문학의 속도를 따라잡기에는 역부족이다. 그럼에도 불구하고 작품과 괴리된 담론을 확대하여 변화된 지형을 논리화하고 이를 적극적으로 의미화하는 데 앞장서는 것은 지나친 합리화의 태도가 아닐까?

문학 비평의 영역에서 근대성 혹은 미적 근대성이 이렇게 매력적인 범주로 다가오는 이유는, 그것이 자기 안에 너무나 많은 모순을 내재하고 있어서 어떤 문학 이념에 의해서도 결코 독점될 수 없다는 데 있다. 근대성은 결코 정복되지 않는 개념이기 때문에 우리의 비판적 대화의 주제로서의 매혹을 보존한다. 일반적인 체계로서의 근대성과 미적 근대성이 아니라, 현실적인 문학적 사건들에서 구체적인 전략들을 발현하는 '작고 주변적인 근대성'들에 주목함으로써 우리는 특권화된 문학 이념의 억압을 거절할 수 있다. 미적 근대성은 문학사의 모든 가능성과 일탈을 원리적으로 해결할 수 있는 이념적 모델이 아니라, 자신의 역사적 경계를 새롭게 재구성해나가는 모순의 동력이다. 그것은 한국문학에 대한 아주 불길하고 근원적인 질문의 방식을 제시한다. (「문제는 미적 근대성인가?」, 『미적 근대성과 한국문학사』, 민음사, 2001, 87쪽)

'작고 주변적인 근대성'은 곧 '하위문화'의 속성과 등가의 관계에 놓인다고 볼 수 있다. 여기에서 이광호는 일반적이고 보편적인 근대성의 재현이 아니라 현실적이고 구체적인 전략으로서의 미적 근대성의 실현을 강조한다. 이는 역사로부터의 무조건적 탈주의 시도가 아니라 사회적 근대성의 결핍을 채워나가는 정치적이고 역사적인 성격을 내포한다. "자신의 역사적 경계를 새롭게 재구성해나가는 모순의 동력"과 "한국문학에 대한 아주 불길하고 근원적인 질문의 방식"은 미적 근대성에 내재된 저항과 전복으로서의 정치성을 실현하고자 하는 구체적인 모색의 과정으로 이해할 수 있다. 하위문화의 문학적 수용을 이러한 미적 근대성의 정치적 성격을 가장 잘 반영하는 새로운 지향성으로 인식하고 있는 것이다.

그런데 2000년대 문학을 바라보는 이광호의 태도는 정치적인 것과 탈정치적인 것이 혼재된 상태에서 상당히 혼란스러운 양상을 드러낸다. SF적인 내러티브와 미디어의 세계를 통해 문명사회를 향한 새로운 서사적 감각을 드러내는 김중혁의 소설을 주목하는 이유가 하위문화의 저항성을 두드러지게 초점화했던 백민석 소설의 정치성을 제거했기 때문이라는 평가, 그로테스크한 상상력을 통해 동물과 시체 되기라는 인간의 악몽을 형상화한 편혜영의 작품에서 인간 주체성의 신화를 전복하는 지점을 발견하는 점, 그리고 한유주의 소설에 대해서는 역사적이고 정치적인, 그리고 시적이며 묵시론적인 상상력의 매혹을 보여준다고 평가하는 등 하위문화의 문학적 수용을 둘러싼 그의 관점은 상이한 입장과 태도로 상당히 혼란스러운 모습을 보여주고 있다. 따라서 이 모든 경향을 2000년대 문학 공간의 새로운 미학적 가능성, 즉 미적 근대성의 징후로 명명하는 그의 태도는, 하위문화에 대한 체계적이거나 확고한 인식에 기반을 두었다기보다는 상당히 느슨한 인식적 한계를 지닌 것으로 판단된다. 탈주체적이고 불온한 상상력의 심층에는 동일성의 신화와 주체 중심적 세계가 제도화해놓은 오래된 관습을 허물어뜨리는 전복성이 깊이 내재되어 있다고 보면서도, 한편으로는 이러한 정치성으로부터도 자유로운, 그래서 "현실적인 차원이 아니라, 스타일의 차원, 언어의 차원에서의 해방"(앞의 좌담, 185쪽)이 2000년대 문학의 징후라고 보는 시각에는, 정치적인 것과 탈정치적인 것 사이의 괴리와 모순이 깊숙이 표면화되어 있는 것이다.

　이처럼 이광호의 비평적 입장에는 미적 근대성의 실현이라는 강박관념에 포섭된 하위문화론과 이를 구체적으로 실현한 것으로 명명된 2000년대 문학작품 사이의 간극이 너무 크게 부각된다. 비평은 이러한 간극을 비판적으로 성찰함으로써 담론과 작품 사이의 관계를 재정립하는 역할을 담당해야 한다. 따라서 이광호의 비평은 하위문화론의 본질인 저항성의 관점에서 2000년대의 문학을 비판적으로 읽어내는 독법이 필요하다. 새로운 세대의 문학에 대한 과장된 의미 부여는 이론을 앞세워 작품을 재단하는 우리 비평의 폐단을 답습하는 것에 지나지 않는다. 1990년대부터 그가 줄곧 전개해온 신세대문학론의 의미를 되살리기 위해서라도 1990년대 문학의 정치적 위반과 전복의 사유를 다시 성찰할 필요가 있다. 이러한 성찰은 2000년대의 새로운 문학을 비판적으로 사유하는 중요한 근거가 된다. 그의 신세대문학론이 더욱 빛을 발하기 위해서는 지금과 같이 2000년대 문학을 일방적으로 옹호하거나 때로는 모호한 입장에 서 있기보다는, 이를 적극적으로 비판하는 객관적인 입장을 견지할 때 비로소 성취될 수 있다는 점을 반드시 기억해야 할 것이다.

4. 세대론의 함정과 문학의 미래

한국문학에서 '세대론'은 여전히 유효한 의미를 생산하며 지속적인 동력을 확보하고 있다. 한국문학사의 흐름이 10년 단위로 구분될 만한 근거가 빈약함에도 불구하고 상당히 현실적인 맥락을 확보하고 있는 것처럼, 각 시기별 새로운 세대의 출현은 기성 문단의 낡은 질서를 갱신하는 의미 있는 기획을 생산해내기에 충분했다. 게다가 '새로움'은 문학의 창조성을 규정하는 가장 중요한 속성이므로, 새로운 발상과 언어를 전면화한 신세대의 문학적 기획은 상당히 매력적인 담론으로 부각되지 않을 수 없다. 따라서 상당수의 비평가들은 이와 같은 새로움에 주목하여 이를 한국문학사의 지형 안으로 서둘러 편입시키려는 지적 욕망을 드러내기 일쑤다. 하지만 이러한 욕망은 과잉된 해석과 합리화의 오류에 빠지기 십상이다. 결국 이광호의 경우에서 드러나듯, 미적 근대성의 본질을 왜곡하고 있는 2000년대 문학의 실상에 대해서도 비판적 거리를 확보하지 못하는 담론과 작품 사이의 모순과 괴리를 더욱 조장하게 되는 것이다.

문학의 미래를 생각할 때 언제나 새로움에 대한 강박관념을 외면할 수는 없다. 하지만 그것이 어떤 새로움인가에 대해서는 진지한 성찰이 뒤따라야 할 것이다. 달라진 매체환경의 변화에만 매달려 기계적 장치와 언어에 의존한 허약한 문학적 주체를 생산하거나 아예 주체를 탈각시켜버리는 것이 과연 새로움인지, 이미지의 과잉과 대중문화의 조합이 이루어내는 환상적이고 그로테스크한 상상력이 새로운 리얼리티의 전략이 될 수 있는 것인지, 위반과 전복의 저항성을 잃어버린 하위문화의 문학적 수용이 한국문학의 미래를 사유하는 방식이 될 수 있는지에 대해서는 더욱 충분한 논의가 이루어질 필요가 있다.

이광호의 명명대로, '이토록 사소한 정치성'의 세계에 대한 정치한 분석과 해석만으로는 비평의 올바른 방향을 찾을 수 없다. 새로운 세대의 의식이 진중한 정치성의 세계로부터 사소한 정치성의 세계로 변화되는 것에 대한 올바른 인식과 판단이 없다면 그것은 이미 비평이기를 포기하는 것이라고 보아야 하지 않을까? "정치적으로 뚜렷한 억압의 실체가 없는데 무엇에 대해 싸우는가 묻는다면, 그건 젊은 시인들에 대한 이해의 차원은 아니라는"(앞의 좌담, 184쪽) 식의 면죄부를 주는 태도는 결코 바람직하지 않다. 싸울 대상이 반드시 현실적이고 정치적인 영역일 필요는 없지만, 싸울 대상이 없는 문학은 미래를 의식하지 않는 당대적 유행으로서의 한계를 넘어서지 못한다. 이런 점에서 이광호의 비평은 이제부터 세대론의 함정으로부터 벗어나야 한다. 문학의 미래는 새로운 세대를 호명하거나 명명하는 데서 이루어지는 것이 아니라, 그들의 문학을 비판적으로 성찰하는 데서 성취될 수 있다는 사실을 결코 간과해서는 안 된다.

(『작가와비평』 2006년 하반기)

해석과 판단, 비평의 윤리

__고봉준, 『반대자의 윤리』(실천문학사, 2006)

1. 비판적 글쓰기와 비평의 윤리

　비평이란 무엇인가? 비평은 무엇을 말해야 하며, 어떻게 써야 하는가? 비평가는 현실과 텍스트 사이에서 어떤 입장을 취해야 하며, 비평의 윤리는 어떻게 형성될 수 있는가? 우리 시대에 한 사람의 비평가로 살아가려면 이러한 여러 가지 난제들과의 숙명적인 대결을 감수해야만 한다. 특히 이제 막 비평가의 길로 접어든 젊은 비평가들에게 이와 같은 질문은 어떠한 시대적 논리나 사적 이해관계에도 종속되지 않는 주체적 비평 의식을 정립하는 가장 중요한 문제제기가 되지 않을 수 없다. 이를 토대로 비평의 윤리 혹은 비평가의 윤리를 확립해나가는 것이 앞으로 우리 비평이 새롭게 고민해야 할 실천적 주제들이다.
　주지하다시피 비평은 텍스트에 대한 정교한 해석과 그 결과에 대한 가치판단이라는 두 가지 지향점을 중심에 두는 장르다. 또한 비평은 텍스트와 컨텍스트가 직조해내는 총체적 문제를 바탕으로 현실과의 관계를 밝혀내는 장르이기도 하다. 따라서 비평은 문학, 음악, 미술 등 특정 텍스트에 한정되지 않고, 정치, 사회, 경제 등 모든 분야에 걸쳐 중요한 역할을 담당한다. 즉 비평이라는 장르는 텍스트가 구현해내는 현실의 다양한 문제들을 객관적으로 밝힘으로써 그것들의 당대적 의미와 구조를 해석하고 평가하는 실천적 장르이다. 따라서 비평은 어떤 분야를 막론하고 '해석과 판단'이라는 두 가지 푯대를 동시에 아우르는 뚜렷한 문제의식을 지녀야 한다.

그럼에도 불구하고 최근 우리 비평은 대체로 타락한 시대에 맞서 자신의 비평적 입장을 분명하게 밝히거나 부당한 현실에 맞서는 '반대자의 윤리'를 견지하기보다는, 오히려 이러한 현실을 외면한 채 언어와 구조에 함몰된 텍스트주의의 함정에 빠져 있는 경우가 대부분이다. 컨텍스트의 정치사회적 의미를 축소한 채 텍스트의 해석에만 골몰한 것이 지금 우리 비평이 당면한 가장 큰 문제인 것이다. 이러한 비평의 만연은 젊은 비평가들을 중심으로 활발하게 전개된 소위 '비판적 글쓰기'에 의해 혹독한 비판을 받았다. '문학권력 논쟁'으로까지 확대된 비평의 윤리성 회복에 대한 문제제기는 표면적으로는 특정 에콜에 대한 비판으로 축소 이해된 아쉬움이 있지만, 본질적으로는 우리 비평의 갱신과 미래의 좌표를 설정하는 중요한 비평사적 의의를 남겼다고 할 수 있다.

이러한 비평정신의 연장선상에서 2000년대 이후 우리 비평의 문제의식을 충실히 담아낸 것이 바로 고봉준의 첫 비평집 『반대자의 윤리』(실천문학사, 2006)이다. 그는 들뢰즈의 말에 기대어 "현재의 삶에 만족하지 않는 자들만이 글을 쓴다. 글쓰기는 삶을 개인적인 차원을 넘어서는 무엇으로 만들고자 하는, 삶을 억압하고 있는 것으로부터 삶을 해방시키고자 하는 열정의 산물"(「책머리에」)이라고 밝히고 있다. 다시 말해 비평은 텍스트와 주체의 만남을 통해 현실과의 유기적인 관계를 이루는, 그래서 현실의 문제들을 비판적으로 사유하고 본질적으로 해소하려는 열망의 결과라고 보는 것이다. 따라서 비평은 어떤 장르보다도 현실참여적이고 체제비판적인 글쓰기가 되지 않을 수 없다.

2. 텍스트주의를 넘어선 텍스트 읽기

고봉준의 비평의식은 이와 같은 현실적 토대 위에서 '해석과 판단'의 균형을 놓치지 않는 치밀한 논리 전개를 보여준다. 이번 평론집의 제1부 '비평이라는 사유'와 제3부 '입장들'이 전자의 경우라면, 제2부 '이방인의 언어들'은 후자에 속한다고 할 수 있다. 그의 비평은 해석과 판단 가운데 어느 쪽도 놓치지 않으려는 비평적 긴장을 지니고 있다. 따라서 그의 비평은 해석의 정교함을 지니면서도 현실에 대한 분명한 입장을 간과하지 않는 균형 잡힌 미덕을 보여준다. 한발 더 나아가 그는 해석을 뛰어넘은 비판의 윤리성에 대해서도 진지하게 고민한다. 이번 평론집의 제목에서처럼, 그는 비판적 글쓰기를 지속적으로 전개하기 위해서는 "반대자의 윤리"를 정립해야 한다는 사실을 강조한다. 그가 백무산, 황지우, 손택수, 김신용, 채호기 등의 시에서 텍스트의 풍요로움을 읽어내고, 이들의 시를 텍스트 안에 가두지 않고 현실과 길항하는 문제의식의 한 방향으로 논점화한 것도 바로 이러한 비평의식에서 비롯된 결과이다.

비평은 과연 텍스트의 외부에 존재할 수 없는 것일까? 들뢰즈/가타리의 『천의 고원』은 텍스트 개념의 극복을 위해 '기계(machine)'를 등장시킨다. 그들에 의하면 책은 "대상도 주체도 갖지 않는 하나의 배치"이다. 보다 정확히 말하자면 그것은 자신의 내부에 분절과 선분성의 선은 물론 탈주와 탈영토화의 선들까지 지니고 있는 다양체이며, 상이한 상대속도를 갖는 흐름들의 복합체이다. 그리고 그런 한에서 그것은 '기계'이다. (중략)
　문학―기계는 자신의 내부에 외부성을 간직하고, 비평―기계는 그것을 탈영토화의 첨점으로 작동시킨다. 그리하여 비평―기계는 언표 행위로서의 문학―기계를 우리의 삶 속으로 다시 흘러들게 만들며, 나아가 그것들을 통해 우리의 삶에 새로운 방향을 열어준다. (「텍스트주의를 넘어서」, 71∼73쪽)

들뢰즈/가타리의 견해에 기댄 논리이긴 하지만, 고봉준에게 비평은 내부와 외부가 상호소통하는 지점에서 창조되는 실천적 글쓰기이다. 따라서 그는 '텍스트'라는 개념의 제한성을 극복하고자 '기계'라는 개념을 적극적으로 도입한다. 텍스트의 차원을 넘어 기계의 차원으로 문학작품에 접근할 때 비평은 가장 생산적인 문제의식을 담아낼 수 있다고 보는 것이다. 이를 통해 그는 "모든 형태의 도그마에 치열하게 저항하는, 가장 비평적인 언어"(74쪽)를 찾을 수 있다고 생각한다. 그의 비평이 '대화적인 기능'을 강조하고, '질타의 정신'을 중요하게 수용하는 이유도 바로 여기에 있다.
　이런 점에서 그는 무엇보다도 '문학권력'의 병폐를 날카롭게 지적하고 있다. 즉 "월평과 계간평이 신진 평론가들을 길들이는 제도로 활용되고 있"는 평단의 악행에 대해, "시 비평의 올바른 방향을 모색하기 위해서는 무엇보다도 먼저 월평이나 계간평, 서평 등을 통해서 발휘되는 권력의 효과로부터 비평가들이 자유로워질 필요가 있다"(「비평의 윤리와 질타의 정신」, 20~21쪽)고 분명하게 주장한다. 이는 "비평이 문학권력에 종속됨으로써 '제도 관리 비평'으로 타락하고 있"는 "비평의 비윤리성"(23쪽)을 전면적으로 비판하는 것이다. 다시 말해 비평의 텍스트주의를 강조하는 논자들의 의도는 텍스트에 대한 정교한 해석을 결여한 데서 비롯된 비평의 세속화를 경계하기 위해서라기보다는, 특정 에콜과 문학관에 사로잡힌 폐쇄적 섹트주의를 합리화하기 위한 것이란 점에서 비평윤리의 실종을 드러낸다는 것이다. 게다가 텍스트주의 비평은 생경한 이론의 미망에 사로잡혀 작품에 대한 객관적인 평가를 간과하기 십상이어서 비평을 읽는 독자들에게는 자칫 추상적 구호나 난해한 이론의 각축장으로 비쳐질 소지가 다분하다는 점에서, "작품에 대한 애정과 적실한 이해를 결여한 비평의 이론화는 문학 없는 문학비평이라는 비판으로부터 자유로울 수 없"으므로, 그것은 "비평의 확장이 아니라 비평의 무능"(29쪽)이라고 신랄하게 비판한다.

이처럼 고봉준에게 비평은 작가와 독자 사이에서 민주적인 소통의 관계를 형성하는 중요한 장(場)으로서의 의미를 지닌다. 이는 궁극적으로 문학의 윤리성을 회복하는 가장 본질적인 장르 선택이라고 할 수 있다. 그는 "비평의 자기 검열은 비평과 비평의 대화, 즉 논쟁을 통해서 가능하다"(30쪽)고 주장한다. 진정석, 최원식, 김형중, 김영찬 등의 비평에 대한 메타비평으로, 리얼리즘과 모더니즘의 관계를 둘러싼 첨예한 논쟁들을 비판적으로 살펴보는 것(「리얼리즘/모더니즘의 신비화」)이나, '이상문학상'을 중심으로 문학상과 문화 산업의 폐해를 냉정하게 질타하고 있는 것(「시장과 우상」)도 이러한 비평정신에서 비롯된 결과이다. 진정한 비평은 텍스트주의를 넘어선 텍스트 읽기가 가능할 때 비로소 실현될 수 있다. 물론 이러한 태도가 텍스트 자체를 도외시하는 방향으로 나아가서는 결코 안 된다. 다만 텍스트의 내부에 외부성이 존재한다는, 그래서 텍스트와 컨텍스트는 결코 이원화될 수 없다는 사실을 기억해야 할 것이다.

3. 환상과 서정을 둘러싼 입장

최근 우리 시단의 가장 뜨거운 화두는 '미래파'이다. 이제 미래파라는 허상을 그만 이야기하라는 말이 나올 정도로 한동안 미래파는 젊은 시단의 폭발적인 호응을 받으며 여기저기 문예지들을 독식했다고 해도 과언이 아니다. 자칫 세대론으로까지 변질될 소지가 있었던 미래파 논쟁은 진부한 서정에 대한 진정성 있는 성찰을 가져왔다는 점에서는 의미 있는 논쟁이었지만, '시적인 것'의 경계를 무화하고 이를 절대시함으로써 서정의 가치를 낡고 오래된 것으로 재단해버리는 오류를 범했다는 점에서 상당히 부정적인 측면을 보인 것도 사실이다. 급격히 변해가는 시대의 흐름에 맞춰 서정시도 조금씩 변해야 하는 것은 너무도 당연한 일이다. 따라서 변화 자체를 두려워하거나 이를 냉소적인 시선으로 바라보는 것은 올바르지 않다. 중요한 문제는 그것이 어떠한 변화인가 하는 데 있는 것이지 변화 그 자체에 있는 것은 아니다.

새로움과 변화를 무조건적으로 강조한 나머지 서정시의 본질과 미래를 사유하는 근본적인 성찰을 결여한다면 그것은 결코 진정성을 얻을 수 없다. 고봉준이 미래파를 바라보는 관점 역시 이와 같은 문제의식으로부터 출발하고 있다고 하겠다.

그는 우선 지금 우리 시단에 만연한 소위 '환상'이라는 것이 리얼리티의 극명한 구현이라기보다는 시적 상상력의 극단적 형태라는 입장을 드러낸다. "죽을 때까지 어떠한 이름으로도 불려지지 않으리"라는 황병승식 언어 진술에 드러난 주체와 타자의 소통 거부, 금기와 위반의 극단적 어법을 통해 시 자체를 전복시키려는 김민정의 분열증적 언술체계, 신화적 상상력을 기하학적 공간으로 대치함으로써 환상의 세계로 들어가는 이민하의 기하학적 언술구조, '흡입/습합'이라는 이미지의 시적 변주를 통해 몽환적이고 그로테스크한 탈주의 세계를 형상화하는 이영주의 어법 등에서, 그는 환상이 아닌 상상의 극단적 양상을 발견한다.(「환상이라는 유령, 또는 환상의 리얼리티」) 여기에서 그가 가장 중요하게 생각하는 점은, 최근 젊은 시인들의 독특한 상상력이 환상인가 아닌가 하는 양자택일의 차원에 놓여 있지는 않다는 사실이다. 즉 이들의 시에서 "전통 서정시가 근거하고 있던 안정적이고 단일한 시선의 원근법을 해체하고, 나아가 자연의 유기체적 질서에 근거한 재래의 서정과 일정한 거리를 취함으로써 새로운 주체성의 출현을 예고하고 있"(303쪽)음에 무엇보다도 주목하였던 것이다.

이처럼 고봉준은 처음에는 환상적 경향의 젊은 시인들에 대해 비교적 우호적인 평가를 내렸던 것으로 보인다. 그런데 그가 이들의 시를 비판적으로 바라보게 된 것은, '새로운 주체'의 실상이란 것이 철저하게 개인적인 감각에 의존함으로써 대중과의 괴리를 드러내는 탈—세계적 혹은 탈—사회적 양상을 노골적으로 드러냈기 때문이다. 즉 환상이 표면적으로는 안정된 질서에 안주하는 전통 서정을 위반하고 전복하는 저항적 주체의 탄생으로 비쳐지지만, 본질적으로는 외적 질서의 재현이라는 리얼리티를 거부하는 합리화의 수단으로 작용한다고 보았던 것이다. 지금 젊은 시인들의 환상에는 새로운 주체의 탄생이라는 전망과 대안이 있는 것이 아니라, 오로지 고립과 분열을 유희적 차원에서 인식하는 개인적 놀이로서의 감각만이 승할 뿐이다. 감각의 차원을 뛰어넘어 현실의 차원을 끌어안을 때 감각도 현실도 모두 새로운 주체의 탄생에 기여하게 될 것이다.

> 서정은 운명적으로 세계와 대상에 대한 폭력성을 내재하고 있다. 그러나 서정을 해체하는 것은 단순히 서정을 부정하자는 것과는 다른 일이다. 중요한 것은 서정의 용법을 바꾸는 것, 그래서 서정이라는 메커니즘을 폭력적 동일화에 대한 의지가 아니라, 타자와의 만남을 통해 '나'의 동일성과 타자의 타자성이 동시에 바뀌는 경험을 포착하는 것으로 재정의하는 일이다. (「서정시를 위한 변명」, 362쪽)

고봉준의 비평은 환상의 허위성에 대한 근본적인 성찰을 통해 서정시를 위한 변명을 조직화하는 차원으로 나아간다. 인용문에서 고봉준은 전래의 서정이 주체 중심적 동일성에 갇혀 타자를 폭력적으로 통합하는 자기모순을 저질러왔음을 비판한다. 이러한 강제적 통합은 동일성을 가장한 폭력적 동일화라는 점에서 서정의 본질을 심각하게 왜곡, 훼손하고 있다고 할 수 있다. 그렇다고 해서 서정 자체의 의의를 도외시한 채 무조건 서정의 해체를 주장하는 것도 타당하지 않다. 서정의 해체를 곧바로 서정의 부정과 동일시한 데서 지금 우리 시단은 여러 가지 문제점을 노출하고 있기 때문이다. 따라서 그는 '서정의 용법을 바꾸는 것', 즉 주체와 타자의 전도된 관계를 모색함으로써 서정의 위계를 넘어선 진정한 서정성의 실현을 주장한다.

이러한 주장은 사실 이론적 차원에서나 선언적 차원에서는 상당히 유효한 의미를 지닌다. 하지만 문제는 이를 뒷받침하는 작품 해석의 논리나 작품에 대한 판단에서 발생한다. 최근 미래파 논쟁의 대부분이 작품을 둘러싼 논쟁이 되지 못하고 대체로 비평 담론의 문제점을 지적하는 것으로 초점화된 이유도 이와 무관하지 않을 듯하다. 미래파를 이론적으로 뒷받침한 비평가들의 주장과 이들의 작품 해석과 판단 사이에는 상당한 괴리가 있었기 때문이다. 이런 점에서 필자는 고봉준의 논리에 상당 부분 동의하면서도 끝끝내 고개를 갸웃거리지 않을 수 없다. 앞서 그가 미래파에 대해 대체로 긍정적인 측면을 갖고 출발했다는 점을 감안할 때, 그의 비평관과 시를 바라보는 입장 사이에는 다소 모순과 괴리가 있는 것이 사실이기 때문이다. 예를 들어 "지금보다 훨씬 '잔혹한 서정'의 등장이 필수적"(362쪽)이라는 그의 생각에 필자는 결코 동의할 수 없다. '서정의 용법을 바꾸는 것'과 '잔혹한 서정' 사이에는 상당한 거리가 있음은 분명하다. 서정의 용법을 바꾸어야 한다면, 지금 우리가 고민해야 할 가장 중요한 문제는 '어떻게 바꿀 것인가'에 있음을 결코 간과해서는 안 된다. 이러한 방법론에 대한 구체적 고민이야말로 지금 우리 비평이 갖추어야 할 윤리적 요건임에 틀림없다. 고봉준의 비평이 이러한 문제의식을 더욱 철저하게 실천해나가길 기대한다.

(『내일을여는작가』 2007년 봄호)

시의 열정으로 충만한 죽음의 영원성
— 우대식, 『죽은 시인들의 사회』(새움, 2006)

　우대식의 『죽은 시인들의 사회』는 가슴속 깊이 목숨보다 소중하게 시를 간직하고 살았던 열정적인 시인들의 절절한 삶을 새겨 놓은 장엄한 비문처럼 읽힌다. 비문에 새겨진 기록들과 죽은 시인들의 가장 가까이에서 그들을 지켜보았던 지인들의 증언 속에는 말 못 할 슬픔과 상처들이 가득히 묻어난다. 하지만 그들의 상처가 아물었던 자리에 다시 새순이 피어오르고, 이제는 만개한 꽃들을 바라보는 그들의 내면에는 시의 영원성에 대한 절대적 믿음이 굳게 자리잡고 있다. 이런 점에서 우대식의 글은 죽음의 흔적을 따라가는 애잔한 여행기가 아니라, 오히려 또 다른 삶의 열정을 찾아가는 영원성의 길을 지향한다. 죽음을 일컬어 "아름다운 이 세상 소풍 끝내는 날"이라고 노래했던, 그래서 죽음 또한 삶의 연속이요 축제로 인식했던 천상병 시인의 마음이 자연스럽게 떠오르는 듯하다.
　이 책에 수록된 아홉 명의 시인들은 어떠한 언어로도 표현하기 어려운 시의 열정을 죽음으로 대신하였다. 그래서인지 그들의 죽음을 따라가는 길이 결코 슬프지만은 않고, 오히려 즐거운 축제를 떠나는 것 같은 설렘을 느끼게 한다. 그동안 '죽음' 혹은 '요절'은 우리 시단에 의미심장한 메시지와 울림을 주는 중요한 의미를 남겨왔다. 1990년대 젊은 시인들의 우상이요 상징이었던 기형도의 죽음에서부터 진이정, 이연주 등으로 이어진 죽음의 그림자는 그들의 시를 온갖 의혹과 신비로 읽도록 만들었고, 이러한 신비감으로 인해 죽음을 내면의 풍경으로 자기화하려는 태도가 젊은 시인들의 감각을 오랫동안 지배하기도 했다.

죽음도 일종의 상품이 되었다고 말한다면 지난 1990년대를 너무 가혹하게 평가하는 것일까? 애초에 필자는 우대식의 글 역시 이러한 유행에 민감하게 반응하는 제스처에 지나지 않을까 하는 완고한 선입견을 지녔었다. 그런데 이러한 생각이 딴지 걸기 좋아하는 평론가의 기우가 될 수밖에 없었던 것은, 그가 전국을 떠돌며 복원해놓은 죽은 시인들의 사회는 오히려 이러한 유행으로부터 한발 비켜선 지점에 있었기 때문이다. 이 책에 수록된 시인들은, 기형도를 제외하고는 모두 당대 문단의 중심에서 화려한 조명을 받으며 활동하지는 못했다는 점에서, 모퉁이를 스치고 지나간 어느 낯선 풍경을 보는 것과 같은 느낌이 들었다. 김민부, 임홍재, 송유하, 김용직, 김만옥, 이경록, 박석수, 원희석 등은 생전의 그 천재적인 시의 열정과 기질에 비해서 너무도 초라한 자리에 머물다 갔던 시인들이다. 그래서인지 그들의 죽음은 더욱 허무한 풍경으로 오래도록 각인되는 것이다.

어쩌면 죽음은 시인의 삶 한가운데 유기적으로 머무는 원형질이요, 시인의 의식을 벼리는 가장 민감한 촉수가 아닐까 싶다. 그래서 유독 시인은 죽음을 저버리지 못하고 죽음 가장 가까이에서 죽음과 더불어 살아가는 역설적 모습을 유지한다. 우대식의 글은 요절한 시인들의 행적을 통해 시와 시인의 본질 속으로 깊숙이 들어감으로써 시의 본질과 시인의 운명을 찾아내고 있는 것이다.

시인에게 죽음이란 물리적 의미를 넘어 의식의 문제라는 것은 새삼 되물을 필요가 없을 터이다. 초월이라는 시의 양식적 특성은 시인으로 하여금 끝없이 죽음을 몽상하게 한다. 특히, 요절이란 물리적 죽음과 의식의 죽음이 한 지점에서 만나 불꽃처럼 타오르다 소멸해간 흔적이라는 것이 내 개인의 생각이다. 그 소멸의 흔적을 마주했을 때 어떤 통일적 인상을 느끼게 되는 것도 우연만은 아니라는 생각을 하게 되었다. 생의 모든 촉수들이 죽음이라는 물가로 그 뿌리를 아주 서서히 어느 순간 급속히 뻗어가는 광경을 목격하는 것은 두렵고도 황홀한 일이기도 했다. (6~7쪽)

죽음을 의식의 차원에서 이해한 시인들, 시의 초월성을 완성하기 위해 끊임없이 죽음을 몽상한 시인들에게 있어서, 죽음은 물리적인 것과 의식적인 것이 불꽃처럼 한데 타오르다 서서히 소멸해간 흔적이라는 점에서 아주 공통적인 삶의 태도를 보여준다. "나는 때때로 죽음과 조우(遭遇)한다"면서, "내가 살고 있는 아파트의 창문에 퍼덕이는 빨래"처럼 "죽음은 그렇게 내게로 온다"(「서시」)고 김민부 시인은 고백하였다. 이처럼 요절한 시인들에게 있어서의 죽음은 어느 날의 일상적 풍경처럼 아주 자연스럽게 우리의 곁으로 다가오는 소멸의 아름다움을 보여준다.

우대식은 이러한 소멸의 풍경을 두렵고도 황홀한 감정의 대위 속에서 바라본다. 이러한 그의 시선은 "마지막으로 상정된 시간 속으로 진행되는 시에 이르는 병이야말로 삶과 죽음을 아우르는 생의 본질이라는 믿음"(55쪽)을 비로소 이해하게 한다. 생전의 임홍재 시인이 송수권 시인에게 보낸 편지는 이를 절절히 토로하고 있으며, 짧은 생을 가난과 병으로 마감한 시인의 영원성을 발견하게 한다. 그의 말대로 "가난하지 않고, 환경이 좋으며 축복만 받은 인간이라면 시의 경지에 이르지 못할 것"이므로, "끝없는 병, 이 병을 앓으며 사노라면 나중에 마지막 빛나는 언어, 모국어 몇 개의 어휘도 남을 것"(55쪽)임에 틀림없다. 이런 점에서 죽음은 또 다른 삶에 대한 기록일 수밖에 없는 것이다.

따라서 우대식은 "요절한 시인들을 찾아다니며 공통적으로 느끼게 되는 사실은 바로 그들 하나하나가 불꽃같은 삶을 살았다는"(82쪽) 사실을 무엇보다도 주목하였다. 생전에 누구보다도 열정적으로 시작 활동을 펼쳤던 시인들, 그래서 주변의 문인들로부터 천재적 시인으로 평가받았던 그들의 공통된 면모를 그냥 지나치기는 어려운 것이다. 너무도 일찍 존재론적 깊이와 넓이를 삶의 형식으로 받아들인 때문일까, 아니면 절대적 순수의 경지에서 길어 올린 청신한 감각으로는 도저히 세상을 용서하거나 받아들일 수 없었기 때문일까? 그들 모두는 이러한 의문들을 살아남은 자의 몫으로 남긴 채 천재적 시인의 광기를 포기하고 서둘러 먼 길을 떠나고 말았다. 아니 죽음도 삶의 길이라는 점에서 그들의 죽음은 평범한 우리들의 삶과는 비교할 수 없을 정도의 이상적 세계를 지향한다. 시인 이경록이 그러했던 것처럼, 시인은 죽어서 부를 노래를 생전에 지어 부르는 아주 특이한 존재인 것이다.

이 뇌수의 물이 마르면, 사고도
모든 상상력의 힘도 내게서 사라질 것이다.
말 잘 듣던 신경도 자랑스럽던 햇살도
흙 속으로 스며 축축한 수분으로 변하고,
마침내 메마른 뼈들만 남아서 덜그럭거리며
노래 부르리라.
나는 왔다. 세상의 끝엔 아무것도 없다고.

—「死後」부분

 죽음 이후의 삶을 통찰하는 시인의 예지를 들여다보는 것은 섬뜩하기도 하고 놀랍기도 하다. 이미 죽음을 초월한 자리에 서 있는 시인의 모습은 견자(見者)에 다름 아니다. 죽음 너머의 세계에서 "세상의 끝엔 아무것도 없다고" 노래할 수 있는 시인의 초월과 자유는 강렬하기만 하다. 그 깊은 역설 속에 내재된 시적 진정성을 온전히 이해하는 것은 범박한 필자로서는 불가능한 일이다. 다만 그들이 추구한 길 가까이 다가가서 그들의 삶과 시를 조심스레 들여다볼 따름이다. 우대식의 글은 이러한 소통의 길을 적극적으로 열어주는 지도의 역할을 하고 있다. 필자는 그가 만든 지도를 펼쳐놓고 시의 열정으로 충만했던 견자의 길을 머뭇머뭇 따라가고 있을 따름이다.
 우대식은 서문을 대신한 글에서 자신의 글이 "평론 스타일이어서는 절대 안 된다"고 굳게 못을 박고 출발했다고 말했다. 따라서 여기에 수록된 아홉 편의 글은 전통적인 평론의 발상과 어법과는 상당히 거리가 있다. 명확하게 규정하기는 어렵지만, 굳이 글의 성격을 말하자면 '죽음'을 제재로 한 일종의 전기적 비평, 즉 평전의 성격을 지닌다. 주지하다시피 평전은 평론과 전기문의 특성을 혼합한 글쓰기 양식이다. 이 글이 비록 비평을 거부하는 자리에서 출발했다 하더라도 충분히 비평으로 읽힌다는 이유도 바로 여기에 있다.

요즘 들어 '비평가도 안 읽는 비평'이란 자조적인 말들이 평단을 휩쓸고, 독자와의 소통이라는 기본적인 비평의 기능마저 외면한 채 아주 특별한(?) 이론 탐구와 분석에만 골몰하는 비평의 경향이 두드러지게 부각되고 있다. 이처럼 점점 자기만의 고고한 성을 쌓기에 급급한 비평의 폐쇄적 경향을 염두에 둘 때, 우대식의 글은 비평 대중화의 새로운 가능성을 여는 의미 있는 비평적 글쓰기 방식이라고 할 수 있다. 이런 점에서 『죽은 시인들의 사회』는 최근에 출간된 고종석의 『모국어의 속살』과 더불어 근래 보기 드문 대중적 비평의 성과이며, 우리 비평이 독자를 향해 한 발짝 더 다가서는 중요한 디딤돌의 역할을 하고 있다고 평가할 수 있는 것이다.

(『리토피아』 2006년 여름호)

콜로노스 숲으로 들어간 비평

_강유정, 『오이디푸스의 숲』(문학과지성사, 2007)

1. 콜로노스 숲으로의 초대

강유정의 첫 평론집 『오이디푸스의 숲』은 2000년대 이후 새로운 경계를 만들어가고 있는 젊은 작가들에 대한 문제의식과 이들의 작품에 대한 정교한 해석에 초점을 두고 있다. 그는 "2000년대의 젊은 작가들은 기존의 문학에 경계를 긋고 새로운 질서를 구축하고자 몸살을 앓고 있다"고 진단하였다. 그래서 그는 "소설다운 소설이 없다는 불만, 이제 진정한 소설의 시대는 끝났다는 위기감"을 비판적으로 성찰하는 뚜렷한 비평 의식을 견지함으로써, "이 비평집이 놓여 있는 시공간 역시 이 불온한 전환기와 닿아 있"(「책머리에」, 6쪽)음을 분명하게 밝힌다. 언제나 그랬듯이 비평은 전환기 특유의 혼란과 혼돈의 정점에서 가치의 불안정성 또는 미해결 상태에 놓여 있는 위기(crisis)의 산물이었다. 이러한 미해결, 불확정의 상태를 넘어서 객관적이고 타당성 있는 가치판단을 내리는 것이 가장 기본적인 비평의 기능과 역할이다.

강유정의 비평은 "콜로노스 숲으로의 초대"로 문을 연다. 그곳은 2000년대 우리 소설이 자리한 실존적 공간으로서의 상징성을 지니고 있는데, "콜로노스 숲에서의 소설은 무엇이란 말인가"(「콜로노스 숲에서의 글쓰기, 눈먼 오이디푸스의 소설」, 18쪽)라는 질문에 해답을 찾아가는 것이 그의 비평적 지향점이다. 강유정은 근대문학의 시대를 오이디푸스가 왕으로 군림하던 시절에 비유하고 있다. 그러나 지금은 눈먼 오이디푸스가 콜로노스로 떠나버린, 그래서 근대문학의 종언이 심심찮게 거론되는 시대라는 점에서 문제적으로 인식한다. 그렇다면 지금 근대문학의 주체는 어디를 향해 가고 있는가? 이러한 본질적 물음에 대한 해답은 오이디푸스가 떠난 콜로노스 숲으로 함께 들어가야만 찾을 수 있다는 것이 강유정의 생각인 듯하다. 결국 강유정의 비평적 관점은 2000년대 소설의 새로운 경계인 콜로노스 숲으로 들어가 그 안에서 숲의 지형도를 세세하게 살펴보는 데 있다. 그곳에는 박민규, 정이현, 이기호, 김중혁, 편혜영, 김숨 등 최근 우리 소설의 변화를 선도하고 있는 젊은 소설가들이 모두 모여 있어 주목된다. 그 숲에는 "위기 속에서 새로운 경계를 모색하는 동시대 작가들의 분투"(「책머리에」, 7쪽)가 쟁점화되고 있는 것이다.

소설은 달라졌다. 죽은 것은 근대적 의미의 소설일 뿐 소설이 아니다. 근대적 소설의 종언에는 달라진 삶의 풍경이 자리잡고 있다. 더 이상 이성과 내면을 근간으로 한 근대적 소설은 현실을 반영하지도 도해하지도 않고 전복할 수도 없다. 소설다운 소설이 없어진 게 아니라 소설은 마땅히 달라져야 한다는 말이다. (중략)
나는 최근 소설의 변화 양상이 달라진 세계와 조응하는 변모이지 종말이나 변절이라고 보지 않는다. 세계는 다원화되었다. 이는 다른 말로 해서 세계가 더 이상 단일한 어휘가 아니라는 뜻이기도 하다. (중략) 이에 달라진 삶의 방식들을 '시선'이라는 단일한 감관이 아닌 다른 감각을 통해 재현하고자 하는 작가들의 시도는 이해된다. 문제는 삶의 양상이 달라지는 속도가 지나치게 빨라, 동일한 경험의 추체험을 통해 공감대를 형성할 수 있는 시기가 이제 지났다는 사실이다. (「콜로노스 숲에서의 글쓰기, 눈먼 오이디푸스의 소설」, 30~31쪽)

최근 우리 평단에서는 2000년대 소설을 둘러싼 상반된 평가가 첨예하게 부각되는 중이다. '새로운 수사학'과 '낯선 상상력'으로 독자들의 감각을 새롭게 자극한다는 긍정적 평가가 있는 반면, 언제부턴가 소설 읽기가 거북스럽고 사실상 진정한 의미의 소설은 실종되고 말았다는 부정적 평가가 엇갈리면서, 도대체 소설이란 무엇인가, 어떤 문학이 좋은 문학인가에 대한 본질적인 질문이 새삼스럽게 증폭되고 있다. 이와 같은 급격한 소설 지형의 변화는 "영상문화의 득세"와 "소설의 상품화, 즉 후기 자본주의의 전 지구적 확산"(「콜로노스 숲에서의 글쓰기, 눈먼 오이디푸스의 소설」, 17쪽) 등과 같은 외적 환경의 변화에 가장 큰 원인이 있다. 즉 영상문화와 디지털 그리고 인터넷 등과 같은 기술적 진보가 현실에 대한 인식이나 생활의 방식을 전면적으로 변화시켜, 우리의 소설 지형은 눈먼 오이디푸스가 '상상'이라는 감각을 통해 창조해내는 것과 같은 그로테스크하고 환상적인 양상을 전면화하고 있는 것이다.

2. 새로움에 대한 강박의 외상(歪象)

최근 우리 비평에서는 대체로 '담론'이 전면화하고 '작품'은 뒤에 가려지는 주객전도의 양상이 전개되고 있다. 물론 이러한 담론에 대한 특별한 강조는 작품에 대한 호오(好惡)를 분명하게 밝히고 문학의 미래적 방향을 제시하는 것이라는 점에서 비평의 본질에 충실한 것으로 볼 수도 있다. 하지만 이러한 담론의 방향성은 텍스트의 안과 밖을 균형 있게 사유하는 비평적 실천을 통해서만 유효한 의미를 얻는다는 사실을 반드시 기억해야 한다. 즉 새로운 비평이론이나 유행적 경향에 대한 선점의 욕망이나 작가와 작품의 범주를 한정하는 명명의 권위를 내세우는 식의 비평권력이 작동하면, 아무리 그럴듯한 비평담론이라 할지라도 그 진정성을 확보하기 어려운 것이다. 지금 우리 비평이 유독 강조하는 젊은 작가들의 '새로움'이라는 담론 역시 이러한 비평적 권위에서 비롯된 추상적인 담론이라는 점에서 여러 가지 문제점을 노출하고 있다.

강유정은 "새로움에 강박된 최근의 독법에 각각의 구체적 실재에 대한 반성적 인식이 결여되어 있"는 평단의 태도를 강하게 비판한다. "최근 담론이 발견한 '새로움'은 기존의 소설 문법에 대한 갱신과 새로운 서사적 긴장으로 수렴"될 수 있는데, 이에 대한 비평적 대응은 "새로운 작품들이 나타났기에 의미 규정이 이루어진다기보다 새로움을 선언하기 위해 낯선 작품들이 수배되고 있는 형편"이라는 것이다. 즉 "새로움에 대한 담론적 조감도만 있을 뿐 작품의 실체가 주석처럼 왜소화되는", 그래서 "새로움에 대한 담론적 열기 자체가 새로움에 대한 강박의 외상(歪

象)"(「Welcome to Nowhere-land」, 35쪽)이 되어버린 현실이 지금 우리 비평을 위기 상황으로 내몰고 있다는 것이다.

콜로노스 숲의 소설들은 대개 '난독증(難讀症)'을 유발하는 난해한 언술구조로 이루어져 있다. 문제는 이러한 소설들에서 전통적인 서사의 파괴와 현실에 대한 역사적·사회적 문제제기를 찾기란 쉽지 않다는 데 있다. 즉 이들의 소설이 겉으로는 오래된 서사의 관습과 질서를 뛰어넘는 전복성을 지니고 있지만, 이러한 전복이 언어 자체에 대한 거부를 노골적으로 드러냄으로써 사실상 소통 자체를 부정하는 극단적인 양상으로 치닫고 있는 것이다. "소설의 문단을 해체해 그 순서를 바꾸어 재배열한다 할지라도 그 의미가 달라지지 않"(「Welcome to Nowhere-land」, 40쪽)을 정도로, 기존 언어의 자명성과 선조적 질서를 무너뜨리는 이들의 소설은 '새로운 언어'를 표방한다. "새로운 언어를 기획하고자 하는 강박증과 길항만이 그 자체로 매력을 뿜어내"(「Welcome to Nowhere-land」, 45쪽)는 한유주의 소설이나, "상징계적 교환의 장에 제공"하는 "언어가 되지 못하고 결국 환상으로 증발"(「Welcome to Nowhere-land」, 48쪽)되는 김유진의 소설에서, '새로움'은 부정을 위한 부정을 끊임없이 재생산함으로써 소통부재 혹은 소통단절의 전략으로 작동하는 것이다. 여기에 대해 강유정은, "한유주나 김유진이 제시한 새로운 코드는 소설의 장에 새롭게 출현한 80년대생의 차별성의 표지이기도 하다"고 말한다. 즉 이러한 '새로움'의 코드는 "그들의 낯선 성장환경 자체의 반영"으로, "사이버스페이스에서 자라난 아이들"에게 "'언어'는 구축될 수 있는 놀이이자 환유의 대상"(「Welcome to Nowhere-land」, 51쪽)일 수밖에 없다고 보는 것이다.

중요한 문제는, 진리의 망령을 벗어나기 위한 동시대 작가들의 다양한 모색이 다양성이라는 또 하나의 도그마가 될 우려를 내포하고 있다는 것이다. 코드의 모색이 영제도(zero-institution)에 불과할 때 코드의 창조에 대한 강박은 이데올로기적 동일화의 전략과 구분되기 어렵다. 이에, 1970년대생 신인작가들이 보여주는 코드 창출에 대한 노력은 반성되어질 필요가 있다. 급진화된 방식으로서의 다양성은 한편 미적 성취를 불가해한 복잡성과의 접촉으로 구체화되기도 하기 때문이다. 김도언이 보여주는 실험과 도발은 어떤 점에서 실험 자체를 위한 실험 그리고 도발을 위한 도발로 호도될 우려를 포함하고 있으며, 조헌용의 소설들은 지나친 동어 반복과 교설적 설명주의의 혐의에서 자유롭지 못하다. (「Why not?」, 69쪽)

인용문에서 알 수 있듯이, 강유정의 비평은 근대의 질서를 뛰어넘고자 하는 젊은 작가들의 새로움이 또 다른 '도그마'가 되는 것에 대해 철저하게 경계한다. 독자와의 소통이 새로움의 강박이 만들어내는 또 다른 도그마를 강요하는 것이 되어서는 안 된다는 것이다. 독자는 더 이상의 진부하고 낯익은 방식의 소설을 거부하면서, 최근 우리 소설의 새로움이 참신성을 더욱 확대하는 긍정적 기능을 도출하기를 기대한다. 하지만 이러한 기대가 실험을 위한 실험, 도발을 위한 도발로 경직될 때 오히려 소통은 더 큰 장애를 만나지 않을 수 없다. 강유정은 이와 같은 문제점에 대해 정면으로 비판하고 있다. 그럼에도 불구하고 박민규의 소설을 분석하기에 앞서 전통적인 소설의 관습에 대한 기대나 예측을 버려야 한다는 전제를 내세우는 것은 전혀 이해하기 힘든 발상이다. 최근 젊은 소설들에 대한 비평은 그들의 언어 내부로 들어가서 분석하고 판단해야 객관적인 평가를 내릴 수 있다는 것이다. 이러한 진술은 일면 타당성 있는 관점이지만, 왜 그들이 기존 언어와 질서를 위반하려고 하는가를 밝혀내는 것이 더욱 중요한 문제라는 사실을 간과하고 있는 듯하다. 다시 말해 최근 소설에 대한 가장 중요한 문제제기는 오이디푸스로 상징되는 근대문학이 왜 콜로노스를 향해 떠날 수밖에 없었는가, 혹은 이러한 떠남이 과연 정당성을 확보하고 있는가와 같은 외적 차원의 문제와 밀접한 연관 속에서 해명되어야 하는 것이다.

결국 강유정의 비평은 너무 서둘러 숲으로 들어가버린 아쉬움이 있다. 그의 비평에는 숲의 내부를 정밀하게 관찰하기에 앞서 숲의 주변을 어슬렁거리며 돌아보는 지혜가 필요하다. 혹은 이러한 외적 환경의 변화에도 불구하고 여전히 근대문학의 얼굴을 하고 있는 소설과의 객관적인 비교의 시각을 정립할 필요가 있다. 그가 "소비라는 창문과 가족이라는 환영에 이중 구속된 불쌍한 나의 '공주들'처럼, 화장을 지운 그녀들이 더욱 애틋"(「악녀, 화장을 지우다」, 107쪽)하다고 느끼는 것이나, "소설의 위기에 앞서 우선 '눈'을 감고 이성이 아닌 이야기에 대한 본질적 감각을 통해 소설과 소통"해야 하고 "소설이 축적해온 전통을 관습으로 부정하고 근대소설의 형식을 내파"(「이기호식 소설심폐소생술」, 122쪽)해야 한다는 이기호의 주장에 귀 기울이거나, "눈이 아닌 손으로 읽는 지도, 눈이 아닌 귀로 듣는 라디오, 눈이 아닌 상상력으로 구축한 지도", 즉 "감각에 대한 광범위한 수용"(「오감만족 레고 블록 성찬을 즐기는 법」, 129~130쪽)을 강조하는 김중혁의 논리를 수용하는 것은 바로 이와 같은 비평 의식의 부재 혹은 결핍에서 비롯된 것이다. 그가 펼쳐 보이는 '숲과 길의 경계'가 어던지 모르게 어정쩡하고 어색한, 그래서 그의 비평 의식과 다소 동떨어진 논리로 인식되는 이유도 바로 여기에 있다.

3. 2000년대 우리 문학을 읽는 비평의 존재 방식

지금 우리 앞에는 전혀 소통되지 않는 두 개의 비평의 장(場)이 있다. 영상과 이미지가 주도하는 문학 지형의 변화를 적극적으로 지지하고 그것에 내재된 새로운 의미를 발견하려는 비평담론과, 이러한 급격한 변화가 결국에는 문학의 본질을 심각하게 훼손시킴으로써 문학의 자리를 점점 더 엷어지게 할 것이라는 우려를 쟁점화하는 비평담론이 바로 그것이다. 이와 같은 비평담론의 첨예한 대립과 팽팽한 긴장이 비평을 활성화하는 생산적인 논쟁의 장을 전개한다면 더할 수 없이 의미 있는 비평적 실천이 될 것이다. 하지만 대부분의 논쟁이 불러오는 결과란 참으로 허망하기 짝이 없어서, 논쟁의 초점은 온데간데없이 사라지고 사람과 사람 사이의 맹목적 비판만이 소통불능의 상태를 더욱 악화시키는 극단적인 양상으로 치닫기 일쑤이다.

이런 점에서 지금 우리 비평은, 2000년대 우리 문학을 새롭게 읽어내는 비평의 존재 방식에 대해 진지하게 고민하고 성찰할 필요가 있다. 섣불리 어느 한쪽을 지지하거나 다른 쪽을 일방적으로 매도하기보다는 양쪽을 객관적으로 바라보고 인식하는 경계에 대한 성찰이 요구되는 것이다. 물론 이러한 비평적 태도가 이것도 좋고 저것도 좋다는 식의 절충주의로 귀결되거나, 반대로 이것도 아니고 저것도 아니라는 식의 양비론으로 흘러가서는 결코 안 된다. 그동안 우리 비평의 방향은 문학의 현주소에 대해 일정한 편향성을 요구해온 것이 사실이다. 하지만 합리적이고 객관적인 논리만 확보된다면 비평의 편향성이 오히려 긍정적인 기능과 역할을 할 수도 있다는 점에서 이를 무조건 부정적으로 바라보는 것도 타당하지 않다. 따라서 2000년대 우리 문학을 읽는 비평의 존재 방식은 명확하게 자기 입장을 표명하는 확고한 비평의식을 견지함으로써, 타자의 비평 전략에 대한 비판적 성찰과 경계에 대한 탐색을 통해 자신의 주장을 주체적으로 영토화하는 지적 노력이 더욱 요구된다.

강유정의 첫 평론집 『오이디푸스의 숲』을 읽으면서 내내 아쉬웠던 점은 신진비평가로서의 자의식과 주체의식이 다소 결여되어 주체적 비평의 영토를 충분히 마련하고 있지 못하다는 점이었다. 이는 해석의 풍요로움을 과장되게 호명하는 우리 비평의 잘못된 관습으로부터 크게 벗어나지 못한 결과라고 할 수 있다. 조금은 거칠더라도 신진비평가로서 우리 문학의 현실을 냉정하게 바라보고 평가하는 비평적 소신을 유감없이 펼칠 수 있어야 한다. 안과 밖의 긴장 속에서 비평의 영토를 더욱 확장시킬 때 비로소 주체적인 비평의 목소리를 구현할 수 있을 것이다. 2000년대 우리 문학에 대한 비평적 대응은 이러한 긴장과 소통 속에서 그 의미를 발견하는 데 주력해야 한다. 2000년 이전과 이후를 명확히 구분 짓고 2000년 이후의 문학은 2000년 이전의 문학적 관점으로 바라봐서는 안 된다는, 그래서 오로지 2000년 이후의 문학적 어법과 발상으로 접근해야 한다는 시각은 너무나 이분법적인 편견이 아닐 수 없다.

콜로노스의 숲으로 들어간 비평은, 숲의 내부는 세세하게 들여다볼 수 있을지 모르지만, 숲을 둘러싸고 있는 외적 환경과 숲의 변화에 영향을 미치는 외적 요인에 대해서는 무관심하기 십상이다. 따라서 강유정의 비평은 콜로노스의 숲으로부터 한 발짝 떨어진 자리에서 다시 비평의 지도를 만들어갈 필요가 있다. 눈을 잃은 오이디푸스의 공간을 무조건 떠나야 할 공간으로 유추하는 것은 지나치게 현실추수적인 비평적 태도이다. 적어도 비평만큼은 오이디푸스를 따라 콜로노스로 떠나는 맹목적 추종을 경계해야만 한다. 앞으로 그의 비평이 '숲과 길의 경계'에서 더욱 치열한 현실인식과 미학적 자장을 넓혀가길 기대한다. 2000년대 우리 문학의 진정한 의미는 숲 안에 있는 것이 아니라 숲으로 가는 그 길 위에 있음을 반드시 기억해야 할 것이다.

(『내일을여는작가』 2007년 여름호)

제4부
소설의 진실

증언소설과 역사 바로 세우기_김원일, 『푸른 혼』
길이 시작되자 여행은 끝났다_박종관, 「길은 살아있다」
진실과 현실 사이의 서사적 기록_심윤경의 소설세계
고독한 일상의 우울한 욕망들_천운영, 윤성희, 김윤영
억압된 내면의 진정한 자아 찾기_한강, 이복구, 김연수의 소설
분단과 민족을 넘어 인간과 세계로_조정래 소설의 현재성

증언소설과 역사 바로 세우기
_김원일, 『푸른 혼』(이룸, 2005)

　김원일의 소설 『푸른 혼』을 읽으면서 역사는 진보한다는 말이 새삼 설득력 있게 다가왔다. 불과 수십 년 전까지만 해도 모든 사람들의 귀와 입이 통제되었던 암담한 세월을 견뎌야 했던 문인들에게 이제 어두운 역사의 기억은 민주와 인권의 이름으로 재해석하고 재평가해야 하는 현재적 의미를 지니게 된 것이다. 그동안 우리 소설은 증언소설 혹은 역사소설이라는 형식으로 해방과 더불어 찾아온 좌우의 극심한 대립과 한국전쟁으로 인한 분단의 상처에 특별히 주목해왔다. 하지만 군사정권은 해방과 분단을 제재로 한 역사의 소설화를 경직된 이념으로 옭아매려 했고, 문민정부가 들어선 지 십여 년이 지난 지금에 이르러서도 역사소설을 둘러싼 이념 논쟁은 완전히 해결되지 못하고 있다. 이러한 시점에서 1960~1970년대의 어두운 역사를 객관적으로 직시하고 냉전시대의 '인권' 문제를 비판적으로 바라보는 김원일의 『푸른 혼』은 역사의 진보와 변화를 누구보다도 앞장서서 이끌고 가는 작가의 윤리와 사명을 실천적으로 보여준 작품이다.

증언소설은 정치권력에 의해 은폐되고 왜곡된 역사적 진실을 규명하는, 지배이데올로기에 대한 대항담론의 성격을 강하게 드러낸다. 우리의 경우 극우반공이데올로기에 의해 조작된, 그래서 온갖 모순과 의혹 속에서 현재까지 미해결의 상태로 남아 있는 역사적 사건들이 한두 가지가 아니므로 역사적 진실의 문제는 더욱 중요한 사회적 쟁점이 아닐 수 없다. 물론 증언소설은 객관적인 역사적 사실과 작가의 역사적 재구성을 동시에 아우르는 사실과 허구의 복합양식이다. 따라서 소설의 제재가 되는 역사적 사실을 얼마나 정확하게 기록하고 복원하느냐 하는 점도 중요하지만, 작가가 증언소설의 형식을 통해 역사적 진실을 객관적으로 파악하고 이를 바탕으로 역사의 왜곡과 모순을 바로 세우려는 뚜렷한 작가의식을 지녀야 한다는 점을 더욱 초점화해야 한다. 결국 증언소설은 정치권력에 의해 조작되거나 왜곡된 역사적 사건에 대한 실체적 탐색과 작가의 윤리의식에 기반한 문학적 상상력이 응축된, 사회적 실천력을 지닌 대표적인 문학 양식이라고 할 수 있다.

『푸른 혼』은 1974년 민청학련사건의 배후로 지목된 인혁당사건을 실증적으로 파헤친 소설이다. 작가의 말대로 "인혁당사건을 중심에 놓고 연작으로 집필된 여섯 편의 중편소설은 처형당한 실제인물에서 빌려왔고, 사건의 발단부터 종결까지 재판기록과 증언을 참고하여 사실에 근거"하여 서술되었다. 물론 "각 편마다 사건 자체와는 거리를 두어 착점과 형식을 조금씩 달리했고, 작가가 임의로 내용을 재구성하여 창작된 부분이 많"(「작가의 말」)다는 점에서 허구적 성격을 드러내기도 한다. 역사의 진실을 규명하고 이를 올바르게 전달하겠다는 작가의 의도는 역사적 사실의 재현을 넘어서서, 정치권력 앞에 처참하게 유린된 인간의 상처에 주목하여 인권의 파탄이 더욱 문제시되고 있다. 이번 소설이 인혁당사건의 희생자와 그 가족들을 중심으로 한 전기적 형식을 취한 이유도 사건의 총체적 기술보다는 인간의 상처를 더욱 구체적으로 부각시키고자 했기 때문이다. 여기에는 역사적 사건을 날조하고 좌파지식인들을 고문과 회유를 통해 끊임없이 억압했던 극우반공이데올로기의 역사적 불구성을 비판적으로 성찰하려는 작가의 윤리의식이 깊숙이 내재되어 있다.

「팔공산」은 해방 이후 우리의 현대사가 좌우의 극심한 대립 속에서 얼마나 어둡고 긴 터널을 지나왔는지를 분명하게 보여주는 작품이다. 팔공산으로 숨어든 징집기피자 정 씨를 통해 주인공 송영진은 사회주의 이론을 어렴풋이 알게 되고, 해방 이후 대구에서 벌어진 최초의 민중봉기인 '10·1사건'으로부터 프롤레타리아혁명의 중요성을 조금씩 이해하게 된다. 그 후 그는 1950~1960년대 우리 역사의 혼란을 몸소 겪으며 진보혁신계 정당에 몸을 담고, 1961년 5·16 군부쿠데타가 일어나면서 계엄군에 의해 검거되어 모진 고문을 당한다. 온몸은 만신창이가 되었고, 극우반공정권이 들어서면서 불순분자로 낙인찍힌 그는 더 이상 학교라는 공직사회에 몸담을 수도 없는 신분으로 전락하고 말았다. 결국 낙향한 그는 팔공산으로 들어가 양봉일을 시작하는데, 1964년 한일굴욕외교를 비판하는 '6·3항쟁'이 있은 후 '인민혁명당' 지도부 요원이라는 누명을 쓰고 또다시 모진 고문을 당해야만 했다. 그 후 십여 년 동안 그는 다시 팔공산으로 들어가 양봉일에만 전념했는데, 1974년 박정희가 유신헌법을 선포하며 영구집권을 획책하자 '민청학련'의 이름으로 대학생들의 데모가 전국적으로 확산되고 그 배후 세력으로 '인혁당'이 지목되면서 또다시 검거되었다. '인혁당재건위'로 날조된 이 사건으로 결국 그는 사형을 선고받고, 대법원에서 항소가 기각된 지 채 하루가 지나지 않은 1975년 4월 9일 새벽 서대문구치소에서 마흔여섯의 나이를 마감하고 형장의 이슬로 사라진다.

이처럼 「팔공산」의 송영진은 극우반공이데올로기로 무장한 정치권력에 의해 무참히 짓밟히고 소외당한 우리 좌파지식인의 전형적 삶을 대변하는 인물이다. 해방 이후 혁신계 인사들과의 접촉, 그리고 한국전쟁 이후 혁신계 정당에 몸을 담았다는 전력이 평생 동안 정치권력의 감시와 처벌로 이어졌고, 정치권력에 반하는 굵직한 사건이 터질 때마다 요시찰 인물로 검거되어 온갖 고문 속에서 억울한 누명을 뒤집어써야 했던 좌파지식인들의 역사적 상처는 송영진의 삶과 죽음 속에 고스란히 형상화되어 있는 것이다. 따라서 김원일은 송영진을 이와 같이 어두운 역사의 터널에서 꺼내어 그의 육체적·정신적 모태인 팔공산으로 다시 되돌려 보내고자 한다. "팔공산이야말로 해방 전후부터 여태껏 죄 없는 무수한 넋을 품에 안았으되 침묵 속에 장엄하게 버텨 선 넉넉한 산"이므로, 송영진의 '푸른 혼'은 "육신은 제명껏 못 산 대신 내 혼은 늘 푸르게 살아 한 마리 꿀벌로 환생하여 오늘도 꽃을 쫓아 팔공산 자락을 떠돌고 있"다고 보기 때문이다. 그래서 "나와 동지들의 시신이 묻히던 그날, 팔공산 온 산채의 푸나무들은 바야흐로 한창 다투어 꽃망울을 터뜨리는 더없이 좋은 절기를 맞고 있었"고, "저잣거리 생활에 지친 사람들이 자연의 허파에서 뿜어내는 숨소리를 마시러 팔공산으로 올랐다 선경에 홀로 묻혀 사는 사람을 만나면 자연의 일부가 된 온화한 언행 앞에 신선과 대면한 착각을 느끼는 경우가 종종 있"(90쪽)다는 것이다. 결국 역사의 상처에 떠밀려 팔공산으로 영원히 들어가버린 송영진의 모습에는 작가가 인혁당사건을 소설화한 진정한 이유가 담겨 있다. 그것은 바로 그들의 상처를 깊숙이 내면화하려는, 그래서 월북한 아버지로 인해 유년 시절부터 이념의 상처와 고통을 뼈저리게 느끼며 성장할 수밖에 없었던 자신의 어두운 가족사를 씻어내려는 것이다. 이는 이념과 분단으로 인해 최소한의 인권마저 박탈당했던 지난 역사의 상처를 근본적으로 성찰하려는 역사의식의 결과임에 틀림없다.

「두 동무」의 이준병과 김길원, 그리고 「여의남 평전」의 여의남은 학생운동 세대로서 인혁당사건과 민청학련사건에 연루되어 희생당한 인물들이다. 그들은 유신과 한일회담 반대를 주도하며 이 땅의 민주화와 자주화를 외쳤을 뿐 공산주의자의 누명을 덮어쓸 만한 행동을 한 적이 없다. 하지만 학생운동 세대를 가장 두려워했던 박정희 정권으로서는 이들이야말로 영구집권을 위해서 반드시 제거해야 할 대상이라고 보았고, 결국 그들은 역사의 폭력 앞에 무기력했던 사법부의 판결대로 '사법살인'의 희생자가 되고 말았다. 그리고 「청맹과니」는 인혁당재건위의 수괴로 지목되었던 서상원을 주인공으로 삼아 군사정권의 폭압적 통치 앞에 눈감고 있었던 청맹과니의 세월을 비판한 작품이다. 이 작품은 『물방울 하나 떨어지면』(문이당, 2004)에 이미 수록되었던 「고난일지」를 개작한 것으로, 그의 작가적 윤리의식을 연작소설로 더욱 확대한 계기가 된 작품으로 볼 수 있다. 불의의 세월을 눈앞에서 바라보면서도 침묵할 수밖에 없었던 부끄러운 기억을 진정으로 성찰하는 것은 작가로서도 솔직히 힘겨운 과제가 아닐 수 없다. 작가가 역사의 상처에서 비롯된 고난의 세월을 일지 형식으로 기록했던 이전의 소설을 개작하여 불의의 시대에 올곧게 저항하지 못한 채 청맹과니의 모습으로 살아왔던 지난 삶에 대해 깊은 회한을 던지는 것은, 『푸른 혼』이라는 연작소설을 완성하게 된 결정적 근거가 되었다고 볼 수 있는 것이다.

「투명한 푸른 얼굴」은 도운종을 중심으로 당시 처형당한 여덟 명의 푸른 혼들의 만남과 해원(解冤)의 장면을 형상화했다. 『푸른 혼』은 객관적 사실에 대한 증언에 치중한 나머지 소설의 전체적 구성이 마치 논픽션을 읽어 내려가는 듯한 느낌을 지울 수가 없는 것이 사실인데, 이 작품은 이러한 구성의 단순함을 어느 정도 해소하는 형식의 변화를 보여준다. 죽음 이전의 기록이 아닌 죽음 이후의 또 다른 삶의 흔적을 찾아가는 작가의 상상력은, 죽음을 맞이하고서도 서로를 온전히 감싸 안는 모습이야말로 가장 행복한 삶을 산 자의 진실을 표상하고 있음을 말하려는 것이다. 이런 점에서 희생자 유가족 가운데 하시완의 아내를 주인공으로 하여 전개되는 「임을 위한 행진곡」역시 이 소설집이 지난 사건의 객관적 서술에만 머무르지 않고 오늘의 삶에 주목하고 있음을 분명하게 보여준다. 작가는 무엇보다도 역사의 현재성에 주목하고 이를 실천하기 위해 역사의 소설화를 시도했다. 따라서 그는 각 작품의 마지막이 모두 죽음으로 끝이 난 것처럼 역사는 과거 속으로 묻혀버릴 수 있지만, 그 '푸른 혼'만은 여전히 우리의 의식 깊은 곳에 생생히 남아 역사의 방향을 조금씩 변화시키고 있음을 소설을 통해 일깨우고자 했던 것이다.

김원일은 이 소설집을 통해 인권 파탄을 거듭해온 우리 역사의 불구성을 비판적으로 성찰했다. 따라서 "'인권'의 중요성은 아무리 강조해도 모자람이 있겠지만, 박정희 군사정권 아래 인권이 철저히 유린당한 대표적 사례가 1975년 인혁당사건"(「작가의 말」)이었음을 분명하게 인식할 것을 강조한다. 증언소설은 제재가 되는 역사적 사건의 당대적 의미에 가장 주목해야 한다. 지금도 과거사 진상 규명을 둘러싸고 정치권은 정쟁과 야합으로 역사의 진실과 올바른 방향을 외면하고 있다. 또다시 지금의 정치권력이 개인적 이해관계를 앞세워 인권 파탄으로 억울하게 죽어간 푸른 혼들을 위무하지 않는다면, 우리는 영원히 망각의 역사를 진실인 양 받아들일 수밖에 없을 것이다. 이런 점에서 김원일의 연작소설집 『푸른 혼』은 역사의 전환기에 접어든 우리 시대를 올곧게 이끌고 가는 역사 바로 세우기의 역할을 감당하는 참으로 소중한 작품이다. 앞으로 우리 소설의 지평은 왜곡되고 소외된 역사의 현장에 더욱 주목할 것임에 틀림없다. 『푸른 혼』은 "살아서 죽고, 죽어서 살고 ……"(348쪽)를 되풀이하는 '역사적 현재'의 의미를 두드러지게 형상화했다는 점에서 우리 소설의 역사적 방향을 올곧게 제시한 작품이다.

(『실천문학』 2005년 여름호)

길이 시작되자 여행은 끝났다

__박종관, 「길은 살아있다」,(『길은 살아있다』, 화남, 2005)

    21세기 한국문학은 도대체 어디를 향해 가고 있는가? 시 혹은 시적인 것의 혼란이 가중되면서 서정시의 본질은 낡고 오래된 관습이 되어버렸고, 거대서사의 붕괴로 소설은 점점 파편화하며 내면화의 길을 걷고 있다. 역사, 이념, 현실과 같은 무거운 주제로부터 벗어나 내면, 환상, 문화의 지형 속에서 새로운 길 찾기를 시도하고 있는 것이다. 아니, 정확히 말해 최근 우리 문학 지형에서 정해진 길 혹은 가야 할 길이란 사실상 없다고 보기 때문에 길 찾기를 한다는 자체가 이미 무의미한 담론에 불과하다. 다시 말해 문학이 갖추어야 할 이론적 토대도 점점 유효성을 상실하고 있고, 앞선 작가들의 작품 중에 굳이 따라야 할 작품도 없다는 인식이 만연되어 있는 것이다. 모든 것이 현재의 감각과 정서에 내맡겨진 상태에서 총체성은 상실되고 갈 길을 안내하는 지도는 부재한 것이 바로 지금 우리 문학이 당면한 현실이다.
    이러한 문학 지형의 변화는 전통적 리얼리즘의 입장에서 문학 활동을 해온 많은 문인들에게는 상당한 충격이 아닐 수 없다. 리얼리즘의 종언이 심심찮게 거론될 만큼 한국문학의 지형은 모순된 현실의 반영 혹은 재현으로서의 리얼리즘적 태도를 철저하게 외면하고 있는 것이 사실이기 때문이다. 밤하늘의 별이 그 길을 알려주는 지도와 같은 역할을 한다는, 그래서 문제적 주인공이 자신의 본질을 찾아가는 과정이 근대소설이라는 루카치의 전통적 소설 명제는 더 이상 유효하지 않은 것일까? 아무리 새로움의 가치에 유혹되더라도 그것이 나아가야 할 방향조차 예감하지 못한다면 도대체 소설의 존재 이유는 어디에서 찾을 수 있는 것일까? 이러한 문제제기에서부터 지금 우리 소설의 현실을 정직하게 파고들면 그 속에는 허위성이 깊숙이 내재되어 있음을 쉽게 간파할 수 있다. 여전히 현실에서는 사회구조적 모순과 이로 인한 상처와 고통들이 곳곳에 산재해 있는데, 소설에는 그것이 우리와 무슨 관련이 있느냐는 식의 냉소와 거부가 가득 차 있기 때문이다. 다시 말해 지금 우리 소설은 철저하게 현실을 외면한 채 개인의 내면과 대중문화적 현실 속으로 급격하게 빠져드는 중이다.

 박종관의 「길은 살아있다」를 읽으면서 필자는 내내 무척 혼란스러웠다. 최근 소설의 경향에 어느새 익숙해져버린 탓인지 그의 소설이 지닌 전통성이 오히려 너무나 낯설게 느껴졌기 때문이다. 그는 여전히 루카치의 방식대로 밤하늘의 별을 찾고 있었고, 그 별이 만들어놓은 지도에 의지해 소설의 운명을 지켜내고 있었다. 또한 그의 소설은 총체성 상실의 시대에 맞서는 문제적 주인공을 통해 잃어버린 총체성의 세계를 복원해내려 했고, 그 깊고 어두운 "터널의 끝"에서 비로소 소설을 마감하고 있었다. "캄캄해진 차 안에 앉아 있는 준웅의 시야에서 터널의 끝이 한 맺힌 초승달처럼 하얗게 빛을 토한다"고 마지막 문장을 쓰고 있는 것이다.

"터널의 끝"에서 끝나버린 소설, 그것은 바로 "길이 시작되자 여행은 끝났다"고 말한 루카치의 반어적 명제에 다름 아니다. 결국 필자에게 남겨진 과제는 그 터널 안으로 깊숙이 들어가보는 일인데, 그것이 오히려 너무나 낯설고 두렵게 느껴지는 것이다. 아무것도 아닌 이야기, 정제되거나 구조화되지 않은 날것 그대로인 이야기로 가득 찬 요즘 소설들을 읽을 때의 가벼움과는 사뭇 다른 현실적 긴장과 책임이 무겁게 짓눌러오기 때문이다.

「길은 살아있다」는 현실의 억압과 이로부터 벗어나려는 일탈의 자유가 형성하는 긴장의 세계를 알레고리적으로 보여주고 있다. 그것이 알레고리적인 것은 시골의 한 마을에서 일어난 일에 국한되지 않고 우리 사회 전체를 읽어내는 상징적 지도 역할을 하기 때문이다. 마을 청년들이 야유회에서 벌인 한바탕 싸움으로 인해 아이들의 내면을 짓누르던 "굴종의 녹슨 때"가 서서히 벗겨지면서 소설은 시작된다. "마을 아이들의 마음속에 잠재돼 있던 그 무엇인가"는 "싸움의 발단에 대한 옳고 그름"을 따지는 도덕적 차원의 문제가 아니라, "그들이 겪었다는 박진감 넘치는 패싸움" 그 자체에 있었다. 그들이 폭력을 일종의 영웅적 행동과 기질로 받아들이는 것은 그들 "또래들이 매일같이 마주해야 하는 야만인 폭력" 때문이었다. 학교 주변에서 "등하교길마다 겪어야 했던 굴욕의 순간들"을 넘어서는 유일한 통로는 태수, 천식, 봉식, 춘길이 지닌 힘과 권력이었던 것이다. 대부분의 아이들은 그들의 모습에서 현실의 억압을 넘어서는 초월적 지위를 발견하게 되고, 그들을 선망하면서 점점 어른의 세계로 가는 길을 터득한다. 그들 모두는 "삼십 리 통학길에서 맞닥뜨리게 되는 인간에 대한 두려움"으로부터 하루빨리 해방되고 싶었던 것이다.

마을 아이들의 중학 시절은 고난의 연속이었다. 그 어디에서도 그네들은 따듯한 인간의 손길을 느낄 수가 없었다. 수시로 고갯마루를 지키고 서서 지나가는 아이들을 괴롭히던 말대가리 일당들 앞에서 마지못해 부르고 추었던 노래와 춤들. 고추에 난 털을 확인한다면서 허리띠를 끄르게 하고, 연애편지를 써오게 하고, 그걸 전하게 하고, 전해주고는 답장을 받아오지 않았다고 해서 원산폭격을 당하고, 귀한 먹거리들을 철철이 가져다 바치고…… 그때마다 말대가리의 손에서 반짝이던 쨱 나이프. 아이들의 떨리던 볼을 지나 목언저리를 지그시 눌러오던 그 섬뜩한 칼날의 감촉.

(중략) 교실과 복도와 화장실은 적자생존의 법칙만이 존재하는 정글이었다. 그리하여 밤안개파와 흑장미파를 동경하면서도 그런 패거리에 끼지 못하는 각다귀들은 그들대로 또 패를 이루어 시골 출신 아이들만을 골라내어 집적거린다.

쉬는 시간이 더 불안했다. 집요한 먹이사슬 속에서 가장 만만한 하부 구조로 낙인찍히는 비애는 책을 펴는 일조차 사치스럽게 만들었다. (「길은 살아있다」, 194~195쪽)

학교 내외에서 일상적으로 펼쳐지는 폭력 앞에 무기력한 아이들이 부당한 폭력에 대한 저항의 방식으로 똑같이 폭력을 내면화하고 이를 선망한다는 자체가 아이러니다. 하지만 제도 바깥의 현실뿐만 아니라 학교 안의 선생님들 역시 언제나 폭력과 굴종에 길들여지기를 끊임없이 요구했다는 점에서 그들에게 폭력은 전혀 도덕적 차원의 문제로 인식될 수 없었다. 학교 바깥의 "말대가리 일당들"이나 학교 안의 "선생님들"이나 그들에게는 사실상 구별되지 않는 폭력의 가해자일 뿐이었던 것이다. 결국 그들은 이러한 폭력을 이겨내기 위해서는 더 강한 권력과 힘을 행세해야 한다는 "적자생존의 논리"에 익숙해질 수밖에 없었다. 그들이 마을 청년들의 행동에서 유일하게 관심을 보였던 부분이 바로 이러한 힘의 논리였고, "아이들 중에서도 혹심한 모욕을 가장 많이 당하여 동정과 연민을 한 몸에 받고 있던 정섭이"가 "다 떨어진 책가방 속에다가 녹이 슨 식칼과 앵앵이줄이라고 불려지던 자전거 체인줄을 넣어 가지고" 다니면서부터 비로소 폭력으로부터 해방될 수 있었던 것도 이러한 생존의 법칙을 터득한 결과였다고 할 수 있다.

"준웅아. 난 네가 너무 부럽다. 넌 그래도 코피를 쏟으며 공불 해서 이겨냈지만 난 아직도 그 녀석들에게 짓눌려 있어. 넌 내가 학교 다닐 때 쥐약봉지를 가지고 다녔던 걸 몰랐지. 몰랐을 거야. 난 정섭이가 식칼과 앵앵이줄을 가방에 넣어 가지고 다닐 때에 쥐약봉지를 가지고 다녔어. 난 나를 괴롭히는 놈들 앞에서 그걸 보란 듯 먹어 버리려고 그랬거든. 근데 난 그러질 못했어. 정섭이처럼 식칼을 휘두르지도 못했고 너처럼 공부라는 걸 해보지도 못했고 태부처럼 가출도 못했고 … 난 할 수 있는 게 아무것도 없어."(「길은 살아있다」, 205쪽)

인용문은 여전히 내면의 억압에 사로잡힌 귀남이가 준웅과 정섭처럼 스스로 현실의 폭력을 견대내지 못하고 결국 나약한 굴욕자의 모습으로 남았다는 자책을 털어놓은 부분이다. "난 할 수 있는 게 아무것도 없어"라는 귀남의 말은 현실의 억압으로부터 끝끝내 자유롭지 못했던 자신의 처지에 대한 비관적 진술인 것이다. 이처럼 또래의 아이들은 각자 나름의 방식으로 폭력을 뛰어넘고자 했다. 이는 사회와 집단이 강요하는 획일화된 질서로부터 벗어나 참다운 개인성을 발견하고자 하는 의지적 몸부림이었다. 따라서 이 소설은 일종의 통과의례를 공유하는 아이들의 이야기인 성장소설의 성격을 지니고 있다. 그들의 내면을 억압해온 "삼십 리 신작로"에서 "공부만이 자신을 살릴 수 있는 유일한 방편"이라고 생각한 준웅이나, "자기 어머니의 삶에 가해지는 모멸"에 대한 저항의 방식으로 폭력을 내면화했던 정섭이나, 모두 진정한 자아를 찾기 위해 길을 떠나는 여행자의 모습에 다름 아니었다. 밤하늘의 별을 보면서도 전혀 길을 찾을 수 없었던 시대의 상처와 고통을 함께 내면화하며 근대적 자아로서의 주체를 확립하기 위한 명백한 지도를 찾고자 했던 것이다.

하지만 그들의 내적 의지와는 달리 현실은 그들을 호락호락하게 놔주지 않았다. 고향 마을의 "그 삼십 리 신작로는 꿈속까지 찾아와 심해의 어둠 속에서 서식하는 거대한 다족류처럼 음험한 몸짓으로" 휘감고 있었고, 그들 자신 역시 "말대가리"와 같은 존재로 변하고 있었다. 꿈의 무의식을 통해 현현된 세계는 "몹시 진한 어둠"의 세계였고, "꿈속에서의 자신은 너무나 역겨운 존재였"던 것이다.

그건 그가 고향에 오기 전날 밤에 자취방에서 꾼 꿈 때문이었다. 준웅은 꿈속에서 창동 고개를 넘다가 말대가리를 만났다. 그는 준웅을 데리고 숲 속으로 들어갔다. 준웅은 그에게 당한 모욕을 생각하면서 자취방의 부뚜막 위에 올려진 칼을 생각하고 있었다. 그걸 품에 넣어 오지 못한 것을 후회하고 있었다. 그런데 말대가리는 준웅을 괴롭히지 않았다.

　준웅은 그를 따라 숲 속으로 들어가 소나무 밑둥치에 헤진 노끈으로 묶여 있는 한 여자 애를 보았다. 발가벗겨진 여자였다. 준웅이 남몰래 좋아하고 있던 명순이였다. 저 애는 이제 네 거야. 네 마음대로 해도 돼. 네가 열심히 살았기 때문에 저 계집애를 상으로 주는 거야. 말대가리는 이렇게 말하고 쨱 나이프를 꺼내 허공을 몇 번 긋는 시늉을 하면서 사라졌다.

　그러나 말대가리가 그렇게 사라지기 전부터 준웅의 몸의 일부는 커다랗게 발기되어 있었다. 준웅은 너무나 수치스럽고 황당해서 아무 말도 못하고 서 있었다. 그런데 그런 준웅의 마음속에서도 꿈틀거리면서 솟구치는 무엇이 있었다. 그건 몹시 진한 어둠이었다. 숲의 그것처럼 습기를 머금은 어둠이었다. 준웅은 자신의 모습이 새벽 안개에 흡수되는 숲의 나무처럼 그렇게 소리 없이 스러지는 것을 바라보았다.

　말대가리는 보이지 않았다. 준웅은 안개 속으로 흡수된 자신의 모습 속에서 말대가리를 느꼈다. 준웅은 자신이 그 숲의 안개 속에서 말대가리로 변하고 있음을 분명히 느낄 수 있었다. (「길은 살아있다」, 208~209쪽)

　이처럼 준웅의 무의식은 그토록 벗어나고자 했던 말대가리의 폭력에 이미 익숙해져 있었고, 그것을 결코 의식적으로 거부할 수 없는 동일성의 가면을 쓰고 있었다. 결국 그들이 이러한 현실로부터 벗어나는 길은 고향을 떠나는 것 뿐이었다. 고향 너머의 세계에는 억압으로부터 벗어나 진정한 자아를 찾는 새로운 길이 있을 것이라는 막연한 의식이 그들 모두의 내면에 공유되어 있었다. 근원에 대한 철저한 부정만이 폭력에 길들여진 자신들의 내면의 위기를 극복하는 유일한 방법이라고 인식했던 것이다. 그래서 "그들은 이미 자기들 마음속에서 풀려 나온 자기 앞의 길을 따라 모두 마을을 떠났다". 지독한 어둠의 현실을 철저하게 부정함으로써 비로소 새로운 길을 찾아낼 수 있다고 보았던 것이다. 그러나 고향에 대한 근원적 부정의식은 오히려 더욱 강한 동일성으로 그들의 내면을 억압했다.

그러나 준웅은 마음속에 숨겨진, 그 역겨운 우월 의식으로 다시는 이곳을 오지 않겠다는 다짐을 거듭하면서 신작로를 따라 걸음을 옮겨 놓았다. 집에서 가지고 나온 반찬 꾸러미를 양손에 든 채 고목의 미루나무가 늘어선 신작로 길을 준웅은 참으로 막막한 심정으로 바라보았다.

발걸음은 너무나 무거웠다. 무수한 얼굴들이 자신의 모습이 되어 하나같이 질긴 힘으로 준웅을 잡아당기고 있었다. 그리하여 그 굽어진 신작로 길을 따라 앞으로 나아가고 있다고 느끼는 것은 소년이 느끼는 의식의 한 작은 표피에 불과한 것이었다. 오히려 그것의 더 많은 부분은 이 땅을 결코 떠날 수 없을 것이라는 불안과 공포에 사로잡혀 있었다.

아직도 덜 여문 한 사내아이의 내면을 이렇듯이 끈질긴 힘으로 잡아당기고 있는 이 힘의 실체는 무엇일까. 이 땅을 살았고, 지금도 살고 있는 혼령들인가. 기진맥진한 몸으로 흐르는 땀을 씻으며 다시 바라보면 따가운 햇살 아래로 낯익은 신작로만 끝없이 이어지고 있을 뿐인데 준웅은 어제와는 너무나 판이한 낯선 심정으로 그 길을 또 걷고 있는 것이었다. (「길은 살아있다」, 212~213쪽)

아무리 벗어나려 해도 "이 땅을 결코 떠날 수 없을 것이라는 불안과 공포"는 준웅의 내면을 강하게 붙든다. 벗어나고자 하는 그의 의식은 "작은 표피에 불과"할 뿐 "아직도 덜 여문 한 사내아이의 내면을 이렇듯이 끈질긴 힘으로 잡아당기고 있는" 근원성을 결코 넘어설 수 없었다. 동년배 모두가 지독한 상처를 남긴 고향을 버리고 떠났지만, 결국 "몸과 마음이 다 망가져서" 돌아오고 말 것이라는 생각을 떨쳐버리지 못하는 이유도 바로 여기에 있었다. 그래서 "준웅은 어제와는 너무나 판이한 낯선 심정으로" "낯익은 신작로"를 걷는 느낌에 빠져드는 것이다. 분명 그 "낯익은 신작로"는 예전의 모습 그대로였지만, 수년의 세월이 흐른 지금 그 신작로의 의미는 한밤중에 몰래 어머니의 무덤을 찾아와 대성통곡하고 떠났던 정섭의 죽음과, "영락없는 한 마리 지친 개"처럼 초라한 모습으로 돌아온 말대가리의 상처가 고스란히 묻어나는 길이란 점에서 이제는 결코 공포와 굴욕의 경험적 장소였던 과거의 의미로 다가오는 것이 아니었다. 다시 말해 "아무런 희망도 없는, 그래서 가당찮은 우월감에 사로잡힌 인간들이 함부로 능욕해대는 치욕의 길"이 아니었다. 결국 이 길은 고향 사람들에게 "언제나 시퍼렇게 살아서 꿈틀거리는 삶의 길"일 수밖에 없으므로, 절망과 상처에 휩싸인 이 길에서부터 벗어나고자 하는 몸부림 대신에 오히려 이 길에서부터 새로운 운명을 개척해나가는 의지가 요구되는 것이다.

때로는 원한에 사무친 이무기가 되어 녹슨 식칼을 들고 나서기도 했고 절망의 벼랑에서 스스로의 몸을 자해하다가 목숨을 끊기도 했던 길. 그러나 길은 그런 모든 원한과 절망까지도 감싸 안은 채 끊임없이 이어져 온 것이었다. 불륜의 사랑과 배고픈 눈물과 쓰라린 고독과 희망 없는 서러움을 안타까운 마음으로 지켜보면서 길은 그렇게 강과 더불어 계속되어 온 것이었다. 한 근의 쇠고기와 한 병의 술을 들고도 이렇게 거침없이 나아갈 수 있는 길. 누가 감히 이 넉넉한 길의 사랑 앞에서 조그만 인간의 우월과 애정을 견주고, 그런 것에서 파생된 교만과 절망으로 삶을 저주할 수 있을 것인가. (「길은 살아있다」, 250쪽)

"오래전부터 삶의 열쇠를 찾고 있었던" 석범이처럼, 고향의 신작로는 무조건 벗어나야만 하는 공간이 아니라 "무료한 여름날에 아이들이 즐길 수 있는 모험"과 같은 의미로 받아들일 필요가 있었다. 현실의 억압으로부터 자유로운 길을 열어가게 하는 "만능키"는 결코 쉽게 찾을 수 있는 것은 아니지만, 때로는 그러한 행동은 도덕과 규칙이라는 또 다른 현실의 장벽 앞에서 무기력하게 무너지고 말겠지만, 그것을 찾기 위한 길 찾기는 끊임없이 계속되어야 하는 것이다. 현실의 억압으로부터 탈출하고자 하는 욕망이 결국엔 근원으로 다시 돌아올 수밖에 없는 이유도 바로 이러한 길 찾기가 새로운 시작을 의미하기 때문이다. 그들은 깊숙한 터널의 어둠 속에 갇혀 터널의 끝을 찾지 못해 두려워했고 방황했고 상처를 겪어야만 했다. 아무리 발버둥치며 터널을 벗어나려 해도 어둠은 내면의 갈등을 더욱 조장할 뿐 어떠한 출구도 제시하지 못했다. 진정으로 그들을 구원하는 길은 바로 "터널의 끝"을 찾는 것이다. 터널의 끝에서부터 새로운 신작로는 비로소 시작되기 때문이다. 하지만 터널의 끝을 향해 나아가면서 결코 잊지 말아야 할 한 가지는 "터널의 끝이 한 맺힌 초승달처럼 하얕게 빛을 토"하는 것은 터널의 깊은 어둠 때문이라는 사실이다. 그 깊은 어둠을 내면화하는 데에서부터 새로운 길의 진정한 의미를 찾을 수 있다. 작가는 "길은 살아있다"라고 했다. 그 길이 시작되는 지점에서 현실의 억압으로부터 진정한 자아를 찾으려 했던 우리의 여행은 비로소 끝이 날 것이다. 작가가 제시한 "터널의 끝"이야말로 밤하늘의 별이 만들어내는 지도임에 틀림없다.

앞서 언급한 대로 박종관의 소설은 전통적 리얼리즘을 고수한다. 아마 이것은 소설가로서의 그의 신념일 것이다. 아무리 세계가 가벼운 유희와 즐거운 놀이에 탐닉한다고 할지라도 그의 신념은 이러한 현실의 유행을 결코 따르지 않으려 할 것이다. 소설이야말로 사람과 세상이 만나 갈등하고 어우러지는 그 길 위에서 이루어져야 한다고 믿기 때문이다. 그가 "길"의 의미에 집착하는 이유도 바로 여기에 있을 것이다. 그것은 삶의 길이고 인간의 길이고 소설의 길이다. 그의 말대로 그 길이 살아 있기 위해서는 현실의 구조적 모순을 정직하게 응시하는 비판적 성찰을 끝까지 견지해야 한다. 또한 우리 사회의 모순의 실체에 대한 거시적이고 구조적인 탐색이 뒤따라야 한다. 이번 소설은 이러한 사회의 전체적 지형에 대한 탐색이고 그 속에 억압된 개인의 자아를 부활시키고자 하는 것이란 점에서 중요한 의미를 지닌다. 개인과 사회의 문제는 전혀 별개의 문제가 아니라는 점에서 결코 이원화해볼 수 없다. 개인과 사회의 구조적 갈등은 리얼리즘의 오래된 명제이다. 그의 소설은 이러한 두 가지 폿대 사이로 난 진정한 인간의 길을 탐색하는 것이다.

(『울산작가』 2006년)

진실과 현실 사이의 서사적 기록
__심윤경의 소설세계

1. 전통 서사와 장편소설의 총체성

　지금 우리 소설은 미디어를 적극적으로 포섭하는 새로운 서사를 적극적으로 실험하는 중이다. 이미 상당수의 젊은 소설가들은, 그들이 의도했든 의도하지 않았든 간에, 영상세대의 언어와 기교에 익숙해져 있어서 전통적인 의미에서의 서사적 글쓰기를 위반하는 서사의 일탈을 보여주고 있다. 특히 디지털 서사의 쌍방향적 소통은 작가와 독자의 고유한 영역마저 뛰어넘어버림으로써 이제 소설은 더 이상 '이야기'로만 구축되는 서사의 편협성에 머물러서는 안 되는 상황에 이르렀다.
　이와 같은 소설지형의 급격한 변화를 염두에 둘 때 심윤경의 소설은 상당히 의외로 받아들여진다. 등단작 『나의 아름다운 정원』(한겨레신문사, 2002)과 『달의 제단』(문이당, 2004)에 구현된 그의 소설세계는, 여느 젊은 작가들과는 다르게 전통적인 서사의 특장(特長)을 유감없이 발휘하고 있기 때문이다. 게다가 그의 소설에 드러난 시간과 공간은 유년의 상처를 거슬러 오르는 오래된 기억과 전근대적 의식이 고스란히 간직된 종갓집에 머물러, 디지털 문화로 수렴되는 요즘 소설의 경향과는 사뭇 다른 지점에 있음에 주목할 필요가 있다.

심윤경의 소설은 "일본인이 썼는지 한국인이 썼는지 분간되지 않는 몇몇 쿨한 소설들에서 느꼈던 불편한 감정"(『달의 제단』, 6쪽)을 뛰어넘는 데서부터 출발한다. 그의 소설에서는 미디어의 홍수로 인해 문자의 실종, 문학의 위기 혹은 종언이 심심찮게 거론되는 지금, '서사적 기록'으로서 소설 쓰기의 본질에 아주 충실히 다가서는 진지한 태도를 일관되게 유지한다. 또한 여느 젊은 작가들처럼 단편을 중심으로 창작활동을 하기보다는 장편을 위주로 소설세계를 구축해가고 있다는 점도 상당히 주목되는 부분이다. 그동안 그가 단편소설을 전혀 발표하지 않은 것은 아니지만(「묵정이의 무지개꿈」, 「헹가래」, 「토토로의 집」, 「죽은 말들의 사회」, 「폭주영혼」), 이들 작품은 대체로 장편으로서의 전체적 구조를 염두에 두고 창작되었으므로 최근작 『이현의 연애』(문학동네, 2006)를 구성하는 일부가 되기도 했다. 이처럼 그의 소설은 서사의 총체성을 구현하는 긴 호흡을 통해 일상적 '현실'과 당위적 '진실' 사이의 모순과 긴장을 담아내는 리얼리티를 보여주었다.

재현적 진실에 초점을 둔 서사의 구성에 있어서 재현 혹은 반영은 당위적/일상적이라는 이원화된 지형에서 논의될 수 있다. 당위적 세계의 구현은 리얼리즘 소설이 궁극적으로 지향하는 목표로서의 '전망'을 담아내는 것으로, 모순과 갈등으로 점철된 현실이 나아가야 할 뚜렷한 방향과 의미를 제시하는 것이다. 반면 일상적 세계는 이러한 당위성과는 무관하게 전통과 관습으로 억압된 모순 구조로서의 현실을 꾸밈없이 보여주기에, 일상적 세계와 당위적 세계는 서사적 충돌을 보이기 마련이다. 당위적 세계가 작가의식이 지향하는 '진실'을 내면화한다면, 일상적 세계는 오히려 이러한 '진실'을 외면하거나 부정하여 가장 모순적인 '현실'의 모습을 보여준다. 결국 심윤경의 소설은 진실과 현실, 달리 말해 이상과 현실 사이의 갈등과 모순을 섬세한 눈으로 포착하고, 이를 전통 서사에 기대어 서술하는 다분히 고전적인 창작 원리에 바탕을 두고 있다.

『나의 아름다운 정원』의 주인공 동구가 선망의 대상으로 바라보는 '박 선생님'이 '이상'의 세계를 표상한 것이라면, 어머니와 할머니 사이의 지독한 갈등은 '현실'의 적나라한 모습을 보여준 것이다. 그리고 『달의 제단』에서 '나'(조상룡)가 '정실'과의 육체적 관계를 통해 금기와 억압으로부터 해방을 구현하는 것이 '이상'을 추구하는 방편이었다면, 17대 종손이라는 신분질서를 강조하며 정실을 내쫓아버린 할아버지와 나의 갈등은 엄연한 '현실'의 상처를 온전히 반영한 것이다. 『이현의 연애』에서는 이러한 대립이 더욱 직접적으로 부각되는데, "소설에 등장하는 이진과 이현은 각각 진실과 현실을 상징한다. 순수하고 속물스럽고 닳아빠진 듯 고지식한 이현의 모습"과 "일생을 걸어 진실만을 사랑하리라 믿었던"(『이현의 연애』, 325쪽) '이진' 사이의 연애와 사랑은, '진실'과 '현실' 사이의 서사적 기록을 주된 목표와 방향으로 하는 심윤경의 소설세계를 상징적으로 보여주고 있다.

2. 성장소설의 형식과 모성성의 구현

『나의 아름다운 정원』과 『달의 제단』은 성장소설의 형식을 통해 주인공이 '현실'을 뛰어넘어 성숙해가는, 즉 '진실'로 나아가는 과정을 담아낸다. 『나의 아름다운 정원』은 전근대적 인물인 할머니와 가부장적 아버지에 의해 위계화된 가족 간의 갈등과 대립을 첨예하게 보여준다. 주인공 동구는 난독증(難讀症)으로 인해 초등학교 3학년이 되도록 글자조차 제대로 읽지 못하는데, 이는 가족 간의 불화에서 비롯된 정신적 상처가 가장 큰 원인이었음에 틀림없다. 동구가 진정으로 바라는 가족의 모습은, 자신이 여동생 영주에게 향하는 소박한 마음처럼 가족 간에 서로를 따뜻하게 감싸 안는 조건 없는 사랑을 느끼는 것이다. 하지만 할머니와 어머니의 갈등은 이와 같은 근본적인 사랑을 외면한 채 좀처럼 해결될 기미가 보이지 않는 갈등만 더욱 유발할 뿐이고, 결국 가족 안의 유일한 희망이었던 동생 영주마저 뜻하지 않게 죽게 됨에 따라 가족의 비극은 더 이상 해결될 수 없는 극한적인 상황에 도달하고 만다.

동구의 성장과정에는 가족 혹은 집이 상징적으로 내포하는 모성성의 세계가 결핍되어 있다. 그에게 박 선생님은 이러한 결핍된 모성성을 대신하는 '이상적 진실'의 표상이다. 박 선생님을 향한 무한한 동경은 동구의 언어 능력이 난독(難讀)에서 해독(解讀)으로 변하는 데서 짐작할 수 있듯이 내면의 상처가 근본적으로 치유되는 결정적인 계기로 작용한다.

선생님이 어느 날 저녁, 웃는 얼굴로 나의 세상을 가득 채우고 하신 말씀이었다. 내가 말을 할 수 있는 한, 나는 글씨를 읽고 쓸 수 있다. 나는 그 말씀에 깊이 안도했다. 그래, 말을 할 수 있으면 글씨를 읽고 쓸 수 있는 거였구나. 그러면 내가 영원히 글씨를 읽고 쓰지 못하는 건 아니겠구나. 하긴, 나도 어느 정도는 읽고 쓸 수 있었다. 어려운 말이 나오면 긴장하고, 긴장하면 쉬운 말도 못 읽고 쩔쩔매게 될 뿐이었다. 말을 할 수 있으면 글씨를 읽고 쓸 수 있다, 나는 이 말씀을 내 마음의 성경책 첫 쪽에 적었다. (『나의 아름다운 정원』, 한겨레신문사, 2002, 118~119쪽)

전형적인 성장소설의 모티프를 보여주는 동구의 내면은, 다른 사람들과는 달리 자신을 학습부진아로 바라보지 않았던 박 선생님의 따뜻한 말과 관심에 절대적으로 의지한다. 그가 가족 간의 불화를 마음속으로부터 조금씩 이해하기 시작한 것도 박 선생님 때문이었고, 난독증의 상처를 근본적으로 치유할 수 있었던 것도 박 선생님의 관심과 배려 때문이었다. 이처럼 주인공 동구가 성장 혹은 성숙의 과정이라는 '현실'을 넘어가는 데 있어서 박 선생님이란 존재는 '진실'의 세계를 보여주는 절대적인 표상이었다. 또한 박 선생님은 동구의 의식을 가족에서 사회로 확장하는 매개자로서의 역할도 하고 있다. 즉 '1977년~1981년'이라는 구체적 연대의 서사적 기록임을 명시한 데서 짐작할 수 있듯이, 동구로 하여금 박정희의 죽음과 광주학살로 이어지는 1970~1980년대의 역사적 혼란을 표피적으로나마 바라보도록 하는 계기를 만들어주었던 것이다. 이처럼 『나의 아름다운 정원』은 동구의 성숙 과정을 주요 모티프로 하는 성장소설의 바탕 위에 가족과 사회의 갈등과 모순을 짜임새 있는 구조로 포개어 매우 견고한 서사의 세계를 보여주었다.

『달의 제단』 역시 유교적 전통을 이어가는 종갓집의 종손인 '나'가 가부장주의와 혈연주의로 견고한 성을 쌓고 있는 현실에 맞서 성숙해가는 과정을 담고 있다는 점에서 성장소설의 기본적 형식을 갖추었다. 주인공 '나'는 가문의 전통에 희생당한 아버지의 죽음을 경험했고, 가문의 종부인 해월당 유씨의 소생이 아니라는 점에서 근본적으로 모성성의 결핍을 겪을 수밖에 없었다. 게다가 전통과 도덕에 얽매인 가문의 며느리로는 적합하지 않았을 뿐만 아니라 성적으로 방탕한 삶을 살았다는 자신의 어머니에 대한 이야기들은 '나'에게 벗어날 수 없는 콤플렉스를 심어주기도 한다. 그가 육체적·정신적으로 모자란 '정실'과의 육체적 사랑을 선택한 것은 바로 이러한 열등의식으로부터 벗어나기 위한 최소한의 의지를 드러낸 것이었다. '효계당'의 상징적 권위 앞에서 늘 억압과 금기를 경험해야 했던 '나'에게 있어 '정실'의 육체를 탐닉하는 행위는 해방과 자유의 쾌락을 제공해주었던 것이다.

뿐만 아니라 "내가 미미하게나마 육친의 정을 느끼는 사람은 할아버지도, 생모도, 해월당 어머니도 아닌 달시룻댁이었다"는 데서 알 수 있듯이, '달시룻댁'은 '나'의 결핍된 모성성을 채워주는 특별한 존재였음에 주목할 필요가 있다. "어린 시절부터 장이 약했던 내가 배앓이로 안방을 뒹굴면 밤새도록 내 배를 쓸어주고 약을 먹여주는 사람"(『달의 제단』, 79쪽)이 바로 '달시룻댁'이었던 것이다. 따라서 태생적으로 모성성의 결핍이라는 상처를 안고 자란 '나'가 '달시룻댁'의 딸 '정실'에게 깊은 애정을 느끼게 되는 것은 근원적으로 부재했던 모성성에 대한 본능적 집착으로 이해할 수 있을 듯하다. 즉 '정실'의 육체를 통해 가부장적 전통에 억압된 여성성을 발견하려는 '나'의 모습은 오이디푸스 콤플렉스를 내면화한 모성성 지향의 한 양상으로 파악할 수도 있는 것이다.

이 소설의 또 하나의 서사를 구성하는 것은 '나'의 십대조 할머니 안동 김씨 소산 할매의 언찰(諺札)이다. 이는 가문의 전통을 지켜야 한다는 명분 앞에서 가혹한 수난을 견디며 살아갈 수밖에 없었던 수많은 여성들의 억압적 현실을 분명하게 보여주는 서사적 기능을 담당한다. 즉 효계당은 가문의 전통과 명성을 드러내는 상징적 공간이라기보다는, 소산 할매, 해월당 어머니, 그리고 자신의 생모와 같이 억압당한 여성들의 수난과 고통의 기록이 용마루의 푸른빛에 고스란히 묻어나 비극적 공간으로서의 의미가 더욱 뚜렷하다. 이런 점에서 『달의 제단』은 종갓집의 관습과 전통의 굴레에 갇힌 '현실'과 이러한 무거운 현실로부터 해방되고자 하는 '진실' 사이에서 고뇌하는 서사적 기록이라고 할 수 있다. 그리고 이러한 '진실'의 세계는 할아버지가 구축해놓은 가부장적 세계의 허위성을 비판적으로 성찰하는 여성성 혹은 모성성의 세계를 지향한다.

3. 영혼에 대한 기록, 진실과 현실 사이의 소통

심윤경의 최근작 『이현의 연애』는 앞의 두 작품과는 구분되는 아주 특이한 서사 구조로 이루어져 있다. 앞의 두 소설이 다분히 전통적 서사의 틀을 고수하면서 전근대적 기억으로서의 현실을 담아내는 데 주력했다면, 『이현의 연애』는 '이현'과 '이진'의 결혼생활을 바탕으로 다성적 서술자의 등장과 이야기 안에 또 다른 이야기(이진의 영혼에 대한 기록)가 독립적으로 구조화된 다소 낯선 방식의 서사적 양상을 보여준다. 게다가 '영혼을 기록하는 여자'라는 특이한 인물 설정은 독자들에게 이 소설을 현실 너머의 환상적 분위기로 유도하여, 영혼의 이야기를 통해 표면적 '현실'에서는 발견할 수 없는 이면적 '진실'의 세계와 만나도록 구조화하였다.

'이진'은 '영혼을 기록하는 여자'이다. 그는 남편의 출근 이후 자신의 노트에 영혼의 이야기를 기록하는 단조로운 일상을 살아간다. "먹지도 잠자지도 못하면서 타인의 인생을 내 몸속에 가득 채워 손끝으로 다시 쏟아내는"(『이현의 연애』, 10쪽) 이진의 일상은 숙명적이다. 하지만 그가 기록한 영혼의 이야기는 영혼을 대변하는 것이라기보다는 영혼의 세계 안에 감추어진 '진리'를 드러낸 것이라고 보는 편이 더욱 타당하다.

> 영혼의 기록이란, 그들이 들려주는 이야기를 받아적기만 하는 것은 아니에요. 그들이 언제나 진실을 말한다고 볼 수는 없으니까요. 그들의 언어가 언제나 나의 것과 일치하는 것도 아니거든요. 그러므로 나의 기록은 언어적인 소통에 크게 의존하지 않아요. 그보다는, 나 자신이 영혼이 되어버리죠. 나는 옷을 입듯이 그의 육신을 입어요. 그리고 그가 살았던 시대, 그가 살아온 인생 속으로 들어가요. 그가 행동하는 동선을 따르며 그가 겪는 일들을 함께 경험해요. 그리고 나의 일을 기록하듯이 그 영혼의 삶을 기록하지요. 나는 그들이 말하는 그들의 진실을 기록하는 것이 아니라 절대적인 진실, 절대적인 감정, 절대적인 사건들을 기록해요. (『이현의 연애』, 문학동네, 2006, 8~9쪽)

영혼을 기록하는 '이진'의 작업은 전혀 수동적이지 않다. 그는 "그들의 진실"에 가만히 귀 기울이는 것이 아니라 보편적이고 "절대적인 진실"을 기록하는 데 집중한다. 구술이 불확정성을 지니고 있음에 반해 기록은 확정성을 지닌다. 따라서 '이진의 기록'은 진실의 세계를 현실의 영역에 영원히 붙들어두려는 강한 집착의 결과로 볼 수 있다. 이런 점에서 탈속적 인물인 '이진'과 세속적 인물인 '이현'의 만남은 험난한 과정을 예견하지 않을 수 없다. "이진은 무엇으로도 행복해지지 않아. (중략) 꿈을 버리게. (중략) 이진을 행복하게 해주겠다는 야무진 꿈을 가진 한 영원히 자네는 행복에서 멀어지기만 할 뿐일 걸세"(77쪽)라고 말한 이진의 아버지 이세공의 충고는 두 사람의 관계를 가장 정확하게 파악한 일종의 복선이다.

'이현'은 정치인으로 성공하고자 하는 야심을 품은 재정경제부의 엘리트 고위공무원이다. 그는 세 번의 결혼과 이혼 경험이 있는, 자유로운 연애를 추구해온 '쿨'한 인물이다. 재정경제부 지하 매점의 점원으로 일하던 이진과도 3년간의 계약결혼을 하는 데서 알 수 있듯이, 그의 연애는 일회적이고 유동적인 상태에 머무르는 표피적이고 감각적인 사랑일 뿐이었다. 하지만 이러한 '쿨'한 연애관을 가진 사람의 면면과는 너무도 달리, 일상적 현실에서 그는 합리적이고 이성적인 질서에 가장 잘 부합되는, 그래서 주변의 동료들로부터 진취적이고 능력 있는 미래의 큰 인물로 각인되어 있다. 결국 근원적이고 본질적인 세계에 대한 성찰보다는 일상과 현실에 충실하고 이로부터 성공을 이루고자 하는 '이현'과, 영혼의 기록을 통해 일상과 현실의 억압으로부터 해방되는 진정한 구원을 찾고자 하는 '이진', 이 두 사람의 연애와 결혼은 처음부터 소통이 불가능한 모험이었다. 그들 사이에는 감각적 사랑을 꿈꾸는 '현실'과 영혼의 기록이 만들어내는 '진리'의 충돌이 깊이 뿌리박혀 있었으므로, 이러한 충돌을 근본적으로 해소하기 위해서는 둘 사이에 가로놓인 '금기'를 위반해야 하는 아주 위험하고 비극적인 선택을 하지 않을 수 없기 때문이다.

　　내 이름은 이현, 영혼을 기록하는 여자의 남편이었습니다. 기록은 중요한 것입니다. 기록이 남지 않은 것은 어쩌면 존재하지 않은 것이라고 할 수도 있습니다. 이진은 분명히 존재했습니다. 그러나 생시에도 곧 사라질 듯이 그 존재감이 희미했던 이진은 떠나간 뒤에는 어떤 흔적조차 남기지 않았습니다. 저쪽 방에 잠든 한 아기를 잉태했던 자궁은 애초부터 지구상에 존재하지 않았다는 것처럼 말이지요. 그래서 나는 기록합니다. 이진이 존재했던 것을 증언하기 위해서입니다. 내가 기록하지 않으면 사람들은 이진이라는 여자가 이 세상에 살았던 것조차 쉽사리 잊어버릴 테니까요. 기록은 중요한 것입니다.(『이현의 연애』, 287쪽)

'이현'은 정치인으로서의 욕망을 실현하기 위한 전제조건을 충족시키기 위해 혹시 있을지 모르는 아내의 불순한 기록들을 훔쳐보고 만다. '이현'의 세속적 욕망이 '이진'과의 영속적 관계를 유지하기 위한 필수조건인 금기를 위반하게 하고, 그 결과 '이진'은 존재의 근거를 잃어버린 충격으로 비극적 죽음을 맞게 된다. 표면적으로 드러난 '이진'의 사인(死因)은 임신중독증이었다. '기록'의 지속을 위해 "이진의 뱃속에서 홀로 잉태되어 태어난 작은 이진"(290쪽), 결국 "이진의 죽음은 손상된 기록에 대해 속죄하고 공정하고 온전한 기록의 재생을 불러오는 일종의 희생제의와 같다"(정혜경, 「기록하는 세에라자드의 비극적 연애」, 『이현의 연애』 해설, 320쪽). 인용문에서 이현이 강조하는 '기록의 중요성' 역시 '진실'과 동떨어진 '현실'의 중심에서 살았던 자신의 욕망에 대한 깊은 성찰을 드러낸 것으로 이해할 수 있다.

4. 추상적 현실을 넘어서는 새로운 서사에 대한 자각

『이현의 연애』는 연애소설의 형식과 소설가소설의 형식을 이중적으로 취한다. '쿨'한 시대를 살아가는 '쿨'한 관계의 표피성을 뛰어넘는 본질적인 사랑의 방식과 가치에 대한 탐색, 그리고 전통 서사의 단조로움을 뛰어넘으려는 다성적 화자의 도입은, 앞으로 그의 소설이 어떤 방향으로 변하게 될지를 조심스럽게 내다보게 한다. 무엇보다도 필자는 그의 소설이 인간의 삶과 역사를 새로운 시각으로 조명하는 현실주의적 시선을 놓치지 않기를 바란다. 그런데 『나의 아름다운 정원』과 『달의 제단』이 보여준 구체적 현실의 장점들이 『이현의 연애』에 오면 너무나 추상적인 모습으로 변해버렸다는 점에서 상당히 문제적인 것으로 받아들여지지 않을 수 없다.

물론 지금 현실은 전통 서사가 고집해온 획일화된 재현의 방식과는 다른 새로운 지점에서 그 의미와 방법을 찾아야 할 것이다. 하지만 그동안 심윤경의 소설이 보여준 극적인 결말 혹은 환상적인 종결의 방법은 다소 작위적이었고, 『이현의 연애』에 오면 이러한 작위성은 상당히 통속적인 성격으로 심화되는 듯해서 아쉬움을 남긴다. 앞으로 그의 소설은 추상적 현실을 넘어서는 새로운 서사에 대한 뚜렷한 자각이 필요하다. 주제의식의 선명함을 염두에 둔 탓인지, 그의 소설 대부분이 결말에 오면 아주 급격한 변화를 불러일으킴으로써 개연성을 떨어뜨린다는 비판을 다시 한 번 상기할 필요가 있다. 『달의 제단』에서 주인공 '나'와 할아버지의 죽음이 그러했고, 『이현의 연애』에서 '이진'의 죽음 또한 그러했다. 이들의 죽음을 가장 설득력 있게 형상화하는 것이야말로 그가 발휘할 수 있는 가장 강력한 서사의 힘일 것이다. 이런 점에서 심윤경의 소설은 그의 소설적 장점인 서사의 힘으로부터 점점 멀어져가는 것이 아닌가 하는 우려를 하게 한다. 소설가소설의 형식이 전체의 이야기를 이끌어가는 유기적 구조로 심화되지 못한 점 또한 이와 같은 문제점의 연장선상에 있다. 따라서 필자는 앞으로의 그의 소설적 행보가 '서사성'에 대한 재인식에서 다시 출발해주기를 조심스럽게 기대해본다.

(『문학사상』 2007년 4월호)

고독한 일상의 우울한 욕망들
_천운영, 윤성희, 김윤영

1. 2000년대 소설의 변화와 서사적 진실 찾기

지금 우리 소설은 전통적 소설 장르의 관습과 벽을 허물고 매체의 변화와 혁신에 기대어 이야기의 일탈과 실험을 극단화하는 중이다. 선조적 플롯이 만들어낸 이야기의 계기성이나 선명성이 사라진 지는 이미 오래되었고, 소설적 주제나 제재의 제한적 범위를 뛰어넘어 다양한 사물과 이미지의 조합이 소설의 영역에 깊숙이 들어왔다. 따라서 2000년대 이후 우리 소설은 더 이상 '소설'이라는 제한된 울타리 안에서만 읽을 수 없는 뚜렷한 변화를 보여주고 있는 것이 사실이다.

이러한 소설의 지각변동을 둘러싸고 찬반 논란이 뜨겁다. 밤하늘의 지도 역할을 해야 한다는 루카치식 소설의 형상까지는 기대하지 않더라도 소설이 적어도 시대와 역사의 운명을 외면하거나 거슬러서는 안 된다는 리얼리즘적 명제는 여전히 유효하다는 점에서, 최근 우리 소설의 초현실 혹은 환상적 경향이나 의식과 내면을 강조한 서사의 파괴 혹은 해체에 대해서 상당히 부정적인 논평들이 쏟아졌다. 반면, 달라진 시대의 변화를 감지하고 이를 새로운 문학의 영토로 편입시키지 못한다면 앞으로 소설은 대중독자들로부터 외면당할 수밖에 없다는 문학위기론의 차원에서, 현실과 세계를 대체한 인공적 조합과 탈서사적 움직임의 징후를 정체된 소설의 운명을 혁신하는 새로운 문학의 좌표로 설정하기도 했다.

그런데 이와 같은 찬반의 논란을 자세히 들여다보면, 표면적으로는 양날의 칼날처럼 팽팽한 대립과 긴장이 있는 듯하지만, 본질적으로는 현재의 현실을 어떻게 파악하고 대처하는가에 따른 인식의 차이에서 비롯된 것임을 알 수 있다. 다시 말해 '현실'을 전유하는 방식에 대한 고민의 결과라는 점에서 두 견해는 공통된 인식에서 출발하는 것이다. 결국 가장 중요한 문제는 지금 우리 소설이 '현실'을 어떻게 그려내는가에 있다. 그리고 소설 속 현실이 과연 '서사적 진실'을 담아내고 있는가 하는 점을 초점화할 필요가 있다. 이미 총체성이 사라진 시대에 다시 '서사적 진실'을 논의한다는 자체가 시대착오적이라고 말할지 모르지만, 고립되고 개별화된 개인들의 우울한 실상이야말로 지금 우리 사회가 직면한 가장 현실적인 표상임을 결코 간과해서는 안 된다.

그럼에도 불구하고 2000년대 이후 우리 소설은 이러한 현실을 외면하거나 부인하고 있을 뿐만 아니라, 보편적 질서와 인물의 전형성을 포기하고 개인의 내면과 의식을 전경화한 심리적이고 환상적인 세계의 창출에만 주력하는 중이다. 여기에서 개인과 사회의 소통은 사실상 의미가 없으며, 현실과 역사의 보편성은 교과서에서나 유의미한 고루하고 비현실적인 지식의 차원에 불과한 것으로 간주된다. 더 이상 소설은 독자와의 관계를 진지하게 고민하지 않고, 사회적 자아 혹은 역사적 주체의 정립에도 전혀 관심을 기울이지 않고 있는 실정이다. 이처럼 거대서사의 몰락 이후 점점 가벼워지거나 사변화하는 문학판의 흐름은 그 자체로 사적인 영역에 불과한 것으로 변질되고 말았다. 따라서 지극히 개인적인 산물에 불과한 소설을 역사적 안목과 사회학적 인식으로 읽어내야 한다는 비평의 사명은 사실상 아무런 의미가 없는 지식인의 강박관념 정도로 폄하될 수밖에 없다. 그 속에서 어떤 해답을 찾고자 하는 비평적 욕망은 소설가들의 자의식 속에서 철저하게 무너진다. 소설가들은 저마다 그들이 그려낸 세계가 리얼리티를 담고 있다고 강변하지만 그것은 어디까지나 일면적 진실에 불과하다. 지금 소설은 부분을 전체로 환원하는 극단적인 왜곡을 일삼고 있기 때문이다. 결국 독자들은 2000년대 소설에서 왜곡된 현실의 허위성을 즐길 따름이다. 이러한 왜곡된 서사의 세계는 소설을 '서사적 진실'의 세계로부터 더욱 멀어지게 할 뿐이다.

천운영, 윤성희, 김윤영의 소설은 이와 같은 왜곡된 세계의 허상을 찾아보기 어렵다는 점에서 의미가 있다. 이들은 1970년대 초에 태어나 1990년대의 문화적 경험을 거친 비교적 젊은 작가들이다. 하지만 이들에게 '2000년대 소설가'라는 명칭은 어울리지 않는 외투처럼 부자연스럽다. 이들의 소설은 현실을 지우기에 급급한 요즘 소설과는 너무도 다르게 현실의 세목들을 현미경적 시선으로 관찰하려는 의식을 드러내고 있기 때문이다. 게다가 극장과 백화점을 어슬렁거리는 동년배 소설가들과는 달리 낡고 오래된 기억들이나 음산하고 퀴퀴한 뒷골목을 배회하는 것을 즐기고 있다. 이들은 어두운 기억으로부터 '서사적 진실'이 사라진 세계의 극단적 양상을 냉소적으로 관찰한다. 이러한 냉소의 시선은 현실에 대한 방관자적 논평이 아니라, 오히려 지금 현실은 고독한 일상을 사는 인간들의 우울한 욕망으로 가득 차 있음을 비판적으로 바라보는 날카로운 시선들이 감추고 있어 문제적이다.

2. 현실에 대한 환멸과 죽음에의 욕망—천운영의 「입김」

천운영은 등단작 「바늘」에서부터 동물적 감각과 관능적인 그로테스크함에 기반한 새로운 여성 주체의 호출을 보여주었다. "그로테스크한 육체와 도착적 욕망"(심진경), "정신적 상처에 따른 죽음충동과 페티시, 판타지, 희생제의 등을 통한 삶에의 열망"(김동식), "모든 제도와 구속을 거부하고 자연의 생명력과 친화하며 진정한 자신의 발견에 나서는 야성녀의 초상"(남진우) 등 남근적 상징질서로 제도화된 현실에 대한 강한 부정으로, 공격적이고 그로테스크한 여성의 섹슈얼리티를 창출해낸 것이다. 이러한 낯선 여성 주체의 호출은 남성적 관습과 제도에 길들여진 현실에 대한 지독한 환멸에서 비롯된 무의식적 저항의 결과이다. 그에게 현실은 반생명적이고 반윤리적인 표상으로 각인된다. 따라서 그는 남성/여성, 아름다움/추함 등 이분법적 경계의 관습을 뛰어넘어 현실과 격리된 세계에 대한 과도한 열망을 드러낸다. 그 열망의 끝은 '죽음'을 향해 열려 그로테스크의 미학을 정점화한다.

천운영의 소설 속 인물들은 대체로 우리 사회의 중심으로부터

밀려나 주변부에서 살아가는 소외되고 고립된 인물들이다. 「입김」의 '그'와 '바른생활맨'은 누구보다도 성실하게 현실을 살아왔음에도 불구하고 자꾸만 현실로부터 떠밀려 사회 밖으로 내몰려버린 사람들을 대변한다. 그들은 현실을 '부도난 건물'보다 못한 곳으로 인식하므로, '바르게 살자'라는 구호만큼 반윤리적인 표상은 없다고 생각한다. 따라서 '바르게 살자'라는 글귀가 새겨진 바위를 내려치는 '바른생활맨'의 행위는 부당한 세계에 대한 저항의 태도를 드러낸 것이다. 하지만 그에게 돌아오는 것은 '계란으로 바위치기'와 같은 견고한 현실에 대한 패배의식뿐이다. 너무도 완고하게 조직화된 세계의 허상 앞에서 아무리 '진실'을 주장한다 해도 그것은 한낱 객기로 받아들여질 따름이다. 결국 현실 '안'에서는 결코 현실을 넘어설 수 없다는 지독한 환멸로 인해 주변부적 인물들은 현실 '밖'의 세계를 꿈꾼다.

 그는 몸을 던졌다. 늙고 흐물흐물한 몸이 승강기 어둠 속으로 빠져 들어갔다. 그는 아래로 아래로 떨어졌다. 떨어지면서 그는 아무에게도 발견되지 않기를 바랐다. 그가 추락하는 동안 술렁임처럼 옅은 바람이 일었다. 그는 영원히 건물 속에 머물고 싶었다. 그의 몸에 벌레들이 알을 까고 살이 썩고 뼈가 가루가 될 때까지, 그리하여 건물 구석구석 스며들 때까지 건물에 남아 있고 싶었다. 누군가에게 발견된다 해도 상관없었다. 어차피 건물은 영원히 빈 채로 남아 있게 될 것이었다. 그의 입가에 미소가 떠올랐다. 눈앞에 섬광처럼 낫이 지나갔다. 그의 몸이 건물 한 부분에 닿자 건물 안에는 입김처럼 미세한 바람이 불었다. (「입김」, 『명랑』, 문학과지성사, 2004, 219~220쪽)

'바른생활맨'의 낫을 고장 난 승강기 틈에 끼워 넣고, 그 공간 아래로 몸을 던지는 '그'의 죽음은 현실 '밖'의 불모성보다는 차라리 부도난 건물 '안'의 생명성을 선택한 것이다. 그곳에는 아주 놀랍게도 "숨을 내쉬고 들이 마시는 그 삶의 과정"과 "집과 그곳에 사는 사람이 순환을 공유하는" 생명의 호흡이 있기 때문이다. 그래서 '그'는 그곳에 영원히 머물 방법을 찾는다. "그의 몸이 건물 한 부분에 닿자 건물 안에는 입김처럼 미세한 바람이 불었"던 것처럼, 죽음은 "입김"을 불어넣는 생명의 작용으로 반응한다는 사실이 사뭇 문제적이다. 이처럼 「입김」은 "생명을 확인하기 위해서 죽음을 거쳐야 한다는 아이러니"(김동식)를 극명하게 보여준다. 이미 죽음이 편재화된 현실을 극복하는 방법으로 죽음을 선택하는 이 지독한 역설의 전략은 그로테스크한 세계를 아름다운 세계로 변용하는 천운영 소설의 미학적 지향을 온전히 드러낸다. 즉 현실에 대한 지독한 환멸이 죽음에의 욕망을 부르고, 죽음에의 욕망은 현실 너머의 생명성의 표상을 완성하는 역설의 세계를 보여주는 것이다. 이런 점에서 그의 소설에 나타난 우울한 욕망은 "억눌린 생명의 뒤틀린 모습과 그 파괴적이고 필연적인 분출"(김영희)이라는 저항성을 내포한다고 하겠다.

3. 소외된 삶의 상처와 공동체적 삶의 욕망—윤성희의 「유턴지점에 보물지도를 묻다」

윤성희의 소설을 읽으면서 참 오랜만에 '너무도 다른' 여성소설을 읽었다는 느낌이 들었다. 한동안 우리 여성소설은 남성중심적 근대를 넘어서는 여성 주체의 확립을 주장하고, 여성의 정체성 형성이라는 일관된 기획으로 제도화된 현실로부터의 탈주를 감행하는 서사적 맥락을 강조했다. 그런데 윤성희의 소설은 이러한 여성소설의 탈근대적 지향과는 조금은 다른 지점에 놓여 있다. 그의 소설에서 '여성'의 자리를 발견하기란 좀처럼 쉽지 않다. 설사 여성주인공이 등장한다고 하더라도 굳이 그를 두고 '여성'으로 읽어야 할 이유는 명백하게 드러나지 않기 때문이다. 그의 소설은 남성중심적 근대가 구획지은 제도에 의해 상처받았거나 소외당한 인물들을 초점화한다. 이러한 소외된 인물들을 통해 우리 시대의 보편적 상실의 지점을 찾아나서는 것이 윤성희 소설의 핵심적 주제이다.

그런데 윤성희 소설의 인물들은 대체로 그 존재감이 분명하게 드러나지 않는다. 전통적 소설기법에서 명명법은 소설의 주제의식을 암시하는 중요한 장치로 사용되어왔다. 하지만 윤성희가 그려낸 인물들은 이름은커녕 알파벳 이니셜로 겨우 밝혀질 뿐이다. 이름에 부여된 의미의 고정성을 의도적으로 희미하게 만들어버림으로써, 그의 소설 속 인물은 주변화, 아니 주변부에서 더욱 주변화된 인물로 묘사된다. 그들에게 이름은 별로 중요한 의미를 지니지 못한다. "그들은 누군가를 닮았거나 어디선가 본 듯한 얼굴을 가진 존재"(소영현)이므로 굳이 이름을 드러냄으로써 인물의 성격을 고정화할 필요는 없는 것이다. 소설 속 주인공이 자기를 확인하는 작업을 거부하는 것도 이러한 맥락에서 비롯된 것이다. 즉 자신을 비추는 거울을 뒤집어놓거나(「만년소년」), 균열된 거울을 응시하는(「악수」) 것은 모두 상실된 주체로서의 자기를 확인하는 행위 자체를 거부하는 것이다.

나는 Q의 중국집 자리에 만두가게를 차리자고 했다. 메뉴는 만두와 쫄면. Q는 만두를 만들고 W는 쫄면을 만들면 될 것 같았다. 주문받고 음식 나르는 일은 나하고 이녀석하고 둘이 하면 되지 않겠어? 나는 고등학생의 머리통을 살짝 건드리면서 말했다. 그러자 고등학생이 나도 끼워줘서 고마워요, 하고는 훌쩍거렸다. (중략)

나는 여행사를 다니며 번 돈을 내놓았고, W는 찜질방에서 아르바이트를 해서 번 돈을 내놓았다. 벽을 새로 칠하고 바닥에는 미끄러지지 않는 타일을 깔았다. 금고 바닥에서 유효기간이 지난 복권을 주웠다. 넷은 머리를 맞대고 복권을 긁었다. 먼저 당첨금을 확인했다. (중략) 이게 우리에게 행운을 가져다줄 거야. (「유턴지점에 보물지도를 묻다」, 『거기, 당신?』, 문학동네, 2004, 26~27쪽)

「유턴지점에 보물지도를 묻다」의 화자인 '나'는 어머니의 죽음과 바꾸어 쌍둥이로 태어난다. 쌍둥이 언니는 교통사고로 죽고, 아버지는 자신을 버리고 집을 떠나 부산행 기차 안에서 죽는다. 아버지의 좌석과 동일한 표를 산 화자는 무작정 서울과 부산을 오가는데, 왕복한지 일곱번째 되었을 때 지하철 기관사였던 Q를 만난다. 그는 열차로 뛰어들어 자살한 여자의 눈빛을 잊지 못해 불면증을 앓다 직장을 그만둔 인물이다. 그리고 찜질방에서 만난 과거 유명배우의 딸인 W는 어머니가 배우로 유명해지기 전에 낳은 아이였으므로 아무도 그의 존재를 알지 못한 채 잊혀진 인물로 살아간다. 그리고 가출한 여고생, 이들은 모두 삶의 변방으로 내몰린 고독한 인물들이란 점에서 동병상련의 연대감을 갖는다. 가출 여고생이 보여준 보물지도를 따라 보물찾기를 시도하지만, 이들 모두는 보물이라는 허영 대신에 보물 없이도 살아갈 수 있는 방법을 공유하게 된다. '나'와 Q, W, 그리고 가출 여고생이 만두가게를 차리는 것은 이와 같은 공동체적 삶의 방식을 찾아가는 길이다.

윤성희의 소설은 대부분 상실, 소외, 결핍의 지점에 천착한다. 하지만 이러한 결핍은 "어머니 뱃속에서 여덟 달 동안 얼마나 외로웠는지"(「거기, 당신?」)와 같이 생래적인 것이므로 결코 개인의 힘으로는 충족될 수 없는 것이다. 따라서 그는 의도적으로 상실을 조장하고 결핍을 부추겨 타자의 상실의 표지를 응시하고 추적하고 결국 이를 자신의 것으로 내면화하는 공동체적 삶의 욕망을 드러낸다. 이러한 모습은 대개 '음식'을 매개로 표면화되는 것이 특징인데, "따뜻한 음식을 연상시키는 부엌과, 부엌을 지키는 어머니, 그 온기로 충만한 모성적 세계에 대한 열망"(소영현)을 상징화한 것이다. 함께 음식을 만들거나 식탁을 마주하면서 서로의 소외와 상처를 감싸 안는 것이야말로 그의 소설이 궁극적으로 지향하는 목표라고 할 수 있는 것이다. 그렇다고 해서 그의 소설이 따뜻한 온기를 무차별적으로 유포하는 안이한 태도를 드러내는 것은 결코 아니다. 오히려 그의 소설은 따뜻하지만 냉정하리만치 표현은 건조하다. 그의 소설이 지향하는 공동체적 욕망이 더욱 신뢰가 가는 이유는 바로 여기에 있다. 언제나 작가는 현실과의 적당한 거리 조정을 통해 '거기 당신'쯤의 삶을 바라보고 있을 뿐이고, 타자 역시 자신을 '거기 당신' 정도에서 바라봐주길 기대하고 있기 때문이다.

4. 일상의 소멸과 탈일상의 욕망—김윤영의「얼굴 없는 사나이」

　김윤영의 소설은 자본주의적 욕망이 상처를 남기고 간 자리에 서부터 시작된다. 그의 소설 속 주인공들은 평범하고 성실한 소시민적 삶을 살아가는 인물들이다. 하지만 그들의 삶을 지배하는 자본주의적 현실은, 그들이 아무리 성실하고 선량한 삶을 살아간다 해도 언젠가는 그들을 제도 바깥으로 몰아내는 악행을 저지르고 만다. 그래서 그들은 외국인 노동자이거나 비정규직 근로자이거나 실직자로서의 삶으로 현재화될 뿐이므로 차라리 이와 같은 일상으로부터의 소멸을 꿈꾼다. 소멸은 표면적으로는 현실로부터 사라지는 것을 의미하지만, 그것이 내포하는 진정한 의미는 일상 너머의 삶의 진실에 다가서는 유일한 통로가 될 수도 있기 때문이다. 이처럼 김윤영의 소설은 "벗어날 수 없는 일상과 버릴 수 없는 욕망"의 간극이 빚어내는 깊은 절망으로부터 "'다른 삶'을 향하는 욕망에 대한 이야기"(서영인)라고 할 수 있다.

　「얼굴 없는 사나이」의 '그'는 "한결같은 사람"이었다. 거의 대부분의 사람들이 끊임없이 제도에 대한 불만을 가지며 이런저런 불평을 늘어놓으며 살아가기 마련이지만, '그'는 누구보다도 제도적 일상에 안정감 있게 뿌리내린, 지극히 평범하고 성실한, 일상적인 삶에 가장 잘 어울리는 사람이었다. 그런 그가 실직을 하고 일상으로부터 사라지면서, 더 이상 일상은 가족과 자신을 지키는 안전한 제도적 장치가 될 수 없다는 인식의 균열이 생기게 된다. 하지만 일상은 너무도 완고한 세계이므로 쉽게 떠날 수 있는 곳이 아님을 아는 순간 더 큰 절망에 사로잡힐 수밖에 없다. 결국 '그'는 얼굴만 지워버리면 모든 것이 익명화되는 현실의 약

점을 이용해 지하철에서 노숙자를 죽이고 얼굴을 뭉개버리는, 매우 극단적인 악행을 저지르고 만다. 타인의 죽음으로 자신의 죽음을 대체하려는 공포의 환기는 일상에 은폐된 억압적 기제의 섬뜩함을 드러내기에 충분하다.

그렇다면, 선배가 아니라면 저 껍데기들은 다 어떻게 된 걸까? 왜 선배의 옷과 구두가 저치에게 있단 말인가.
순간, 내가 왜 형수의 말을 다 믿고 있는 거지, 하는 생각이 불쑥 떠올랐다. 20년을 같이 살아도 모를 수 있다. 갤럭시 시계, 셀 수 없이 많은 남자들이 차고 다닌다. 옷이나 구두도 명품이 아닌 바에야 공장에서 드르륵 박아냈으니 어딘들 안 깔렸겠는가. 그래서 확률이란 게 생긴 것, 생판 남인데도 쌍둥이처럼 닮은 사람들도 있다지 않은가. 게다가 형수는 특히 믿을 수 없는 유형의 여자란 걸 잘 알면서 말이다. (「얼굴 없는 사나이」, 『타잔』, 실천문학사, 2006, 68쪽)

인용문에서처럼 우리에게 일상은 전혀 개성적이지 않은 보통명사에 불과한지도 모른다. 아무리 일상으로부터 벗어나려 해도 또 다른 일상을 만나는 것일 뿐, 그것이 일상을 벗어난 새로운 탈일상의 영역이기는 어렵다. 소설 속 '그'의 그로테스크한 일탈은 자본주의적 일상에 사로잡혀 자신을 잃고 살아온 지난 삶에 대한 과도한 부정의 기획이지만, 그 부정의 자리가 여전히 일상의 심연으로부터 자유로울 수 없음은 너무도 자명하다. 김윤영의 소설이 한곳에 정주한 인물을 그리기보다는 끊임없이 이동하고 옮겨 다니는 노마드적 인물을 창조하는 데 집중하는 것은 일상을 넘어선 또 다른 세계를 향한 거침없는 욕망 때문이 아닐까.

하지만 김윤영은 탈일상의 욕망을 소설화하면서도 그것을 초월적이거나 환상적인 세계로 이끌고 가지는 않는다. '탈일상의 욕망'은 2000년대 이후 우리 소설의 일반적인 명제가 되어버렸지만, 이러한 지향성이 현실을 첨예하게 반성하는 방법적 전략이 되는 경우를 발견하는 것은 결코 쉬운 일이 아니다. 그의 등단작 「비밀의 화원」에 대해 "80년대적 현실과 90년대적 일상의 미묘한 절충점에 독자적으로 둥지를 틀고 있"다는 심사평이 있었던 것과 마찬가지로, 「얼굴없는 사나이」는 1990년대 소설과 2000년대 소설의 완충지점에 놓인 특별한 의미를 지닌다. "기억의 역사로 오늘을 바라본다"(임규찬)는 김윤영 소설의 시선이 일상 가장 깊숙한 곳에서 탈일상을 꿈꾸는 2000년대 소설의 새로운 지점이 되기를 기대해본다.

5. 우울한 욕망들을 넘어서는 현실적 시선

요즘 들어 우리 소설이 다시 새로움의 신화를 신비화한다는 느낌을 지울 수 없다. 대체로 이러한 신비화 경향은 현실을 탈각시키려는 시도와 새로운 것에 무조건적인 의미 부여를 하기에 급급한 매스컴의 폭발적인 세례에 힘입은 바 크다. 앞으로 우리 소설이 어떠한 방향으로 나아가야 한다는 식의 계몽적 전망을 제시하는 것은 낡고 고루한 편견으로 낙인찍히기 십상이다. 역사의 무게를 감당하는 것에 대해서도 독자들은 냉소를 보내고 있으며, 매체의 변화에 둔감한 것은 더 이상 소설이 아니라는 판단 아래 굳이 소설을 읽을 필요가 있을까를 의심하는 태도가 소설의 변화를 더욱 조장하고 있다. 이러한 관점들을 전적으로 부인할 수는 없지만, 그렇다고 해서 여전히 '우울한 욕망'들로 가득 찬 현실의 세목들을 외면하는 표피적이고 탈현실적인 발상을 전폭적으로 신뢰할 수도 없다.

그렇다면 앞으로 우리 소설은 변화와 전통을 동시에 아우르는, 그래서 가장 개성적이면서도 보편적인 서사의 지도를 새롭게 만들어가야 할 것이다. 일면적 진실을 전면적인 것으로 과장해서도 안 되고, 전면적 진실을 일면적 차원으로 축소시켜서도 안 된다. 그러기 위해서는 보다 더 냉철한 현실적 시선이 필요하고, 세세한 삶의 결을 포착하는 예리한 관점이 요구된다. 이를 뒷받침하는 작가들 가운데 대표적인 이들이 바로 천운영, 윤성희, 김윤영이다. 그들의 소설에 나타난 인물들은 상실과 소외를 공유하고, 현실과 일상을 넘어서는 욕망들을 내면화하고 있다. 하지만 현실은 그들의 욕망을 온전히 실현해주지는 않는다. 이 때문에 그들의 욕망은 언제나 우울하고 그로테스크하게 표면화된다. 이러한 일그러진 내면의 형상이야말로 지금 우리 현실을 바라보는 가장 정직한 소설의 욕망이 아닐까.

소설 읽기가 점점 더 어려워진다. 문장들 사이의 맥락을 찾기 어려워 힘들고, 우울하고 그로테스크한 악몽이 넘쳐나서 불편하고, 문화적 충격이 미경험과 미성숙의 자괴감을 심어줘 난감하고, 소설과 소설 아닌 것의 경계가 모호해져 더욱 난해하게 다가온다. 필자는 소설이 현실을 전유하는 아주 흥미롭고 유익한 장르가 되어야 한다는 완고한 생각을 가지고 있다. 현실 너머의 세계는 현실을 사유하는 방식이 될 때 의미를 갖는 것이지 탈현실을 합리화하는 장치로 작용해서는 안 된다. 천운영, 윤성희, 김윤영의 소설은 현실에 대한 지독한 환멸을 보여주지만, 결코 현실을 외면하거나 초월하려 하지는 않는다. 오히려 그들의 탈현실적 욕망은 현실을 가장 냉정하게 들여다보는 역설적 장치가 되고 있다. 이를 주목하는 것은 2000년대 이후 소설의 새로운 방향을 정립하는 중요한 이정표가 될 것임에 틀림없다.

(『소설 이천년대』, 생각의나무, 2007)

억압된 내면의 진정한 자아 찾기
―한강, 이복구, 김연수의 소설

1. 억압된 소설 읽기의 괴로움

이제 소설의 시대는 사라졌는가. 루카치의 전언대로, 밤하늘의 별이 지도 역할을 하던 시대의 소설은 제 운명을 다하고 만 것인가. 더 이상 소설에는 길을 잃고 헤매는 문제적 개인의 형상이 드러나지 않고, 적대자와의 대립을 전면화한 사회적 양식으로서의 장르성도 무너져버렸다. 전통적인 소설론과 창작론을 의도적으로 배반하는 새로운 지형에서 이전과는 전혀 다른 '새로운' 소설이 탄생하고 있는 것이다. 이를 일컬어 '소설'이라고 부를 수 있을지에 대해서는 논자마다 의견이 분분하다. 그러나 정작 중요한 문제는 이러한 새로운 경향을 두고 소설이냐 아니냐를 따지는데 있는 것이 아니라, 왜 최근 소설은 전통적인 소설론의 지형을 '의도적'으로 배반하고 있는지 그 숨겨진 전략을 밝히는 데 있다. 소위 '새로운' 경향의 소설이 보편적 소설 지형을 뛰어넘어 '탈(脫)' 혹은 '반(反)'의 전략을 내세우는 궁극적 논리를 찾아내는 것이 무엇보다 중요한 과제인 것이다.

그런데 이러한 소설 읽기의 방향을 설정하는 순간부터 소설을 읽는 일은 그 자체로 더욱 괴로움을 배가할 뿐이다. 왜냐하면 이러한 소설 대부분이 배반의 의도와 전략을 전혀 드러내지 않거나 최소한의 소통조차 염두에 두지 않는 과잉된 자의식으로 일관하기 때문이다. 필자는 최근 소설들을 읽으면서 도무지 읽히지 않는 소설들의 억압을 내내 견디지 않을 수 없었다. 이제는 이런 것이 소설이라며 끊임없이 필자의 독법을 교정하려는 '새로운' 소설들의 억압이 결코 만만치 않았다. 아직도 루카치의 낡은(?) 소설론에 기대고 있기 때문인지, 전혀 소설 같지 않은 소설들을 오히려 소설이라고 읽어야 하는 강요된 현실은 소설 독법의 심각한 혼란을 가져오기에 충분했다. '새로움'에 대한 지독한 강박관념은 또 다른 '새로움'을 찾기에 급급할 뿐, 지금 자신이 취하는 '새로움'에 대해서는 어떠한 성찰도 하지 않고 있다. 아니 성찰의 기회를 가질 만한 시간적 여유조차 염두에 두지 않는 듯하다. 황국명의 지적대로, "새로운 작가의 새로운 소설은 새로움의 의미를 찾기도 전에 독자의 의식에서 '삭제'되고 매장에서 사라진다"(「한국소설의 최근 경향과 그 의미」, 『문학수첩』 2005년 가을호, 40쪽). 결국 '새로움'은 '소비'의 논리로 작용할 뿐 '생산'의 가능성을 크게 열어주지 못하는 게 사실이다. 의도했든 안 했든 간에, 심지어 이러한 소설'만'이 진정한 '소설'이므로 앞으로 소설은 이렇게 써야 하고, 이런 소설을 그럴듯하게 읽어낼 줄 알아야만 진정한 비평이 될 수 있다는 무의식적 억압이 문단 여기저기에 상당히 유포되어 있음을 경계해야 한다.

언젠가 어느 신문에서 '비평가도 안 읽는 비평'이란 말을 접하고 심한 자괴감에 빠진 적이 있다. '비평가도 못 읽는 비평'이라고 해야 더욱 정확한 말이 될 듯한데, 최소한의 비평의 본질과 역할조차 다하지 못하는 비평의 과잉된 자의식에 대한 준엄하고 냉정한 비판이 아닐 수 없다. 그렇다면 지금 소설은 누구를 위한 소설이라고 할 수 있을까? '비평가도 못 읽는 소설'을 읽는 독자는 도대체 누구란 말인가? 이쯤 되면 '소설가도 안 읽는 소설'이란 말이 나올 법도 하지 않는가? 지루한 요설과 파편화된 구조로 이루어진, 작가 나름의 개성과 특색을 발견하기 어려운 엇비슷한 작품들이 양산되고 있다. 굳이 작가와 작품의 특성을 계열화할 필요가 없는 엇비슷한 작품들의 양산은 그만큼 소설 읽기의 괴로움을 배가하고 있는 것이다.

　이런 와중에도 여전히 전통적인 소설의 운명을 지켜가는 몇 편의 작품을 만날 수 있어서 더없이 다행스럽다. 이들 소설에는 모두 우리 시대의 억압을 상징적으로 풀어내는 진정한 자아 찾기의 과정이 담겨 있었다. 철저하게 개인화된 요즘 소설의 인물들과는 달리 사회와의 관계에서 비롯된 상처와 고통을 견뎌내는 문제적 개인의 고투(苦鬪)가 선명하게 새겨져 있었다. 그들의 억압된 내면은 필자를 비롯한 우리 모두의 내면을 비추는 거울과도 같은 의미를 지닌다. 그래서 이들 소설을 읽는 독자들의 기대는 사뭇 진지하기만 하다. 주인공의 내적 행로를 따라가며 자신의 내면을 투사하며 읽는 소설은 그 자체로 개인적인 동시에 사회적인 의미로 확장되기 때문이다. 여전히 현실은 어두운 밤의 장막을 걷어내지 못하고 있는데, 골방에 갇혀 자신들만이 이해하는 소설을 쓰며 유희를 즐기는 것은 너무나 반사회적인 태도가 아닐 수 없다. 그래서 필자는 편향된 소설 독법의 한계를 무릅쓰고라도, 밤하늘의 '별'과 같이 어두운 시대의 '지도' 역할을 하는 총체성을 지향하는 소설이 더욱 왕성하게 창작되길 기대한다. 지난 계절의 소설을 두루 읽으면서 한강, 이복구, 김연수의 소설에 눈길이 머문 이유도 바로 여기에 있다.

2. 일상적 자아의 허위성과의 싸움 : 한강, 「왼손」

한강의 「왼손」(『문학수첩』 2006년 가을호)은 일상적 자아의 표상인 '오른손'과 억압된 자아의 표상인 '왼손'이 대립하는 양가적 긴장을 통해 일상의 억압에 포섭된 본질적 자아의 내면을 담아낸다. 한 가족의 가장인 "그"는 "육중하고 시끄러운 동물에 대한 분노"(192쪽)를 발산하듯 그를 대하는 아내의 냉대와 무관심으로 인해 깊은 상처를 내면화하고 있는 인물이다. 현실 속에서 그를 이해하고 위로해줄 만한 존재는 아무도 없다. 그는 아내와 아이로부터도 격리되어 "서서히 체중이 빠졌고, 더욱 서서히 말수가 줄었"(193쪽)던 몸의 변화조차도 걱정하는 사람이 전혀 없다. 그의 일상은 늘 허기진 자의 슬픔을 내면화하고 있지만, 가족을 위한 최소한의 의무를 다하기 위해서는 본질적 자아의 내면을 숨긴 채 허위적 자아의 모습으로 살아갈 수밖에 없다. 그러나 이러한 허위적 자아로서의 삶에는 자아를 파멸시키고 타자와의 관계마저 파괴하는 극단적인 양상을 초래할 가능성이 잠복하고 있다. 이러한 양가적 자아의 형상은 결국 왼손과 오른손으로 분리되어 "그의 왼손이 마치 나름의 의지를 가진 것처럼"(193쪽) 독립된 또 하나의 자아를 형성하는 자기분열의 양상을 초래한다.

'왼손'의 자율성은 가족과 직장이라는 제도에 억압된 자아의 이성적 의지와는 무관하게 본질적 자아를 외재화하는 기능을 한다. 직장 상사의 폭언에 언제나 무기력할 수밖에 없었던 오른손의 일상과는 달리 왼손은 제도의 부당한 폭력과 언행을 결코 용서하지 않는 단호함을 지닌다. "왼손은 그의 말을 듣지 않"(196쪽)는 자율적인 하나의 개체이므로, 이성에 의해 판단되고 통제되는 오른손으로 이를 막는 것은 사실상 불가능하다. 어쩌면 이러한 양가적 지향이야말로 인간의 내면을 가장 진실하게 보여주는 태도라고 할 수 있다. 이미 우리가 사는 세상은 합리적 이성이 실현되기 어려운 온갖 불합리와 모순으로 가득 차 있고, 이러한 세계의 질서에 순응하며 살아야 하는 인간은 근원적으로 고독하고 상처투성이인 운명을 짊어질 수밖에 없다. 그렇다고 해서 왼손의 세계만이 진실이라고 강요할 수도 없는 것이, 왼손의 질서를 통해서만 사회가 관리되고 통제된다고 해도 여전히 문제는 해결되지 않기 때문이다. 그 역시 현상을 뒤집어놓았을 뿐 결국은 또 다른 억압과 모순에 부딪칠 수밖에 없는 것이다. 결국 중요한 문제는 아무리 오른손의 이성이 세계의 질서를 규정한다 하더라도 왼손의 진실을 억압하거나 거부하는 태도를 극단화해서는 안 된다는 데 있다. 왼손을 억압하면서부터 왼손의 진실은 파괴적이고 비이성적인 것으로 왜곡되어버리기 때문이다. 어디까지나 왼손이 지향하는 세계는 오른손으로만 일상화된, 혹은 강요된, 이성적 질서의 허위성을 근본적으로 성찰하는 숨겨진 진실을 담고 있다는 사실을 결코 간과해서는 안 된다.

그는 웃으며 오른손을 내밀었다. 그녀도 오른손을 내밀었다. 그녀의 손은 여전히 작았다. 섬약한 뼈대가 만져졌고, 피부는 조금 거칠어진 것 같았다. 십 년 전 그녀의 사무실로 무작정 찾아갔을 때, 그는 마침내 그녀를 깨끗이 포기하기로 마음먹고 처음 악수를 청했었다. 그때 처음이자 마지막으로 잡았던 손의 감각을 그는 잊지 않고 있었다. 그때와 꼭 같이, 그는 미지근한 미소를 머금은 채 오른손을 놓았다.

　그의 왼손이 움직이기 시작한 것은 그가 막 돌아서려던 찰나였다. 몸 쪽으로 끌어당기고 말고 할 틈도 없이 왼손은 정확하고 기민하게 뻗어나가 그녀의 뺨에 얹혔다. 매끄러운 뺨의 감촉이 그에게 전해졌다. 그녀의 얼굴에서 웃음이 가셨다. 커다랗게 치켜뜬 눈에 밤 불빛들이 술렁였다. 그의 왼손은 번지듯 뺨에서 미끄러져 그녀의 섬세한 콧날을, 이마를, 눈두덩을 어루만졌다. 얼어붙은 듯 꼼짝도 하지 않는 그녀의 부드러운 입술에 닿았을 때에야 그의 왼손은 짧게 떨며 멈췄다. (「왼손」, 『문학수첩』, 2006년 가을호, 201~202쪽)

　우연히 버스 차창 밖으로 옛 연인을 발견한 그에게 왼손은 이성에 의해 억압된 진실을 되찾을 것을 요구한다. "그가 채 생각을 가다듬기 전에, 그의 왼손이 스멀스멀 하차벨을 향해 내밀어"(199쪽)졌듯이, 왼손의 세계는 이성적 판단이나 질서를 초월한 지점에서 억압된 내면의 진정한 자아를 되찾아준다. "오른손"이 주도했던 지난날 그들의 관계는 지나치게 이성적인 판단으로 규정된 허위적 관계였다. 내면의 진실과 외면의 형식은 상당한 괴리를 지니고 있어서 전혀 소통할 수 없는 허위성을 외재화할 뿐이었다. 그때와 마찬가지로 우연히 만난 그녀에게 내미는 지금의 오른손 역시 너무나 허위적이다. 따라서 지금 왼손은 이러한 허위적 태도를 용납하지 못하고, 과거에도 그랬던 것처럼 이성적 질서에 속박된 오른손의 허위성을 강력하게 제어하려 한다. 마치 "내 안에, 전혀 모르는 사람이 들어 있는 것 같은"(205쪽) 그녀의 경험과 마찬가지로, 이성의 족쇄로부터 해방된 그의 왼손은 오른손의 일상적이고 허위적인 관계로 인해 은폐된 본질적 자아의 해방을 실현하고자 하는 것이다.

하지만 이미 현실의 과도한 억압에 길들여진 자아는 왼손의 진실대로 행동하기에는 역부족이다. 왼손의 리비도적 욕망은 가장 순수한 인간의 근원성을 담고 있다고 할 수 있지만, 가족과 제도라는 이성적 질서 앞에서는 여전히 속악한 몸짓으로 받아들여질 수밖에 없는 것이다. "그녀의 손이 다급하게 그의 왼손을 제지"하고 "네 집으로 갈까?"(214쪽)라고 말하면서부터, 왼손과 오른손의 착종된 모순이 그에게 일상적 자아와 억압된 자아의 혼돈을 부르는 것은 바로 이 때문이다. 따라서 왼손이 그의 얼굴에 가하는 폭력은 자해가 아니라, 억압된 자아가 허위적 세계에 길들여진 일상적 자아에게 가하는 정당한 폭력이라고 할 수 있다. 이러한 분열은 진정한 자아를 찾기 위한 과정임에도 불구하고, 이미 오른손의 세계에 길들여진 세계는 이러한 내면의 진실을 이해하지 못한다. 결국 왼손과 오른손의 양가적 대립은 진정한 인간의 관계마저 왜곡해버림으로써 '왼손＝비이성적/오른손＝이성적'이라는 잘못된 공식을 더욱 견고하게 제도화하고 만다.

이처럼 「왼손」은 인간의 내면을 이루는 양가적 세계의 실체를 왼손과 오른손의 대립이라는 상징적 구도를 통해 아주 설득력 있게 전달한다. 주지하다시피 인간의 무의식은 의식의 세계보다도 훨씬 넓고 깊은 세계를 은폐하고 있다. 이성과 제도라는 현실 원칙에 의해 억압된 무의식적 자아의 내면은 현실의 허위성에 맞서 싸움으로써 끊임없이 수면 위로 부상하려고 한다. 이것이 현실 밖으로 분출되었을 때 자아의 분열은 더욱 가속되고 인간 사회의 질서는 파괴될 수밖에 없다. 그렇다고 해서 이러한 욕망을 무조건 억압하고 통제해서도 안 되는 것이, 이를 억지로 통제하면 할수록 무의식적 자아의 파괴 욕망은 더욱 커지게 마련이기 때문이다. 따라서 이제 오른손으로 제도화된 이성적 세계는 억압되고 은폐된 왼손의 진실을 수용하는 것이 바람직하다. 왼손의 진실을 이 세계의 또 다른 질서로 인정하고 받아들이는 것이야말로 이성과 제도에 의해 억압된 인간의 내면에 숨겨진 진정한 자아를 찾는 과정이라고 할 수 있다.

3. 사슬에 길들여진 아이의 무의식 : 이복구, 「짖는 아이」

이복구의 「짖는 아이」(『작가와사회』 2006년 가을호)는 작가의 공력이 유감없이 발휘된 작품이다. 1972년 『서울신문』으로 문단에 나온 이후, 그는 여느 작가에 비해 상당히 과작인 편이었고 최근에는 작품 발표가 더욱 뜸했던 터라, 그의 신작소설은 여러모로 주목의 대상이 되지 않을 수 없다. 그런데 아니나 다를까 이번 소설에서 그동안의 게으른 소설 쓰기를 한꺼번에 만회할 만큼 아주 뛰어난 역량을 발휘하였다. 지나치게 신변잡기적이고 일상화된 언어가 그대로 소설 언어로 둔갑해버리기 일쑤인 최근 우리 소설의 과잉 생산을 냉정하게 질타라도 하듯, 한 땀 한 땀 소설의 문장과 구조에 공들인 흔적이 역력하다. 뿐만 아니라 어른들의 세계에 억압된 아이들의 내면을 알레고리적으로 엮어내어 우리 사회의 제도화된 억압의 실체를 비판적으로 쟁점화한 문제의식도 깊이 새겨둘 만하다.

이 소설은 직장 생활을 하는 부모의 사정으로 인해 언제나 다른 사람의 보살핌 속에 지내야 하는 유치원생 아이의 자의식을 따라가며 전개된다. 부모와 함께 지내는 시간이 전혀 없는 것은 아니지만, 어른들의 세계는 아이의 내면을 채우는 따뜻한 품이 되지는 못한다. 그래서 아이는 또 다른 아이인 지수와 더불어 "베란다"에서 그들만의 세계를 만들어간다. 아이의 마음을 이해하는 유일한 친구가 지수이며, 아이 역시 시험관 아이로 태어나 물을 좋아하는 지수의 내면에 물과 같은 역할을 해주는 존재이다. 그들은 어른들로 인해 생긴, 하지만 어른들은 그 이유조차 알지 못하는 "상처"를 공유하고 있다. 베란다의 세계는 순간적이나마 이러한 상처를 서로 어루만지며 가장 행복하게 교감을 나누는 공간으로 기능한다.

이후 아이는 베이비시터인 한 여자에게 맡겨진다. 아이는 그 여자의 자유로운 생활 반경 안에서 '양육'되는 것이 아니라 '훈육'된다. 아이를 내팽개친 채 호프집, 수영장, 노래방 등을 전전하며 그 여자가 자유를 만끽할 때, 아이는 그늘 밑에 내버려진 유모차 안에서 오줌을 싸고 울고 난리를 치다가 지쳐 잠들어버린다. 여자가 잔뜩 모양을 내고 남자 허리에 매달려 외출할 때면 여자는 긴 비닐끈으로 아이를 묶어놓기도 했다. 그럴 때 아이는 우유를 뺏어먹고 둘레를 빙빙 돌며 끈을 잡아당겨 자신을 갖고 노는 고양이의 놀잇감이 되기도 한다.(110~111쪽) 결국 여자는 재래시장에서 자기를 대신해 아이를 감시하는 개를 사고, 아이의 목에 개의 사슬을 묶어 아이에 대한 훈육을 본격화한다. 결국 "그날 그놈은 자유를 얻은 대신 나는 그놈의 구속을 떠맡"게 되었고, "그놈은 내 꼬락서니가 한심하다는 듯 비웃음을 잔뜩 품고 나를 지긋이 바라보"는 아이와 개의 전도된 양상을 초래하고 만다. 이 때문에 아이는 "짖는 일이 습관화됐"고 "완전히 인간의 말"(112쪽)을 잊어버려 개의 본능을 습득하며 자라난다. 이러한 끔찍한 경험은 아이의 의식 속에 영원히 씻을 수 없는 상처로 각인된다. "비 맞은 고양이와 건방진 개"와 더불어 살았던 과거의 경험은 그에게 고양이와 개처럼 짖고 싶은 충동을 내면화시킨 것이다.

나는 첫날부터 그곳에서 짖고 싶은 충동에 시달렸다. 짖고 싶다면 내게는 그것이 가짜였다. 나는 아침마다 유치원에 가지 않겠다고 떼를 썼다. 엄마는 다른 아이들과 함께 생활하는 법을 배우지 않으면 안 되고 너는 계속 자랄 것이라고 말했다. 결국 나는 내 속에 있는 개를 이용하기로 했다. 백합반의 장기자랑이 있던 어느 날 나는 숨기고 있던 내 속의 개를 드러냈다. 나는 개가 배고플 때, 배가 불러 기분 좋을 때, 심심할 때, 심심해서 뭔가 원할 때, 기분이 나빠 누군가를 물고 싶을 때, 물고 나서 기분이 좋을 때, 자기 마음을 알아주지 않아 화가 났을 때, 자기 마음을 알아주어 고맙다고 느낄 때, 뭔가 작살내고 싶은 심정으로 어르렁거릴 때, 자기보다 강자가 나타났을 때 알랑방귀를 뀔 때 등등을 비교해가며 짖어보였다. (「짖는 아이」, 『작가와사회』 2006년 가을호, 115쪽)

유치원에 가게 된 아이는 또다시 "유리로 된 그 강당"에 갇히고 말았다. "유리문 이쪽에서 보면 그곳에서 노는 아이들이 무척 평화롭고 행복해 보였"으므로, 어른들은 현대적 시설 속에서 양육되는 아이들의 환경에 무척 만족해했지만, 실제로 "유리로 둘러싸인 그 안쪽은 공기가 텁텁했고 끊임없이 풍기는 화공약품 냄새 같은 것이 풍겼으며 대단히 시끄러웠기 때문에 늘 머리가 지끈거렸다". 결국 아이의 눈에 비친 "그 소인국의 평화와 질서는 아이들을 위해 존재한다기보다 어른들에게 보여주기 위해 만들어졌고 아이들은 재료에 지나지 않았다"(114~115쪽). 아이가 첫날부터 그곳에서 짖고 싶은 충동을 느낀 것은 그 세계가 여전히 어른들의 의식에 의해 만들어진, 마치 자신을 묶어둔 "사슬"과 같은 공간으로 인식되었기 때문이다. 따라서 유치원에서 장기자랑을 하듯 개처럼 짖는 아이의 행위는 더 큰 억압의 상징적 구조에 갇힌 아이의 내면의 저항을 보여준 것이다.

이처럼 이미 사슬에 길들여진 아이의 무의식은 인간을 짓밟거나 위협하는 폭력적 양상을 드러낸다. 유치원에서 지수가 골절상을 입는 우연한 사고가 발생하고 지수를 둘러싼 부모들의 불화가 심화되면서, 아이들은 다시 그들만의 세계인 '베란다'로 나와 "어른들의 얘기는 우울"하다고, "난 어른들을 신용 안 해"(128쪽)라고 말한다. 지수에게 똑같은 사건이 재발하자 부모들은 더욱 심하게 다투고 홀로 남겨진 지수는 베란다로 나가 22층 아래로 뛰어내리고 만다. 문제는 지수의 두번째 골절상이 아이의 무의식 속에 내면화되어 있었던 "짖고 싶다는 충동"에서 비롯되었다는 사실이다. 아이의 마음을 유일하게 공유하고 있는 지수가 용대라는 다른 친구와 가까워진 모습을 보자마자 알 수 없는 야수성이 자신도 모르게 돌출되어 나온 것이다.

단음절의 욕설을 뱉어내며 개처럼 짖는 아이, 이는 어른들의 세계 안에서 억압되고 훈육된 아이의 정직한 내면을 형상화한 것이다. 「짖는 아이」는 아이와의 진정한 소통을 외면한 채 어른들의 질서 안에서 아이를 훈육하려는 제도의 불합리와 모순을 비판한 작품이다. 현대적으로 치장된 어른들의 욕망은 외형적으로는 그럴듯한 구조를 지니고 있지만, 그 실상은 전혀 아이의 편에서 바라보지 않는 어른들의 허위성을 더욱 제도화한 것에 다름 아니다. 이러한 사회적 모순에 길들여진 아이가 말을 잃어버린 채 훈육된 개처럼 짖는 아이로 성장하는 것은 너무도 당연하다. 이미 "어른들은 베란다에 앉아 있는 아이들의 존재"(124쪽)를 잊어버렸기 때문에 아이들의 내면을 전혀 이해하려 하지 않는다. 결국 아이는 짖는 행위를 통해서 어른들의 세계에 맞설 수밖에 없다. 억압은 또 다른 억압으로 되돌려주어야 한다는 어른들의 세계가 이미 아이의 의식 속에 깊숙이 내면화된 것이다. 그래서 아이는 지수의 죽음처럼 자신 역시 베란다에서 뛰어내리겠다는 결심을 접고, 그 대신에 자신을 돌보는 아줌마를 베란다 아래로 밀어버리는 극단적 행동을 저지른다. 이러한 끔찍한 행위에도 불구하고 아이가 어른들의 세계에 대해 어떠한 두려움도 갖지 않고 있다는 사실은 더욱 충격적인 일이다. 지수 아빠가 스치듯 했던 말처럼, 지금은 "아이들의 수난시대"(127쪽)라는 사실을 어른들은 분명하게 직시하고 있다. 그럼에도 불구하고 어른들은 그들 모두가 아이들 상처의 공범이라는 사실은 전혀 깨닫지 못하고 있다는 데 문제의 초점이 있다. 따라서 여전히 아이들은 어른들을 향해 계속해서 짖는 행동을 멈출 수가 없다. 이러한 행동은 어른들을 향한 아이의 최소한의 저항의 방식이기 때문이다.

4. 강요된 세계로부터의 탈출 : 김연수, 「내겐 휴가가 필요해」

김연수의 「내겐 휴가가 필요해」(『창작과비평』 2006년 가을호)는 직장이라는 강요된 제도에 억압된 일상적 자아의 탈출 욕망을 담아낸다. 이는 표면적으로는 "여름 휴가"를 둘러싸고 벌어지는 도서관 직원들의 신경전으로 나타나지만, 그 이면에 담긴 본질은 진정한 자아를 잃어버린 채 강요된 세계의 일상을 맴돌며 살아가는 허위적 자아의 내적 성찰을 초점화한다. 누가 먼저 휴가를 갈 것인가를 놓고 옥신각신하는 도서관 직원들의 모습에는 조금이라도 편안하게 일상적 제도에 안주하려는 의식이 앞설 뿐이다. 그들이 "내겐 휴가가 필요해"라고 당당하게 말할 수 없는 것도 이미 제도의 위계에 길들여졌기 때문이다. 이러한 그들의 사소한 일상은 도서관의 전설과도 같은 인물이었던 한 노인의 죽음에 대한 이야기가 알려지면서 새로운 국면에 접어든다.

십여 년 간 하루도 빠짐없이 도서관에서 책을 읽던 노인은 전직 형사였다. 경찰청에서 특수임무를 맡은 그는 수배자를 검거하기 위해 신지도라는 섬에 들어갔다가 자신만 남겨두고 배가 떠나는 바람에 사흘 동안 혼자 섬에 버려진다. 그 이후 그의 삶은 형사라는 직업에 가장 충실했던 자신의 과거와는 전혀 다른 방향으로 흘러가버렸다. 섬에 격리된 사흘 동안 그는 "이렇게 죽자고 여기까지 온 것은 아니다"라는 절박한 심정으로, "내가 살아온 삶도 나름대로 정의로웠다"(79쪽)라고 자위(自慰)하며 버텼다. 하지만 이러한 자위에도 불구하고 그는 제도의 규율과 질서를 거스르지 않기 위해서 성실하게 책임과 의무를 다하며 살아온 자신의 일상이 진정한 자아를 탈각시킨 허위적 삶이었음을 절감하지 않을 수 없었다. 결국 섬에서 살아 나온 그는 모든 일상을 버리고 자신의 지나온 삶에 대한 정당성을 찾는 일에 마지막 삶을 바치기 위해 그 도서관에서 매일같이 책을 읽는 일에 몰두하기 시작한다.

그가 십여 년 동안 책을 통해 찾고 싶었던 것은 "죽은 사람이 다시 살아났다는 이야기"(80쪽)였다. 이는 엄혹한 시절 형사로서의 책임을 다하기 위해 저지른 반인권적 행위의 희생양들에게 진정으로 용서를 구하고 싶었기 때문이다. 그 역시 죽음 직전에 내몰린 체험을 하고 난 이후부터 원망과 분노로 죽어간 넋들에게 애써 변명이라도 하지 않으면 더 이상의 삶을 지탱할 수 없었던 것이다.

"저는 그 눈빛을 잊기 위해 도서관에서 책을 읽기 시작했습니다. 처음에는 자료를 모아서 책을 쓸 작정이었어요. 올바른 가치관을 담아서 우리나라의 역사를 제대로 한번 써보자는 생각이었습니다. 이 나라를 지키기 위해 피와 땀을 흘린 사람들의 역사를. 그때는 모든 게 잘못됐다고 생각했습니다. 이 나라가 어떻게 유지되고 발전돼왔는지 모르니까 젊은이들이 자꾸만 그릇된 가치관으로 매몰된다고 생각했습니다. 그런데 그게 잘 안 되더군요."(「내겐 휴가가 필요해」, 『창작과비평』 2006년 가을호, 92쪽)

"도피생활 중에 자신의 행위에 대한 정당성을 밝히는 책을 쓴 뒤, 당당히 검찰에 출두하겠다던"(92쪽) 그의 계획은 결코 이루어질 수 없었다. 그가 책에서 발견한 진리는 누구에게나 꿈이 있다는 것, 그리고 누구나 행복하게 살아갈 권리가 있다는 것이었으므로, 수많은 청년들의 꿈과 행복할 권리를 앗아간 지난날 자신의 행동에 대해 심한 자괴감에 빠질 수밖에 없었던 것이다. "단 한 권뿐일지라도 자기 같은 인생도 이 세상에 필요했다고 말해주는 책이 있을 것"(93쪽)이라고 기대했지만, 그처럼 많은 책 가운데 자신의 삶을 정당화해줄 근거는 어디에도 없었다. 이때부터 그는 죽음을 생각하기 시작했고, "지난 10년 동안 자신은 절망의 바다 속에서 그렇게 익사해온 것"(94쪽)이라고 여기게 된다. 결국 그는 바다에 몸을 던지는 죽음을 선택함으로써 온갖 고문을 가해 청년들을 죽음으로 내몬 자신의 삶에 대해 진정으로 용서를 구하고자 했다.

이러한 노인의 절망에 "이처럼 간절하게 참회한다면 그 학생도 그를 용서해주지 않겠느냐고" 위로하며 다가선 사람이 바로 도서관 직원 "강"이었다. 강은 도서관의 궂은일들이 모두 그녀에게 몰리면서 점점 일상에 지쳐 찌들어가고 있는 상태였다. 그녀는 하루 종일 도서관에서 책 읽기에만 매달려 있는 노인의 일상이 마냥 부러웠다. 그녀는 과중한 업무로 인해 서가의 책을 분류 기호에 맞게 꽂을 만한 여유조차 없이 살아가고 있었기 때문이다. 어느 날 퇴근길에 우연히 강은 노인을 만나고, 노인의 "책을 읽으면 읽을수록 제 인생은 오히려 더 불행해졌"(91쪽)다는 말의 이유를 듣기 위해 함께 술을 마신다. 어쩌면 그의 불행이 그녀 자신의 일상과도 너무나 닮았다고 느꼈기 때문인지, 강은 어느새 그의 절망을 위로하는 존재가 되었다. 아니 정확히 말해 노인을 위로했다기보다는 노인의 일상에 비친 자신의 일상을 위로했다고 하는 편이 타당할 것이다. 그녀 역시 하루 종일 도서관에 파묻혀 살아가는 일상 속에서 진정한 자아의 욕망을 억압당한 채 점점 제도에 길들여져가고 있음을 깨달은 것이다. 누구보다도 자신에게 주어진 일상에 충실했을 뿐인데, 휴가조차 마음대로 가지 못한 채 아등바등 살아가는 자신의 모습을 뒤돌아보는 것은 그 자체로 고역이었다. 이러한 일이 있고 나서 노인의 죽음에 관한 소식을 들은 그녀의 마음은 누구보다도 짙은 허무의 그림자로 채워질 수밖에 없었다.

어디에 있는 것인지 최의 그 말에 사람들이 박수까지 치면서 떠들썩하게 웃음을 터뜨리는 소리가 들렸다. 울상이 된 강은 핸드폰을 끊고 방 한쪽으로 집어던졌다. 방 한구석에 처박힌 핸드폰이 저 혼자서 부르르 떠는 동안, 강은 결심했다. 여름독서교실이 끝나는 즉시 휴가를 가겠다고. 최의 말에 기분이 상해서 그런 게 아니라고. 지금 자신에게는 휴가가 필요하다고. (95쪽)

결근을 해야겠다는 강의 전화에 최는 "아줌마, 퇴직금은 조만간 월급통장으로 입금될 테니 앞으로 이렇게 전화 걸어서 닦달하지 마시오, 잉"(95쪽)이라며 비꼬는 말투로 응대한다. 이성과 합리로 가장된 제도의 질서는 개인의 내면을 전혀 헤아릴 줄 모른다. 그녀의 행동은 제도적 일상을 거스르는 비합리적이고 비도덕적인 개인주의적 행동으로 폄하되기 십상이다. 따라서 그녀는 더 이상 진정한 자아를 잃어버리면서까지 일상에 얽매일 필요는 없다고 단호하게 결심한다. 억압된 내면의 진정한 자아를 찾는 것이야말로 자신을 지키는 유일한 방법임을 알게 되었기 때문이다. 그래서 그는 "지금 자신에게는 휴가가 필요하다고" 생각한다. '휴가'는 억압된 일상을 비껴나 잠시나마 진정한 자아와 만나는 숨통과 같은 역할을 해줄 것이라고 믿었던 것이다. 죽은 노인이든, 강이든, 아니면 누구이든지 간에, 제도에 얽매인 채 살아갈 수밖에 없는 인간의 운명은 고달프다.「내겐 휴가가 필요해」는 일상의 억압과 공포에 짓눌린 현대인들에게 진정한 자아 찾기의 중요성을 새삼스레 일깨우는 작품이다. 강의 말대로, 지금 우리 모두는 휴가가 필요한 상태에 있는 것이 아닐까.

5. 소통불능의 시대를 넘어서는 소설

'변하는 것'과 '변하지 않는 것'이 공존하면서 문학은 성숙한다. 문학의 본질과 위상은 역사의 진보와 문화의 다양성에 따른 변화된 시대의 운명을 결코 거스를 수 없으므로 '변화' 자체를 두려워해서는 안 된다. 역으로 아무리 견고한 모든 것이 문화로 수렴되고 거대담론의 실종이 서사의 파편화를 부르는 시대가 되었다 할지라도 시류에 영합하는 가벼운 변화에까지 휘둘려서는 결코 안 된다. 결국 문학은 '변하는 것'과 '변하지 않는 것'의 적절한 통합을 통해 언제나 갱신의 자세를 보여야 하며, 무엇보다도 시대의 불화와 단절을 넘어서는 새로운 소통의 가능성을 열어야 한다. 그럼에도 불구하고 지금 우리 문학은 소통은커녕 오히려 소통 자체를 단절시키는 행태를 노골화하는 실정이다. 이러한 파격적인 변화와 해체만이 진정으로 문학의 미래를 선도하는 것이라는 관점은 다분히 문학권력적 입장을 드러낸 것으로 받아들여진다. 지금 우리 문학이 진정으로 나아가야 할 방향은 소통불능의 시대를 넘어서는 길 위에 있음을 명심해야 할 것이다.

한강, 이복구, 김연수의 소설은 이와 같은 소통불능의 세계를 전경화하여 억압된 일상을 살아가는 자아의 내면을 정직하게 바라본다. 그들의 내면은 모두 제도적 억압에 종속되어 있으므로 진정한 자아의 실현을 이루지 못하고 있다. 이로 인해 그들의 내면은 세상과 더욱 심하게 단절되면서 파괴적이고 동물적인 방식으로 부당한 세계에 맞서거나, 죽음이라는 극단적 선택을 하고 만다. 결국 이 세계의 진정한 소통을 이루기 위해서는 억압된 내면을 해방하여 진정한 자아를 찾아야 함에도 불구하고, 이성과 합리를 가장한 제도적 질서는 이와 같은 저항의 방식을 결코 용납하지 않는다. 이미 그들이 정해놓은 질서는 어느 누구도 파괴할 수 없는 견고한 세계이므로, 그들의 생각과 의도대로 우리 사회가 질서를 잡아가기를 원하기 때문이다. 따라서 진정한 소통을 갈망하는 다양한 시도들은 모두 이성적 질서를 교란하려는 비이성적 태도로 왜곡될 수밖에 없다. 이런 점에서 지금 우리 소설은 소통불능의 시대를 넘어서는 새로운 지혜를 필요로 한다. 앞으로 우리 소설의 방향이 이러한 지혜를 찾아가는 과정이 되길 기대한다.

(『문학수첩』 2006년 겨울호)

분단과 민족을 넘어 인간과 세계로
__조정래 소설의 현재성

1. 분단시대의 모순과 비극의 현재성

　『태백산맥』―『아리랑』―『한강』, 1세기에 걸친 한국 근현대사의 소설화라는 대장정을 마무리하는 데 걸린 시간은 장장 20년, 조정래의 문학은 대하소설 3부작으로 우리 소설사의 거대한 산맥을 형성하였다. 『태백산맥』을 쓰기 이전부터 그는, 등단작 「누명」(『현대문학』, 1970년)을 시작으로 장편소설 『불놀이』(문예출판사, 1983년)에 이르기까지 모두 8권의 전집으로 묶일 만큼 왕성한 창작활동을 펼쳤다. 특히 분단시대의 상처를 관통해온 우리 민족의 수난사는 조정래 소설의 일관된 주제였는데, 이는 『불놀

---

1) 조정래의 문학은 크게 세 시기로 구분될 수 있다. 등단 이후 『태백산맥』을 쓰기 이전까지 주로 중단편을 중심으로 활동한 시기를 전반기로, 『태백산맥』, 『아리랑』, 『한강』의 3부작 대하소설을 썼던 시기를 중반기로, 그리고 이 글에서 중점적으로 다루게 될 『인간 연습』, 『오 하느님』을 쓴 대하소설 이후 현재진행형의 시기는 후반기로 구분된다.

이』, 「유형의 땅」(『현대문학』, 1981년)과 같은 전반기 문학[1])에서부터 지속적으로 쟁점화되었다. 즉 한국전쟁의 비극성과 이로 인해 더욱 공고화된 분단 현실의 모순 앞에서 그의 소설은 이를 극복하기 위해 발버둥치는 인간들의 삶에 대한 구체적 성찰에 초점을 맞춘 것이다.

『태백산맥』은 편향된 이념을 강요하는 모순된 현실에 의해 은폐될 수밖에 없었던 분단의 역사적 실체를 밝혀내 민족의 삶을 억압하는 분단의 모순을 철저하게 규명하고자 한 작품이다. 그리고 분단의 역사적 원인과 그 뿌리가 식민지 시대에 있음을 분명하게 인식하고 식민지 시대의 역사를 분단 극복의 관점에서 소설화한 것이 바로 『아리랑』이다. 또한 『한강』은 분단 이후 획일화된 반공이데올로기의 억압과 불합리한 권력의 실체를 준엄하게 비판하는 뚜렷한 현실인식을 실천적으로 보여준 작품이다. 이처럼 조정래의 대하소설 3부작은 "분단체제를 극복하고자 한 우리의 염원이 그의 미메시스적 상상력을 통해 얻어낸 정신적 등가물"[2])이었다고 평가할 수 있다.

그럼에도 불구하고 우리 사회는 '민족 작가로 위장한 폭력혁명의 숭상자'라는 식의 이적성 시비로 끊임없이 그에게 심적 고통을 안겨주었고, 급기야는 관변 우익단체들이 국가보안법 위반과 명예훼손 혐의로 그를 고소·고발하는 불행한 사태를 초래하기도 했다. 이처럼 레드 콤플렉스에 철저하게 짓눌린 억압된 현실의 갈등과 모순이 불과 몇 해 전까지만 해도 우리 사회가 맞닥뜨리고 있던 모순된 분단의 실상이었다. 지금 조정래의 소설에 그

---

2) 황광수, 『소설과 진실』(해냄, 2000), 329쪽.

어느 때보다도 역사적 현재성이 두드러지는 이유가 바로 여기에 있다. 이러한 역사적 현재성은 민족과 분단의 모순을 세계사적 보편성의 차원에서 바라보는 심화된 인식을 이끌어낸다. 즉 분단 시대의 고통을 온몸으로 감당해온 인간에 대한 성찰과 분단의 상처를 민족과 국경을 넘어 세계사적 차원의 문제로 이해할 필요가 있다는, 그래서 민족과 분단의 모순을 바라보는 역사적 현실인식의 깊이와 넓이를 확대해야 한다는 것이 최근 조정래 소설의 심화된 주제의식이다. 이런 점에서 그가 대하소설 3부작 이후 발표한 두 권의 경장편 소설 『인간 연습』(실천문학사, 2006)과 『오 하느님』(문학동네, 2007)은 그의 후반기 문학의 지향점을 선언적으로 보여준 작품이라 평가할 수 있다.

2. 사회주의 몰락 이후 인간에 대한 성찰

『인간 연습』은 "내 문학에서 분단문제를 마무리할 수 있었으면 좋겠다는 생각으로 이번 소설을 지었다"[3]는 작가의 말에서처럼, 대하소설 3부작 이후 분단의 모순과 민족의 상처를 새로운 시각으로 바라보고 이해하고자 하는 조정래의 작가의식을 충분히 엿볼 수 있는 작품이다. 지난 1990년대 이후 우리 사회는 동유럽 사회주의권의 몰락과, 베를린장벽의 붕괴로 상징되는 통일독일 건설 등과 같이 좌우 냉전구도가 급격하게 무너지는 세계사적 변

---

3) 「작가의 말」, 『인간 연습』(실천문학사, 2006), 221쪽. 이하 이 책의 본문을 인용한 경우에는 페이지만 밝히기로 함.

화를 경험했다. 국내적으로는 군부독재의 종식과 문민정부의 출현, 광주민주화운동을 비롯한 억압된 역사의 상처에 대한 재평가 등이 이루어졌다. 그 결과 참여와 저항을 전면화한 1970~1980년대의 문학적 전통은 '적(敵)'의 상실 혹은 부재를 경험하게 되면서 현실에 맞서는 저항담론의 유효성과 방향성을 상실하고 말았다.

조정래는 이러한 혼란과 혼돈의 시대를 대하소설 3부작과 함께 살아온 현실적 이유 때문에 급격하게 달라진 현실의 변화에 적극적으로 대응하는 실천적 면모를 보여주지는 못한 것이 사실이다. 대하소설을 마무리한 지금, 이제 그는 이와 같은 역사의 변화에 대해 민족문학을 지켜온 대표적 소설가로서 어떤 식으로든 자신의 입장을 구체적으로 표명할 필요가 있었을 것이다. 서슬 퍼런 냉전 구도가 엄연히 존재하던 시절의 분단에 대한 인식과 사회주의 몰락 이후 탈냉전 시대에 분단을 바라보는 시각은, 그 실체는 전혀 달라지지 않았더라도 이에 대응하는 역사인식과 소설적 전략만큼은 변화되거나 수정될 필요가 있기 때문이다. 이런 점에서 그의 후반기 문학이 거대한 역사의 흐름에 휩쓸려 소외될 수밖에 없었던 인간의 상처와 내면을 들여다보는 것으로 시작되는 것은 너무나 당연하다. 다시 말해 "역사소설의 서술기법 때문에 상대적으로 소홀할 수밖에 없었던 인간에 대한 성찰을 더는 뒤로 미룰 수 없었던 것"[4]이다.

『인간 연습』은 간첩으로 분류되어, 분단을 관리해온 자들에게 자유를 저당 잡힌 채 30여 년을 감옥에서 살았던 장기수들의 현

---

4) 황광수, 「이념형 인간의 종말과 거듭나기」, 『인간 연습』 해설, 204쪽.

재를 서사화했다. 자신들의 의지와는 무관하게 전향서를 쓰고 세상으로 나온 그들이 맞닥뜨린 현실은, 영원히 사라지지 않을 것으로 굳게 믿었던 사회주의의 몰락과, 죽는 순간까지 자신의 신념을 지키고자 했던 이념형 인간들의 종말이었다. 여기에서 그들은 도대체 앞으로 어떻게 살아가야 할지를 진지하게 고민하지 않을 수 없었고, 이념을 뛰어넘어 인간의 진실을 성찰하는 새로운 삶의 방향을 찾아야 했다. 조정래의 소설은 이들의 새로운 길 찾기에 일종의 지도 역할을 하려는 작가적 책임과 사명을 적극적으로 표명한 것이다. 그의 말대로 성공과 실패를 거듭하는 것이 거역할 수 없는 인간의 삶이라면, 결국 진정한 삶의 태도는 인간답게 살고자 하는 '연습'으로서의 삶을 끊임없이 성찰하는 데 있다. 이러한 인간에 대한 성찰을 근본적으로 결여한 상태에서 분단이라는 외적 모순을 해결하려는 태도는 그 자체로 미봉책이 되지 않을 수 없다. 분단의 모순은 남과 북의 정치적 타협만으로 해소될 수 있는 차원의 것이 결코 아니기 때문이다. 따라서 탈냉전시대 분단문제의 극복에는 신념 혹은 이념을 잃어버린 인간들의 내면을 정직하게 응시하는 존재론적 성찰이 무엇보다도 필요하다. 조정래의 『인간 연습』은 이와 같은 문제의식을 통해 민족문학의 현재적 위상과 의미를 실천적으로 보여주고자 했다는 점에서 중요한 의의를 지닌다.

    박동건, 그가 끝내 죽었다. 그를 저세상으로 데려간 것은 어떤 병이 아니었다. 가을 찬바람 속에서 떨어지지 않을 단풍이 어디 있겠는가. 서릿바람에 못 견디어 떨어지는 무수한 낙엽들을 누가 기억하겠는가. (중략)

그러나 박동건의 죽음은 그런 평이한 감상만으로 맞이하기가 어려웠다. 남다르게 질곡 많은 삶에 그만큼 회한이 크기 때문이었다. 그는 스스로 시대의 짐을 지고 자기 자신을 위해서는 한 번도 살아보지 않았던 일생을 살다 갔다. ……그렇지만 어찌할 것인가. 시대는 변해가고, 그 파도는 거칠고 매정했다. 그 거센 시대의 파도 속에서 개개인은 하나씩의 물거품에 지나지 않았다.
"이거 우리 헛산 것 아니오?"
그건 말이 아니고 절망의 울음이었다. 그 울음은 홍수가 되어 박동건의 의지를 무너뜨리고 있었다. 참혹하게 일그러지는 얼굴이 그가 지켜온 성(城)이 얼마나 심하게 무너지고 있는지를 숨김없이 보여주고 있었다. (9~10쪽)

이 소설의 주인공 윤혁과 박동건은 소위 남파간첩으로 체포되어 한평생을 감옥 안에서 사회주의적 이상을 품고 살아온 사람들이다. 이들이 선택한 이념은 30여 년의 긴 시간과도 맞바꿀 만큼 절대적이었는데, 자유와 목숨을 걸고 그것을 지킨 대가가 고작 "이거 우리 헛산 것 아니오"라는 "절망의 울음"이라는 사실 앞에서 비극성은 더욱 고조된다. 이들은 "분단시대의 가장 불행한 개인들"이고 "분단시대의 비극을 체현하는 특별한 개인들"[5]이다. 남과 북, 좌와 우, 어느 쪽으로부터도 대접받지 못한 채 역사의 뒤안길로 사라져가는 이들이야말로 분단시대의 상처와 모순을 가장 적나라하게 내면화한 장본인들임에 틀림없는 것이다. 이런 점에서 윤혁의 이념적 쌍생아라고 할 박동건의 죽음은 이념에

---

5) 황광수, 앞의 글, 207쪽.

목매달고 살아온 한 인간의 허무한 종말을 상징적으로 보여주는 충격적인 사건이다. "그 거센 시대의 파도 속에서 개개인은 하나의 물거품에 지나지 않았다"는 말에서 알 수 있듯이, 거대한 역사의 흐름은 개개의 인간을 책임지고 돌아보는 선량한 눈빛을 보낸 적이 거의 없었다. 언제나 역사는 매몰차게 인간을 자신들의 의지와는 무관하게 이리저리 몰아갈 뿐이었다. 이토록 허망한 죽음 앞에서 평생을 지켜온 '사회주의'라는 신념이 무슨 의미가 있겠는가. 그럼에도 불구하고 죽음 앞에서조차 자신의 전향이 자발적인 것이 아니었다고 고백함으로써 자신이 지켜온 사회주의의 끈을 놓으려 하지 않는 박동건의 행동은, 분단시대의 상처가 그들에게 얼마나 뿌리 깊게 내면화되어 있는가를 여실히 보여준다.

　박동건의 죽음은 사회주의의 몰락이라는 세계사적 변화와 맞물린 이념형 인간의 종말을 상징한다. 그렇다면 지금 우리가 사회주의 이념의 상실 혹은 종말을 뛰어넘어 오로지 탈현실, 탈역사, 탈사회를 외치는 것이 과연 정당한 태도인가. 그리고 우리 문학이 더 이상 현실과 역사를 전면화하지 않은 채 인간의 내면과 의식을 강조하는 탈현실적 기획들에 집중하는 것이 정말 타당한가. 여기에 대해 조정래는 아주 단호하게 부정적 입장을 드러낸다. 이러한 그의 입장은 주인공 윤혁의 생각을 통해 분명하게 전달되고 있는데, 동지의 죽음으로부터 다시 '인간 연습'의 길에 들어선 윤혁이라는 인물의 성격은 앞으로 우리 사회가 깊이 성찰해야 할 인간의 문제와 이를 형상화하는 소설적 진실의 방향을 충실히 보여준다. 다시 말해 윤혁은 이념형 인간의 종말 이후 민족운동과 사회운동이 걸어가야 할 새로운 이정표로서의 역할을 하고 있는 것이다.

박동근의 죽음 앞에서 끝없이 절망한 윤혁이 다시 세상과 만나는 통로는 크게 두 가지였다. 첫째는 길에서 우연히 만난 부모 없는 두 남매와의 가족애이고, 둘째는 자신이 감옥에 있을 때 사회주의 우월성을 깨우치려 했던 강민규라는 청년과의 만남이다. 이들의 존재는 그에게 살아남을 이유가 되었고, 이들과 함께 살아감으로써 비로소 그는 현실과 역사를 새롭게 바라보는 또 다른 인간이 되기 위한 '연습'을 할 수 있었다.

요 귀여운 것들이 없었더라면 내 세상살이가 얼마나 팍팍했을 것인가……. 이 생각과 함께 문득 떠오르는 것이 있었다. 박동건도 이런 아이들이 있었더라면 그렇게 허망하게 가지는 않았을 게 아닌가, 하는 생각이었다. (중략) 자꾸 정이 깊어가면서 두 아이가 친할아버지 대하듯 감겨오고 의지하는 것을 느끼며, 내가 오래 살아야지, 하는 생각까지 불현듯 하고는 했었다. (중략) 칙칙한 안개가 낀 우울한 나날이 이 아이들을 알고부터 햇살 화창한 나날로 바뀐 것이다. (71쪽)

강민규를 배웅하고 돌아서며 윤혁은 박동건의 죽음을 이야기하지 않은 걸 잘했다고 생각했다. (중략) 박동건이 떠나간 이야기를 꺼내게 되면 이내 맞닥뜨리는 것이 사회주의 몰락이었다. 그건 강민규 앞에서는 애써 피해야 하는 수치고 죄스러움이었다. 그러나 박동건이 떠난 그 허망한 서러움을 혼자 삭이고 풀기가 어려웠다. 누군가에게 하소연하고 싶고, 그런 헛헛한 심정을 이해해줄 수 있는 사람을 찾고 싶었다. 그 사람이 강민규이기도 했다. 자신이 생계를 책임지다시피 하고 있는 사람. 자신을 '선생님'이라고 불러주는 유일한

사람. 그런 강민규에게 윤혁은 문득문득 부성애를 느끼기도 했다. (110쪽)

윤혁이 아이들과 강민규와의 만남에서 공통적으로 발견하는 것은 할아버지, 아버지로서의 가족의식이다. 가장 근원적인 인간의 정을 실현하는 가족애의 발견은 그에게 삶에 대한 희망과 미래를 위한 실천의 가능성을 일깨워주었다. 특히 강민규는 그에게 사회주의 몰락에 대한 지식인들의 입장을 전달하는 역할을 했는데, "그동안 사회주의는 비인간적인 얼굴, 다시 말해서 짐승을 다루는 듯한 야만적인 사회주의 지배를 해왔다"(99쪽)는 비판적 인식에 윤혁은 상당히 공감한다. 따라서 그는 '인간의 얼굴을 한 사회주의'의 새로운 정립이 앞으로의 인간 연습의 방향이 되어야 한다고 보았다. 윤혁이 "마르크스주의란 기본적으로 밥 먹는 철학인데도 그것을 실현시키지 못해 결국은 스스로 몰락하고 말았다"(114쪽)는, 보호관찰 대상인 자신을 감시하는 김 형사의 말을 결코 예사롭게 넘기지 못하는 이유도 바로 여기에 있다. 그렇다면 앞으로 윤혁과 같은 이념형 인간이 추구해야 할 진정한 인간의 삶의 방향은 '인간'을 위해서, '인간'을 찾아서 자신을 낮추는 '인간 연습'을 구체적으로 실천하는 것이 아닐까. 조정래가 인간이 인간답게 살아가는 세상을 만들기 위해서는 무엇보다도 인간에 대한 순수한 사랑과 믿음이 회복되어야 한다고 보았던 것도 바로 이러한 이유에서이다. 주인공 윤혁이 이러한 삶의 방향을 찾아내고 이를 실천해나갈 수 있었던 것은 어떤 이념이나 제도가 아니라, 인간과의 만남, 즉 거리에서 만난 부모 잃은 아이들과 강민규가 그의 곁을 끝까지 지켜주었기 때문이다.

조정래가 지향하는 '인간 연습'의 실천적 방향은 우선, 강민규가 추진하는 진보적 시민단체의 결성을 후원하는 것으로 구체화된다. 그는 수기를 써 받은 인세의 절반을 강민규를 통해 시민단체에 기부하여, 시민단체를 허용하지 않은 공산당 일당독재가 사회주의 몰락의 가장 큰 원인이 되었다는 지식인들의 생각과 같은 입장에 선다. '새는 좌우의 날개로 난다'라는 상징적 언술에 기대어, "감정적이고 배타적이고 비양심적인 수구가 있는가 하면, 이상적이고 건설적이고 양심적인 보수 세력도 엄연히 있습니다. 그 후자의 보수 세력을 인정하고, 그들에게 박수를 보내면서 건전하게 균형을 이루어야만 우리 사회가 건강하게 된다"(125쪽)고 말한 강민규의 판단을 전적으로 수용하는 태도 역시 이와 같은 맥락에서이다.

다음으로 조정래는 윤혁에게 역사의 상처로 인해 더욱 소외될 수밖에 없었던 인간들의 아픔을 어루만지는 작은 실천을 모색할 것을 독려한다. "난 결코 대중을 구하려고 하지 않는다. 난 다만 한 개인을 바라볼 뿐이다"(186쪽)라는 테레사 수녀의 말처럼, 그는 거대한 역사와 민족 분단의 문제를 생각하기에 앞서 한 명 한 명의 개별적 인간을 따뜻하게 보듬는 실천적 삶의 태도를 견지하고자 한다. 따라서 그는 경희, 기준 두 남매와의 만남에서 삶의 희망을 발견했듯이, "아이들은 인간의 꽃"(189쪽)이라는 보육원 원장의 제안을 받아들여 두 남매를 데리고 "인간의 꽃밭"으로 들어가는 결심을 한다. "아이들이 나한테 즐거움을 주고 삶의 의욕을 주니 나도 애들을 위해 무슨 일이든 하고 싶"(197쪽)다는 아주 소박한 마음으로 앞으로의 삶을 아이들과 더불어 살아가고자 하는 것이다. 이런 점에서 "선생님이야말로 우리의 분단시대를 온몸으로 떠안고 가장 정직하게 살아오신 분"(127쪽)이라는 강민규의 말은 매우 의미심장하다. 윤혁의 수기는 지나온 삶에 대한 회한을 서술하기보다는 앞으로의 삶에 대한 방향을 제시함으로써 더욱 큰 울림을 얻을 수 있기 때문이다. 이는 앞으로 "사회주의의 몰락과 이념형 인간의 거듭나기, 그리고 새로운 사회운동과 혈연적 관계를 넘어선 새로운 인간관계의 가능성까지 매우 폭넓은 의미론적 지평"[6]을 열어가고자 하는 조정래 소설의 지향점과도 온전히 일치하는 것임에 틀림없다.

3. 국경을 넘어 바라보는 민족 분단의 상처

『인간 연습』을 발표한 이후 조정래는 이제 분단문제를 끝내고 인간문제를 탐구하겠다고 밝혔다. "언제 어느 때나 문학은 인간에 대한 탐구"[7]라는 사실을 분명하게 기억하면서, 역사와 민족의 논리 앞에서 희생당하며 살아온 인간의 운명을 철저하게 응시하고자 했던 것이다. 따라서 『오 하느님』은 1944년 프랑스 노르망디 유타 해안의 독일 군복을 입은 한국인 병사의 흑백사진 한 장으로부터 시작된다. '일본군, 소련군, 독일군, 미군의 포로'라는 소설의 차례에서 충분히 짐작할 수 있듯이, 당시 사진 속 한국인 병사는 전쟁의 상황에 따라 시시각각으로 군복을 갈아입어야 했으므로 사실상 한국인으로서의 정체성을 상실한 극한상황이었

---

[6] 황광수, 앞의 글, 217쪽.
[7] 「작가의 말」, 『오 하느님』(문학동네, 2007), 240쪽. 이하 이 책의 본문을 인용한 경우에는 페이지만 밝히기로 함.

다. 결국 강대국의 협약에 따라 소련 땅으로 후송되고, 그곳에서 소련군에 의해 총살당하고 만 비운의 한국 병사 이야기를 다룬 이 소설은, 민족 분단의 상처를 일국의 차원을 넘어서 세계사적 문제로 확대해 이해할 필요가 있다는, 분단문제에 대한 새로운 문제의식을 드러내고 있다.

노르망디에 투입되었던 미국 공수부대의 증언을 바탕으로 제작된 TV시리즈 〈밴드 오브 브라더스〉(2000)의 원작자이자 역사학자인 스티븐 엠브로스가 자신의 저서 『1944년 6월 6일 D-Day』에서 밝힌 바에 따르면, 이 남자는 일본군으로 징집되었다가 1939년 만주 국경 분쟁 당시 소련군에게 붙잡혔고, 다시 독일군 포로가 되어 대서양 방어선을 건설하는 데 강제 투입되었다가 노르망디상륙작전을 감행한 미군에 의해 포로가 되었다. 포로로 붙잡혔을 당시 아무도 그가 사용하는 언어를 알아들을 수 없었으며, 그는 한국인으로 밝혀졌는데, 이 정보부대에 자신의 기구했던 삶에 대해 이야기했다고 한다. 지난해 한국의 SBS에서 그 사진 속 주인공의 행방을 추적하는 특집 다큐멘터리를 제작하여 방송한 때에도 이 한국인 병사의 정확한 신원을 밝혀내지는 못했다. 물론 한국인 병사의 신원을 정확히 밝히는 것은 작가의 역사의식을 평가하거나 소설의 내용과 의미를 이해하는 데 그리 크게 중요한 문제가 되지는 않는다. 무엇보다도 조정래가 이 소설을 통해 말하고자 했던 핵심적인 문제의식은, 지금 여전히 소수의 강대국들이 다수의 약소국들을 억압하고 통제하는, 그래서 모든 일들이 강대국의 논리에 의해서 획일화되고 제도화되는 악순환이 우리의 역사적 현실에서 되풀이되고 있다는 비판적 현실인식에 있다.

주인공 신길만의 운명은 2차대전 당시 강대국들의 틈바구니에서 가난한 식민지인이 겪어야만 했던 상처와 수난의 기록을 온전히 반영한다. "무자비한 역사가 인간의 삶을 제멋대로 구획짓고 개인과 집단의 운명을 순식간에 결정할 때, 역사 앞에 선 인간이 느끼고 체험하는 강렬한 이질감과 위화감을 형상화"[8]하고 있는 것이다.

"이거 말이야. 어차피 이기긴 틀린 싸움이니까 이대로 다 죽게 모른 척해버리자는 수작 아닐까?" (중략)
"난 말야, 여기서 개죽음하고 싶지 않아. 어떡하면 좋지?"
신길만은 반사적으로 김경두의 어깨를 쳤다. 그리고 재빨리 고개를 돌려 그를 외면해버렸다.
신길만은 자신의 가슴이 쿵쿵 뛰는 소리를 듣고 있었다. 김경두의 말은 그 혼자만의 마음이 아니었다. 그건 신길만 자신의 말이기도 했다. 그리고 이 고바야시 장군의 부대에 있는 조선인 병사들의 마음이기도 했다. 조선 병사들치고 그런 생각 하지 않는 사람이 없을 거였다. (10~11쪽)

만주 국경 근처에서 벌어졌던 노몬한전투(1939)에 강제 동원되었던 조선인 병사들 대부분은 소작농 출신이었다. 이들은 일제의 육군특별지원병령(陸軍特別支援兵令, 1938. 2.)에 의해 반강제적으로 일본군에 입대하여, 최전방 만주에 주둔하던 관동군의 일부로 편입되었다. 입대를 거부할 경우 가족들을 만주로 내쫓는다

---

8) 복도훈, 「노르망디의 실종자」, 『오 하느님』 해설, 226쪽.

는 식의 온갖 협박과 회유를 못 이겨 강제로 만주로 끌려간 이들의 운명은 언제나 생존과의 투쟁이었다고 해도 과언이 아니다. 그들이 "관동군의 군량을 대는 노예들"(29쪽)로서의 굴욕적 삶을 꿋꿋이 견딜 수 있었던 것은 끝까지 살아남아야 한다는 일념 때문이었다. 이들에게는 이념도 전쟁도 제국주의도 모두 삶과는 전혀 무관한 추상적인 관념에 지나지 않았다. "나는 일본 사람이 아니오. 나는 조선 사람이오, 조선 사람"(41쪽)이라는 항변에서 충분히 짐작할 수 있듯이 일본의 패배로 몽골군과 소련군의 포로가 되어서도 이들이 원한 것은 오로지 조국으로 돌아가는 길을 찾는 데 있었다. 하지만 이들의 간절한 소원은 일본과 소련의 휴전협정으로 여지없이 묵살되고 말았다. 즉 "우리 조선 사람들을 만주 국경까지만, 만주 국경까지만 데려다주십시오. 거, 거기서부터는 우리들이 힘을 합쳐 무슨 수를 써서든 고향"을 찾아가겠노라는 절박한 호소는, "그건 들어줄 수 없는 일이다. 왜냐하면 당신들은 만주에서 일본군에게 체포될 것이 뻔하고, 그렇게 되면 일본군은 우리가 스파이들을 침투시켰다고 문제를 일으킬 것이기 때문이다. 그건 절대로 들어줄 수 없는 일이다"(81쪽)라는 단호한 거절로 되돌아올 뿐이었기 때문이다. 이처럼 전쟁에 강제 동원된 조선인 병사들의 운명은 강대국의 협약과 결정에 의해 그들 삶의 모든 것이 무조건적으로 결정되는 반인간적 노예 상태였다고 할 수 있다.

한거울의 추위였다. 벌건 대낮이었다. 노천이었다. 그런데도 포로들은 거침없이 옷을 벗기 시작했다. 서로 앞 다투어 옷을 벗어대고 있었다. 신길만과 그들도 잽싸게 옷을 벗어젖혔다. 말을 못 하는 대신 그들은 눈치만 잔뜩 늘어나 있었다.

  추위 속에서 이천여 명은 삽시간에 발가숭이가 되었다. 알몸으로 우글거리고 있는 그들의 모습은 인간의 모습이 아니었다. 이상스럽게 생긴 짐승들이었다. 그들은 알몸이 되자 피부색을 가리지 않고 하나같이 몸을 웅크리며 두 손을 모아 아래를 가렸다. 그리고 고개를 떨구었다. 그러니 그 모습은 옷을 입고 있는 독일군들과는 너무나 다르게 보였다. 인간은 옷을 입어야만 비로소 인간다운 인간의 모습을 갖춘다는 것을 여실히 보여주고 있었다. 신길만은 이보다 더한 수치심을 그전에 느껴본 적이 없었다. (117쪽)

  전쟁의 광기 앞에서 인간은 끝없이 왜소해질 수밖에 없다. 죽음과 죽임을 동시에 두려워해야만 하는 인간의 근원적 공포감은 극대화되고, 잠재된 인간의 야만성이 아무렇지도 않게 자행되는 반윤리적 횡포가 난무하는 곳이 전쟁터이다. 강대국의 교묘한 전쟁이데올로기에 철저하게 짓밟힌 소수민족의 비참한 실상은 그 자체로 극도의 수치심을 유발하는 것이 아닐 수 없었다. 여기에서 '인간'이라는 존재에 대한 경외감을 찾는다는 것은 사실상 불가능했다. "전쟁을 일으키고 주도한 강대국들의 배타적인 자국 이기주의와 포로들조차 인간이 아닌 교환되는 물건으로 취급하는 주권자들의 무자비한 결정에 의해 희생되는 비참한 최후"[9]만이 선명하게 각인될 뿐이다. 조정래는 이들의 비참한 운명을 통해 민족 단위의 역사적 상처가 특정한 민족의 차원으로 한정되어 논의되어서는 안 되며, 국경을 넘어 세계로 확장된 인간의 보편

---

9) 복도훈, 앞의 글, 232쪽.

적 문제로 바라보아야 한다는 문제의식을 드러냈다. 이는 앞으로 우리의 민족문학이 새롭게 걸어가야 할 중요한 이정표를 제시한 것이란 점에서 너무도 의미심장하다. 즉 우리 민족이 겪은 식민지 현실과 분단의 상처를 동아시아적 지평에서뿐만 아니라 나아가 세계사적 차원에서 쟁점화할 필요성을 제기하는 것이다.

『오 하느님』은 경장편 정도의 분량임에도 불구하고 그 스케일은 대단히 큰 소설이다. 이러한 특징은 조정래가 3부작 대하소설을 창작하면서 이미 역사와 세계를 바라보는 넓은 시야를 소설 창작의 세계관과 방법론으로 확고히 정립하였다는 점에서 그 이유를 찾을 수 있다. 몽골, 소련, 프랑스 등 국경을 넘은 인물들의 이동 경로와 2차대전 전체를 아우르는 세계사적 시야는 더 이상 민족 문제를 일국의 차원에서 바라보아서는 안 된다는 역사적 통찰을 담고 있다. 노르망디에서 포로가 된 조선인의 운명이라는 독특한 소재를 통해 "민족 이야기를 하나의 국경과 국가 내부에 국한해서 다루지 않고 2차 세계대전이라는 세계사의 한가운데 배치한 시도"[10]는 이러한 문제의식에서 비롯된 것이다. 조정래의 소설은 누구보다도 역사의 기록성에 주목하여 소외되고 배제된 역사의 상처를 서사화하는 데 주력하였다. 그동안 그의 소설이 한국 근현대사를 망라하는 총체적 역사인식의 결과였다면, 지금은 역사 속으로 들어가 거대한 역사에 가려진 작은 인간의 상처와 진실을 집중적으로 포착해내려 한다. 물론 기록의 서사화는 현실과 허구의 긴장 속에서 형성되는 고도의 서사적 기술능력을 요구한다. 늘 그렇듯이 역사적 사료를 바탕으로 한 소설들은 실

---

10) 복도훈, 앞의 글, 222쪽.

증적 논리 앞에서 다큐멘터리의 차원으로 전락하여, 소설로서의 역사적 허구성을 충실히 재현해내지 못한다. 하지만 조정래의 경우 이러한 문제에서만큼은 비교적 자유로운 서사적 진정성과 신뢰성을 확보하고 있다. 이런 점에서 『오 하느님』은 앞으로 우리 민족문학이 나아갈 방향을 제시하고 있다는 점에서 상당히 주목된다. 그것은 바로 분단과 민족의 문제를 인간과 세계의 문제로 확대하여 바라보는 데서 성취될 수 있을 것이다.

4. 분단, 민족 그리고 인간, 세계

최근 우리의 민족문학 연구는 국가적 차원을 넘어서 동아시아적 경계를 포괄하는 방향으로 새로운 지형도를 열어가고 있다. 그 범위는 식민지 조선은 물론이거니와 대만, 만주국 등의 동북아시아와 인도네시아를 비롯한 동남아시아에 이르기까지 아시아 전역에 이른다. 사실상 아시아를 넘어서 세계를 위협했다고 해도 과언이 아닌 일본의 제국주의 정책은 특정한 국가의 차원에서 논의될 문제가 결코 아니다. 그럼에도 불구하고 지금까지의 민족문학론은 국민국가의 내부에서만 이러한 문제를 다루었을 뿐, 국가와 국가의 경계를 넘어선 아시아적 혹은 세계사적 차원에서 이를 쟁점화하지는 못했다. 적어도 동아시아적 차원에서만이라도 제국주의를 새롭게 읽어내는 지형도의 확장이 필요한 시점이다. 대하소설 3부작 이후 조정래 문학의 후반기 작업은 이러한 문제의식과 역사적 성찰로부터 시작된다는 점에서 상당히 주목된다.

지금까지 그의 소설은 우리 민족의 삶을 제약하는 분단의 현실을 본질적인 측면에서 규명하고자 했다. 따라서 그는 민족 분단의 극복을 궁극적인 목표로, 민족 통합의 시대를 추구하는 우리 소설의 미래적 방향을 제시하는 데 주력했다. 분단과 민족의 문제를 정점으로 한 우리의 역사적 현실에 특별히 주목함으로써 분단이라는 민족사적 모순의 원인과 역사적 전개 과정 그리고 해결의 방향을 찾고자 했던 것이다. 이러한 그의 소설적 행보는 『태백산맥』―『아리랑』―『한강』으로 이어지면서 이미 커다란 성과를 이루었다는 데 이견을 가진 사람은 거의 없을 것이다. 다만 그의 소설 역시 거대한 역사의 흐름에 지나치게 압도된 나머지 그 속에서 풀뿌리처럼 자라고 있는 인간의 상처와 기억을 세심하게 돌아보는 데는 다소 소홀했다는 점은 지적하지 않을 수 없다. 『인간 연습』과 『오 하느님』이 놓인 자리는 바로 이러한 결여와 여백의 지점을 메워줄 새로운 가능성을 열었다는 점에서 의미가 있다.

조정래 소설의 현재성은 분단과 민족의 문제를 국경이라는 개별성을 뛰어넘어 인간과 세계의 보편성으로 이해한다는 데서 찾을 수 있다. 이는 "우리 민족의 통일은 현재의 남과 북을 그대로 결합하는 것이 아니라 분단으로 왜곡된 제도와 이념과 의식을 반성하고 새로운 인간적 심성의 토대 위에서 연습을 하듯 한 걸음 한 걸음 나아가는 과정이 될 수밖에 없다"[11]는 인식으로부터 비롯된다. 또한 여전히 세계는 강대국의 이해관계에 의해 전략적으로 재편됨에 따라 약소국은 언제나 희생자의 위치에 있을 수밖에 없다는 제국주의의 모순에 대한 비판적 성찰에서 그 의미를 찾을 수도 있을 것이다. 『인간 연습』의 윤혁이나 『오 하느님』의 신길

---

11) 황광수, 앞의 글, 218쪽.

만은 동시대를 살았던 사람은 아니지만, 반공주의와 제국주의라는 이데올로기에 의해 철저하게 짓눌린 강요된 역사의 희생자였다는 점에서, 같은 시대를 함께 고민하며 살아온 것과 같은 현재적 동일성을 보여준다. 따라서 지금 분단과 민족의 문제를 바라보는 올바른 시각은, 특정한 시대와 특정한 국가의 경계를 넘어서 세계사적 차원에서 인간의 본질을 해명하는 방향으로 나아갈 때 비로소 진정한 의미를 찾을 수 있을 것이다.

 이와 같은 문제적 인식으로부터 조정래의 소설은 또다시 큰 산을 형성하기 위한 당당한 행보를 시작하였다. 최근 언론을 통해 알려진 바에 의하면, 앞으로 그의 작품은 통일 이후를 내다보면서 여운형, 이현상, 홍명희, 김일성 등 해방 공간의 인물들의 공과를 객관적으로 밝히는 방향으로 전개될 것이라고 한다. 이는 그동안 이들에 대한 논의가 대부분 특정한 이데올로기에 의해 왜곡되거나 일방적으로 우상화하는 변형의 과정을 거치면서 그 실제적 측면이 올바르게 전달되지 못했다는 반성에서 비롯된 것이다. 앞으로 이들을 객관적으로 조명한 소설이 본격적으로 세상에 나온다면, 그것도 대하소설 3부작을 통해 역사의 진실을 전면화했던 작가 조정래가 썼다고 알려진다면, 역사소설, 인물소설의 객관성과 실증성을 둘러싼 또 한 번의 엄청난 혼란과 혼돈이 벌어질 것은 불을 보듯 뻔한 사실이다. 아무리 지금 우리 사회가 진보와 개혁의 방향으로 좌향좌를 했다고 할지라도, 이러한 문제에 대해서만큼은 여전히 보수적인 시각을 떨쳐버리지 못하고 있는 것이 엄연한 현실이기 때문이다. 그래서인지 조정래 역시 이 소설들의 발표를 자신의 사후로 미루어 유고 형식으로 하겠다고 밝혔다. 생전에 세상의 빛을 볼 수 없는 소설을 쓰는 작가의 모습을 상상한다는 것은 너무도 안타까운 일이 아닐 수 없다. 그는 지금 지난 역사의 상처와 길고 긴 투쟁을 하고 있다. 하지만 그의 투쟁은 결코 외롭지 않으므로, 그가 성취해낸 소설적 진실은 민족문학의 가능성을 새롭게 여는 힘찬 깃발이 될 것으로 굳게 믿는다.

(『문학들』 2007년 여름호)

서정의 미래와 비평의 윤리

2007년 12월 24일 초판 1쇄 찍음
2007년 12월 31일 초판 1쇄 펴냄

지은이 | 하상일
펴낸이 | 김영현
편집 | 김혜선, 박유진
디자인 | 이선화
관리·영업 | 김경배, 이용희

펴낸곳 | (주)실천문학
등록 | 10-1221호(1995.10.26.)
주소 | (121-820) 서울시 마포구 망원1동 377-1 601호
전화 | 322-2161~5   팩스 | 322-2166
홈페이지 | www.silcheon.com

ⓒ하상일, 2007

ISBN 978-89-392-0591-8 03810

이 도서의 국립중앙도서관 출판시도서목록(CIP)은 e-CIP홈페이지
(http://www.nl.go.kr/cip.php)에서 이용하실 수 있습니다.
(CIP제어번호 : CIP2007004130)